研究生学术道德教育系列丛书

U0755958

研究生
学术行为规范读本
（第二版）

复旦大学研究生院　编

復旦大學 出版社

序　言

　　学术研究是在不断总结前人知识和经验的基础上,探索未知世界、发现新现象和新规律、创造新知识和新技术的创新过程。加强学术道德和学风建设是弘扬科学精神、繁荣学术创新的必然要求,是高校培养合格人才的重要环节,直接关系立德树人根本任务的落实和人才培养质量的提升。习近平总书记明确指出,高校要坚持不懈培育优良校风和学风,高校思想政治工作必须同鼓励学生端正学风、严谨治学统一起来,让学生在刻苦学习中确立科学精神、锤炼品行情操。这为加强高校学术道德和学风建设指明了方向。

　　研究生既是学生,也是研究人员。他们思想活跃、精力旺盛、勇于挑战,富有创新精神,是高校科学研究的生力军。研究生学习阶段是较为系统从事科学研究的开始,是个人学术生涯的起点,也是培养科研能力、提高科研素质、锤炼科研作风,为今后学术发展奠定坚实基础的关键阶段。因此,在研究生阶段,强调严格遵守学术规范,坚守学术诚信,弘扬学术道德,对于研究生的成长成才具有持续而长远的影响。

　　复旦大学历来重视学术道德培养和校风学风建设,并以此作为学科建设和研究生培养的生命线。2015年5月,复旦大学与北京大学、清华大学、浙江大学等11所高等学校被教育部、中国科学技术协会遴选为实施科学道德和学风建设宣讲教育案例教学的试点高校。我们坚持以"全覆盖、制度化、重实效"为总体要求,采用多元

1

形式将科学道德和学风建设融入研究生培养全过程,专门研究制定案例教学试点工作方案,结合研究生学科专业开设了13门"学术规范与职业伦理类"课程,邀请学术名家举办学术规范与学风建设系列讲座,致力于营造积极、健康的校园学术氛围,教育引导研究生恪守学术规范、树立优良学风,把学术道德观念内化于心、外化于行。2017年,在学校作风建设年活动中,广大研究生积极参与校风学风"大讨论、大实践、大建设",经过700余场次主题讨论,充分集思广益,凝练形成了以"五为、四守、九不要"为主要内容的校风学风倡议书,充分展现了复旦学生对学习目标、学习态度、学习规范的认识,表达了广大学生坚守科学精神、恪守学术道德、严守治学规范、笃守研究兴趣的坚定决心。2018年启动"三全育人"综合改革试点工作以来,我们把科学道德与学术规范教育作为落实科研育人和研究生思想政治教育改革的重要内容,从科研报国精神、实验室与课题组文化、创新能力教育等维度,不断丰富学风建设的抓手,拓展学术道德教育的外延和内涵,积极发挥研究生和导师的双主体作用,不断增强学术共同体自我管理、自我教育、自我净化的意识和能力,取得了好的效果。

为进一步推进研究生学术道德教育和学风建设工作,引导研究生掌握学术研究的必备知识和基本规范,强化研究生的科研能力和自律意识,由复旦大学研究生院牵头,上海高校不同学科领域的教授专家参加,结合研究生教育规律和学科特点,编撰一套由5本专著组成的"研究生学术道德教育系列丛书"。这套丛书内容丰富,既有全面系统的理论阐释,又有多学科典型案例的描述和剖析;丛书体例多样,既有"行为规范读本",又有"案例教育百例",还有"道德规范百问"等;丛书适用面广,除了针对在读研究生外,对研究生导师与高校相关职能部门管理人员均有一定启发和指导意义。

"板凳要坐十年冷,文章不写一字空。"学术道德是每一位科研工作者不可逾越的底线。我相信，"研究生学术道德教育系列丛书"的出版，必将有助于研究生在学术生涯起步之初就熟悉掌握学术科研的基本准则，有效教育和警示广大研究生摒弃心浮气躁、急功近利、不劳而获、投机取巧的心态，引导广大研究生积极培育和践行社会主义核心价值观、弘扬科学精神、恪守学术规范，勤奋学习、努力钻研、严谨求实、敢于创新、勇攀高峰，努力成为推动学术科研事业发展的栋梁之材，为实现中华民族伟大复兴的中国梦贡献青春力量。

2019 年 9 月 1 日

前　言

　　研究生是国家宝贵的人才资源,是中国特色社会主义事业的接班人和未来建设队伍中的中坚力量,事关我国未来经济、社会发展的战略大局。然而,当前我国研究生的学术道德状况不容乐观。近年来,社会上的一些不良风气开始渗透到研究生的学术领域,抄袭剽窃、伪造数据、弄虚作假等学术不端行为时有发生,追名逐利、滥用学术权力、"利益冲突"所引发的学术失范现象有所增加,急功近利的浮躁学风有所抬头,由此污染了学术环境,腐蚀了学术队伍,阻碍了学术创新能力的提升。这是新形势下出现的新动向、新问题,对此必须予以高度重视。

　　从归因上分析,研究生中出现学术不端行为的诱因是自身的伦理道德理念为主所驱动的动机体系。而动机作为主体行为的内在动力能引发相应行为方式,推动人去从事有目的的活动。如果要中止或消除研究生的学术不端行为,达到矫正和规范行为的目的,必须有效地激发与强化人的积极动机。依据现代动机理论,世界观、人生观、价值观是形成动机的基础,是个体行为的源泉。所以,开展深入、细致、持久的学术道德教育是提升研究生的思想境界、激发积极行为动机的有效途径。从研究生的伦理、道德理念转变而言,必须通过科学精神的宣传与倡导、学术伦理的教育与灌输、科研政策和法规的学习与理解,在掌握相关理论、提高思想认识的基础上,逐渐使规范的、为社会所认同的伦理道德理念内化为研究生自身的自律意识,如此才能使研究生从内心深处根除诱发学术不端行为的动机,增强自我约束、自我调控能力,自觉抵制不良社会风气的影响,从事"负责任的科学活动"。与此同时,在道德规范教育中,当每一位研究生的道德修养、认识水平普遍得到提高,学术规范深入人心,并成为研究生共同体普遍认同、共同遵循的行为准则时,良好的学术氛围、规范的学术环境便在学术道德教育的深入展开中得以形成。处在这种学术环境中的研究生,讲求学术规范、遵守学术道德不仅成为自身自觉履行的行为准则,而且成为要求他人自觉履行的群体性规范。这样,学术不端倾向者因受群体氛围的感染,在一定程度上会自我约束、有所收敛,这就是他律效应。正因为学术道德教育营造的良好学术环境,既能使研究生之间相互协作,又能使彼此共勉互督,个人的自律与群体的他律相结合,便能有效防范、遏制学术不端行为的发生与蔓延。

诚然,研究生学术不端行为的有效防范与遏制是一项复杂的系统工程,除了须建构相应的监管体制之外,更须形成由教育引导、制度规范、监督约束3种职能同时并举的运行机制。据此,自2000年起在国家和省市级层面,已经组建了各级监管机构,以分析学术不端现状、提出应对措施、实施宏观监管;同时,中国科协、教育部、科技部、中科院、国家自然科学基金委等制定并颁布了一系列针对学术不端行为的规章制度,以完善制度、法规建设;国家五部委又从2011年起每年都组织针对青年教师和研究生的省市层面的"科学道德和学风建设宣讲教育活动"。由于各类体制、机制创新的实际功效,从而大大降低了学术不端事件的发生概率,为维护正常的科研秩序、良好的学术氛围起到关键作用。

与此同时,为贯彻、落实国家各部委针对学术不端的具体规定,各高校、科研院所加强、完善了组织建设与制度建设。北京大学、清华大学、复旦大学、上海交通大学、华东师范大学等高校与中科院上海生科院、中科院金属研究所、中国地质科学院等科研院所先后组建了不同形式的学术规范委员会,并制定、颁发了各类学术道德行为规范。内部监管条例也作了进一步完善与配套,使其具有相对完整性、系统性、严密性的特征。这一系列举措对学术不端产生了明显的防范与遏制效果。

为了在现有基础上进一步推进上海在读研究生的科学道德和学风建设教育工作,建构相对系统化、理论化的研究生学术行为规范体系,且配合上海市每年一次的"研究生科学道德和学风建设教育宣讲活动",2013 年 6 月在上海市科协、上海市教委的倡导与支持下,组建了"上海在读研究生学术行为规范研究"课题组。课题组在广泛调研与征询、深入分析与研究基础上编撰、出版了《研究生学术行为规范读本》(以下简称《读本》)。《读本》出版至今已有 5 年,随着国内科学道德和学风建设教育工作的深入发展、相关理论知识与典型案例的不断涌现,有必要对《读本》的部分内容作一定修改与充实。据此,复旦大学研究生院组织原课题组专家,同时又增聘新的专家,对原有《读本》作了较大改动,修订推出第一版。

本书主要概述研究生科研活动中的道德规范和学术规范,所涉内容主要源于:其一,深入理解、全面贯彻国家各部委各类规范性文件精神,且对各类规范性文件涉及的实质性内容、各项具体规定作全面、系统的整理、概括,形成相对完整的研究生应严格遵循的学术行为规范系列;其二,参阅国内诸多高校、科研院所为贯彻国家各部委的各类规范性文件精神,且针对本单位研究生学术道德现状所制定的细化的学术道德和学术规范准则;其三,借鉴西方国家在举报、防范、惩治学术不端行为方面所形成的规定、程序与操作方法及其针对学术不端行为的管理与防范体系方面的有益经验。

就本书的体系结构而言,全书分为 5 章:第一章阐明了研究生学术活动中坚持伦理道德的重要性,提出了研究生从事学术活动应遵循的 6 项基本准则。第二章至第四章,按在读研究生学术活动的特点,将研究生的学术活动分为相对分明又紧密关联的 3 个阶段(即学术研究、论文写作与发表、学位论文送审与答辩),并分别阐述了与各阶段相关的学术规范问题。其中,第二章按学科群分别论述了人文社会科学、理学、工学、农学、医学等学术研究各环节中应注意与遵循的学术规范和道德规范。这有助于不同学科的研究生有针对性地了解本学科学术研究的行为规范,懂得学术研究中该做的与不该做的,以严守自律底线,做一个负责任的研究者。第五章则分析了学术不端行为的危害、防范与惩处原则和程序,以明示研究生在学术活动各环节中如涉嫌学术不端,将会受到严厉的处分,由此说明自律与他律在防范与遏制学术不端方面都是十分必要的。

本书虽然较为详细地阐述了在读研究生在学术活动各个阶段可能面临的各类道德规范和学术规范问题,以及应如何正确处理此类问题,但本书对各类规范的系统探索与思考仍是初步的,或许国内学界会提出一些不同的看法。对此,本书的编者恳请专家、学者对不妥、疏漏之处给予批评指正,并期盼能共同探讨、形成共识,为我国在读研究生提供一本相对全面、系统的研究生学术行为规范读本,以切实加强对研究生科研行为方式的引导作用,有效防范与遏制研究生在学术活动各个环节可能出现的各类学术不端行为。

本书在修订过程中得到了上海市科协和上海市教委领导的指导、支持与关心,得到了上海市有关高校(如上海交通大学、同济大学、华东师范大学、华东理工大学、上海财经大学、上海大学、东华大学、华东政法大学、上海理工大学等)与科研院所的研究生管理部门的友情支持与帮助,得到了各单位诸多院士、教授、研究生的合理建议与帮助,在此一并表示诚挚的谢意!

目录

第一章　研究生学术道德基本准则

　　一般来说,学术研究活动至少有 3 个维度:一是专业知识,它涉及经验事实、学科理论和学科思想;二是研究能力,它涉及科学探究能力、技术设计能力、工程实施能力和决策能力;三是价值取向,它涉及情感、态度、精神和道德。学术行为规范通常包括学术研究方法论规范和学术道德规范。

　　科学道德,就是科学技术人员在长期的科学探究和技术研发活动的实践中,逐步形成的一类正确、合理的伦理价值取向及其道德规范的结晶和总和。它的内涵可以分为两个层次(见图 1.1):一是伦理或道德的价值取向,如诚信、公正、公开、尊重、严谨、责任,它是上位的、抽象的,在本书中我们称之为"学术道德准则";二是由这种道德价值取向派生出来的"道德行为模式或规范",它是较为下位的、具体的,在本书中我们称之为"学术道德规范"。本章我们主要介绍"学术道德准则"的基本内容。在第二至第五章,我们将介绍"学术道德规范"的主要内容。

科学道德	学术道德准则
	学术道德规范

图 1.1　科学道德内涵的两个层次

第一节　科学技术研究开发活动的道德维系

一、科学技术研究开发活动需要科学道德的维系

科学研究活动的健康开展需要道德维系。科学是人类探究自然现象背后规律的一类特殊的社会文化活动,像所有社会文化活动一样,科学研究活动也具有其价值维度,需要文化精神的参与。也就是说,科学研究活动不能仅仅被看作一些技术性的和理论性的操作活动的集合,同时还必须被看作一种献身于既定精神价值和受伦理道德标准约束的社会文化活动。科学研究活动与其他人类活动一样,都是需要倡导负责行为,才能保证科学研究活动的健康运行。负责行为要求科研人员在选题立项、执行以及报告方面要做到学术诚信,在评价自己的贡献和成果时要准确无误,在同行评议中要力求公正,在学术交流中要同行相尊,在遇到利益冲突时要注意办事的透明度,在研究工作中要保护被试的人体对象和善待被试的实验动物,在研究团队中要承担自己的责任和义务,等等。所有这些都是人们常说的科学道德的重要内容。在学术共同体内倡导负责行为,有利于科学研究活动的正常开展,有利于科学事业的有效运行。建立在诚信基础之上的崇尚求真务实,要求科研工作者能够正确处理利益、荣誉和伦理等问题,具备良好的职业道德与科学品行等。因此,科学研究活动受到科学道德和社会一般道德的双重约束。

技术研发活动的健康开展也需要道德维系。技术是人们根据一定的工艺知识、技术期望、工具仪器设备、能源和材料等去改造自然和社会的活动。技术活动是包含产品、工艺、知识、人员、组织、规章制度和社会结构在内的一个系统。它包括设计、制造、使用和维

护等环节,涉及资源、制约条件、优化与权衡、过程和控制。其中,资源是完成任何一项技术活动必不可少的要素,包括工具和机器、材料、信息、能源、资本、时间和人力。制约条件是对一种产品或系统的开发所设置的一些限制,例如,科学限制(物理定律等)、经济限制(可供该项目支配的经费)、政治限制(地方和国家的法规条例)、生态限制(保护自然环境)和道德限制(避免对某些人的伤害)。每项技术设计都要受到多种约束条件的限制,一个最佳设计要考虑所有这些限制因素,并且找出合理的组合。世界上没有十全十美的设计,因为调整好一个限定因素常常会导致与其他限定因素的冲突,每项设计都应有多种选择方案,方案的选择则取决于人们对多种约束条件的权衡。优化是把一种产品、工艺或系统的设计或制造达到功能最佳、最有效和尽可能完美的过程或方法;权衡是指选择或舍弃一种性质以获得另一种性质;为了保持既定的制约条件,人们常常做出权衡和选择,以满足一个最优设计所要求的特性。同时,技术又是一把双刃剑,所有技术都会超出设计的初衷,给人类造成大小不同的负面影响;所有的技术系统都会出现故障,系统越大越复杂,出现毛病的机会就越多,产生故障的可能性就越大。技术的这些副作用,决定了技术研发活动的健康开展同样需要道德维系。

例如,科技人员在技术权衡和选择中一般会涉及如下内容的价值判断:

(1) 替代技术判断,即有没有可以完成同样功能的替代技术?这种替代技术具有哪些优点、缺点?对替代技术的积极和消极作用怎样进行必要的权衡?

(2) 受益判断,即谁是新技术主要的受益者?谁受益很少或者不受益?利益能持续多久?谁将受到损害?这些技术是否还有其他用途?这些给谁带来好处?

(3) 成本判断,即采用新技术的生产成本和操作成本是多少?

与替代技术的成本进行比较,结果如何? 是不是要由非受益者来承担这些费用? 谁来承担新技术的开发成本? 这些成本怎样随时间变化? 新技术的社会成本是什么?

(4) 风险判断,即与这种新技术相联系的风险是什么? 不用这种新技术会存在什么风险? 谁面临的危险最大? 这种新技术会给其他生命体和环境带来什么危险? 在最坏的情况下,会带来哪些问题? 谁将对此负责? 如何清除和控制这些问题?

(5) 资源可获得性判断,即需要用哪些人、材料、工具、知识和技巧制造、安装和操作新技术装备? 这些资源是否存在? 如果没有,怎样获得? 从什么地方获得? 在修建、生产以及操作过程中,需要哪种能源? 在保养、更新改造和修理新技术装备时,需要哪些资源?

(6) 安全判断,即怎样才能安全处理采用新技术产生的废料? 当新技术装备已经过时或者已经损坏,怎样更换它? 这种产品的材料和依赖生产这种材料的人怎么办?

对上述每一价值判断的抉择都涉及伦理道德的价值取向。在技术决策中由于价值判断的多元,有时会发生冲突,使决策者陷入伦理困境,这就需要决策者依据一定的伦理准则做出合理的权衡,由此也导致了在工程中提倡技术人员基于技术伦理准则的种种良好负责行为。它一般包括:

(1) 技术人员在履行其职业责任时,把公众的安全、健康和福利放在首位,并遵守可持续发展的原则。

(2) 只在自己力所能及的范围内从事服务。

(3) 仅以客观、诚实的方式发布公开声明。

(4) 在职业事务中应作为忠诚的代理人或受委托人来为每一位雇主或客户服务,并避免利益冲突。

(5) 将自己的职业声誉确立在自己优质服务的基础上,不应与别人进行不公平的竞争。

（6）在工作中努力维护和提高工程职业的荣誉、正直和尊严。

（7）在整个职业生涯中通过不断学习促进其职业发展，并为后学者提供职业和伦理发展的机会。

这些都涉及科学道德的内容。

二、科学研究中的道德越轨行为

学术共同体也是一个小社会。在学术共同体内，存在着学风浮躁、学术不端和学术失范 3 种越轨行为，虽然它们的发生频率在总量上只占少数。

（一）科学研究中的学术不端行为

关于学术不端行为，国际科技界将严重违反基本的科学诚信的行为称为学术不端行为（misconduct in science 或 scientificmisconduct），这种行为与科研违规行为、科研越轨行为的内涵十分接近。从国内外情况看，学术不端行为主要有以下 3 方面特征：第一，违反科学界通用的道德标准，或严重背离相关研究领域的行为规范；第二，不端行为是蓄意的、明知故犯的或是肆无忌惮的；第三，不端行为不包括诚实的错误或者观点的分歧。

美国《关于不正当研究行为的联邦政策》中对不正当研究行为的定义如下：在提议、开展和评议研究的过程中或在报道研究成果的过程中，出现的伪造、篡改或剽窃行为。伪造指制造数据或结果，并且进行记录或报道；篡改指修改实验材料、仪器或过程，或者修改或省略数据或结果，造成研究记录所反映的研究是不准确的。剽窃指擅取他人的思路、方法、结果或者文字，而不给出适当的来源。不正当研究不包括真实的错误或者观点的不同。对不正当研究行为的发现要求具有以下条件：

明显偏离相关研究团体所接受的行为;出于故意、知情或无意进行不正当研究的行为;有重要证据进行证明。

《欧洲科学基金会(ESF)关于研究和学术领域科学行为规范》指出,在科学质询的各个阶段,都要绝对诚实,特别要避免:任何形式的欺诈,如伪造、更改数据或记录等;剽窃、侵犯他人的著作权等;破坏其他科学家的工作成果、记录、调查报告等;作为审阅者或指导者,违反保密原则;科研人员合谋参与上述行为。

英国工程与物理科学研究协会(EPSRC)认为,科学领域的不正当行为往往很容易被识破(但又很难准确认定),这些不正当行为大致可分为两大类:

(1) 虚构或伪造研究成果;

(2) 剽窃、盗用别人的成果。例如,利用审阅或评估的特权,不道德地使用其中的材料。[①]

中国科技部在 2006 年颁布的《国家科技计划实施中学术不端行为处理办法(试行)》中指出的学术不端行为如下:

(1) 在有关人员职称、简历以及研究基础等方面提供虚假信息;

(2) 抄袭、剽窃他人科研成果;

(3) 捏造或篡改科研数据;

(4) 在涉及人体的研究中,违反知情同意、保护隐私等规定;

---

① 摘编自中国科学院网,http://www. cas. ac. cn 2011 - 03 - 07.

（5）违反动物保护规范；

（6）其他科研不端行为。

中国科协在 2007 年 1 月颁布的《科技工作者科学道德规范（试行）》中给出了学术不端行为 7 个方面的表现形式：

（1）故意做出错误的陈述，捏造数据或结果，破坏原始数据的完整性，篡改实验记录和图片，在项目申请、成果申报、求职和提职申请中做虚假的陈述，提供虚假获奖证书、论文发表证明、文献引用证明等。

（2）侵犯或损害他人著作权，故意省略参考他人出版物，抄袭他人作品，篡改他人作品的内容；未经授权，利用被自己审阅的手稿或资助申请中的信息，将他人未公开的作品或研究计划发表或透露给他人或为己所用；把成就归功于对研究没有贡献的人，将对研究工作做出实质性贡献的人排除在作者名单之外，僭越或无理要求著者或合著者身份。

（3）成果发表时一稿多投。

（4）采用不正当手段干扰和妨碍他人研究活动，包括故意毁坏或扣压他人研究活动中必需的仪器设备、文献资料，以及其他与科研有关的财物；故意拖延对他人项目或成果的审查、评价时间，或提出无法证明的论断；对竞争项目或结果的审查设置障碍。

（5）参与或与他人合谋隐匿学术劣迹，包括参与他人的学术造假，与他人合谋隐藏其不端行为，监察失职，以及对投诉人打击报复。

（6）参加与自己专业无关的评审及审稿工作；在各类项目评审、机构评估、出版物或研究报告审阅、奖项评定时，出于直接、间接或潜在的利益冲突而做出违背客观、准确、公正的评价;绕过评审组织机构与评议对象直接接触,收取评审对象的馈赠。

(7) 以学术团体、专家的名义参与商业广告宣传。

2016 年 3 月,中国科学院印发的《中国科学院对科研不端行为的调查处理暂行办法》指出,科研不端行为是指在研究和学术领域内的各种伪造、篡改、抄袭剽窃和其他严重违背科学共同体公认道德的行为。科研不端行为包括:

(1) 伪造、篡改、抄袭剽窃行为,包括伪造、篡改科研数据、资料、文献、注释等,抄袭剽窃他人的学术成果和重要的学术思想、观点或研究计划,或未经授权扩散上述信息等。

(2) 在科研活动中的虚假陈述行为,包括在个人履历、资助申请、奖励申请、职位申请以及同行评审、公开声明中等提供虚假或不准确信息,或隐瞒重要信息。

(3) 不当署名的行为,包括与实际贡献不符或未经他人许可的署名,将应当署名的人或单位排除在外,或对著者或合著者排名提出无理要求。

(4) 一稿多投和重复发表的行为,包括将本质上相同的科研成果改头换面一稿多投或重复发表的行为。

(5) 故意干扰或妨碍他人研究活动的行为,包括故意损坏、强占或扣压他人研究活动中必需的材料、设备、文献资料、数据、软件或其他与科研有关的物品。

(6) 违反涉及人体、动物、植物和微生物研究以及环境保护等科研规范的行为。

(7) 其他严重科研不端行为。

美国哥伦比亚大学将学术不端界定如下:剽窃,未按要求进行合作学习,自我剽窃,作弊,对教师和院长撒谎,隐藏和插入图书馆资料,篡改和歪曲信息。

耶鲁大学将学术不端界定如下:剽窃,未按要求进行合作学习,自我剽窃,作弊,未正确使用引用规范。

普林斯顿大学将学术不端界定如下:剽窃,未按要求进行合作学习,自我剽窃,作弊,伪造和篡改任何种类的数据,非原始材料的提交。

哈佛大学将学术不端界定如下:剽窃,未按要求进行合作学习,自我剽窃,作弊,花钱找代笔,或者翻译别人的观点而未加注释,引用事实或观点而未加注释。学生的学术不端行为如下:

(1)一般学术不端行为。第一,学生提交非原始作业的行为,即作业并非由本人得出的成果;第二,学生直接将他人的学习成果纳为己有或将其稍作修改之后进行提交的行为;第三,学生允许他人用自己的作业进行提交或修改之后进行提交的行为;第四,未经教师批准,学生多次提交形式不同而实质内容相同的作业的行为;第五,引用他人的工作成果,包括观点、段落、程序等,而未能正确使用引用规则的行为。

(2)严重学术不端行为。第一,在没有得到作者同意和签署合作承诺时,而使用他人学习或工作成果;第二,在没有得到教师允许的情况下,擅自给其他学生提供答案;第三,学校在调查学生学术不端行为期间,学生不能很好地与教师和院长进行通力合作,并蓄意捏造事实;第四,在考试期间,学生相互串通作弊;第五,在考试期间,学生使用未经授权的材料。[①]

近年来,我国高校在教师及学生的教学与科研活动中,急功近利、浮躁浮夸、抄袭剽窃、伪造篡改、买卖论文、考试舞弊等不良现象和不端行为时有发生,破坏了教书育人的学术风气,也造成了负面的社会影响。这些学术不端现象引起社会各个方面的关注。

2009 年 3 月,《教育部关于严肃处理高等学校学术不端行为的通知》列举了 7 种必须严肃处理的高校学术不端行为:
(1) 抄袭、剽窃、侵吞他人学术成果;
(2) 篡改他人学术成果;
(3) 伪造或者篡改数据、文献,捏造事实;
(4) 伪造注释;
(5) 未参加创作,在他人学术成果上署名;
(6) 未经他人许可,不当使用他人署名;
(7) 其他学术不端行为。

2016 年 9 月起正式施行的《教育部关于高等学校预防与处理学术不端行为办法》,对学术不端行为做了认定:
第二十七条　经调查,确认被举报人在科学研究及相关活动中有下列行为之一的,应当认定为构成学术不端行为:
(1) 剽窃、抄袭、侵占他人学术成果;
(2) 篡改他人研究成果;
(3) 伪造科研数据、资料、文献、注释,或者捏造事实、编造

[①] 马焕灵,赵连磊. 美国高校学生学术不端行为校园规制摭探. 比较教育研究,2012 年第 9 期.

虚假研究成果；

（4）未参加研究或创作而在研究成果、学术论文上署名，未经他人许可而不当使用他人署名，虚构合作者共同署名，或者多人共同完成研究而在成果中未注明他人工作、贡献；

（5）在申报课题、成果、奖励和职务评审评定、申请学位等过程中提供虚假学术信息；

（6）买卖论文、由他人代写或者为他人代写论文；

（7）其他根据高等学校或者有关学术组织、相关科研管理机构制定的规则，属于学术不端的行为。

第二十八条 有学术不端行为且有下列情形之一的，应当认定为情节严重：

（1）造成恶劣影响的；

（2）存在利益输送或者利益交换的；

（3）对举报人进行打击报复的；

（4）有组织实施学术不端行为的；

（5）多次实施学术不端行为的；

（6）其他造成严重后果或者恶劣影响的。

研究生教育已成为高等学校教育的重要组成部分。为规范研究生的学术行为，提高研究生的学术道德素养，营造良好的学术氛围和学术环境，保障研究生的培养质量，培养德智体全面发展的高素质创新型人才，我国许多高校制定了研究生学术行为规范，针对近年来时有发生的研究生学术诚信和学术道德缺失现象，指明了学术不端行为，提出了处理学术不端行为的办法。

《北京大学研究生基本学术规范》第四条指出，研究生不得发生有违学术规范的行为，包括：

（1）编造或篡改研究成果、实验数据、引用资料及调查结果。

（2）以不正当手段将他人作品或工作的全部或部分据为己有，引用他人著述而不加以注明等抄袭、剽窃行为。

（3）由他人代写或代替他人撰写学位论文或学术论文，提供虚假论文发表证明，编造学术经历，向研究资助人谎报研究结果等弄虚作假行为。

（4）发表论文时未如实署名，或发表时未征得合作者同意。

（5）采取伪造或涂改等手段制作推荐信、鉴定意见、评阅意见、成绩单等有关个人学术情况的证明材料；采用不正当手段干预并影响学业成绩与各种奖励的评定，干预论文评阅或答辩等。

（6）违反实验操作规定，故意损坏实验器材或原料，或私自将危险性实验用品带出实验室等违反实验安全的行为。

（7）违反有关保密规定，将保密事项对外泄露。

（8）其他偏离学术规范要求的行为。

《复旦大学学术规范(试行)》在"第三章　学术不端行为的认定"中指出，学术不端行为是指在实施研究、撰写论文、实验报告或申请课题、参加各类评选活动或申报奖项过程中故意实施的造假、篡改、抄袭、剽窃等严重违背学术诚信的不良行为，构成学术不端行为的动机或后果是采用不正当手段为自己或小团体获取学术上或相关利益，明显伤害他人利益，其严重性取决于学术违规人员的获利或伤害他人的程度。

学术不端行为的表现主要有：

1. 抄袭、剽窃、侵吞他人学术成果

（1）不注明出处，故意将已发表或他人未发表的学术成果

作为自己的研究成果发表;

(2) 以翻译或直接改写的方式,将外文作品作为自己作品的内容予以发表;

(3) 将他人的学术观点、思想或成果冒充为自己原创;

(4) 故意省略引用他人成果的事实,使人们误将其作品视为原创作品;

(5) 故意一稿多投、重复发表,情节严重、造成较大不良社会影响的属于学术不端。

2. 伪造、篡改数据、图片和文献,或捏造事实

(1) 虚构、篡改实验数据、图片或结果,误导审稿人和读者,或故意舍去部分数据,造成错误结论;

(2) 在项目申请、成果申报、成果推广、求职、履历和提职申请中作虚假陈述,提供各种伪造证书、论文发表证明、文献引用证明等;

(3) 篡改他人学术成果,伪造注释;

(4) 参与他人的学术造假活动及对他人揭发、查处学术不端行为进行打击报复等。

《上海交通大学研究生学术规范》第三条指出,从事学术活动必须自觉遵守有关法律法规及学术道德,不得有下列违反学术规范的行为:

(1) 抄袭、剽窃他人的研究成果。

(2) 捏造、篡改自己或他人的研究成果、实验数据或引用的资料;未经严格论证,主观臆造学术结论。

(3) 提供虚假的学术经历、学术成果;伪造专家鉴定意见、证书或其他证明学术能力的材料。

(4) 重复发表或变相重复发表自己的研究成果。

(5) 在学位论文或公开发表的作品中,不加注明使用他人(包括指导教师、授课教师)的成果;或未经学校允许,无偿使用上海交通大学成果,或将其变为非上海交通大学的成果。

(6) 违反国家有关保密的法律、法规或学校有关保密的规定,将应保密的学术事项对外泄漏。

(7) 未经导师或项目负责人许可,将集体研究成果私自发表,或故意藏匿、隐瞒重要科研成果或科学发现。

(8) 故意夸大研究成果的科技含量、经济价值和社会影响。

(9) 在未参加实际研究的成果中署名。

《华东师范大学研究生学术道德规范及违规处理实施办法》第五条指出,研究生在科学研究、学术活动、发表文章和学位论文写作、答辩中,有下列行为的属于违反学术道德规范:

(1) 侵占、抄袭、剽窃他人的学术观点和学术成果(包括论文、著作、技术报告、专利、软件程序和研究数据等)。

(2) 篡改、伪造原始研究数据(包括实验数据、调查数据和软件计算结果等),或隐瞒不利数据从而用于伪造创新成果和新发现。

(3) 请他人代写文章或代他人撰写文章,在撰写学位论文、其他拟发表论文的过程中进行不正当交易。

(4) 发表学术论文时未经他人同意使用他人署名,或未经项目负责人同意标注资助基金项目。

(5) 以不正当手段影响研究成果鉴定、学位论文评阅、学位论文答辩等。

(6) 故意一稿多投(含不同语种的一稿多投)或重复发表研究成果,伪造或篡改发表文章接收函。

（7）未经导师允许擅自运用、发表或传播课题组技术专利、专有数据、保密资料、专用软件等未公开的研究成果。

（8）其他违背学术界公认的学术道德规范的行为。

（二）学术不端行为的主要表现形式

世界主要国家的学术界比较倾向把杜撰、篡改和剽窃作为学术不端行为的主要表现形式。在我国学术界，有人把这 3 类行为称为科学研究中的"三大主罪"。

杜撰（伪造）是在科学研究活动中，记录或报告无中生有的数据或实验结果的一种行为。伪造不以实际观察和试验中取得的真实数据为依据，而是按照某种科学假说和理论演绎出的期望值，伪造试验样品；伪造论文材料与方法，对实际没有进行的实验，无中生有；伪造虚假的观察与实验结果。

案例 1.1.1

美国资深研究人员参与不当科研项目

美国管理卫生研究院基金网 2011 年 8 月 19 日公布的消息称，波士顿大学医学院癌症研究中心的一位研究员兼助理教授，在有关杂志发表的论文中捏造实验数据。该研究人员的研究方向涉及分子生物学，主要是雌激素拮抗剂以及乳腺癌治疗药物等。

美国联邦当局发现，该研究人员参与的不当科研项目由美国癌症协会的两笔联邦经费（R01 CAl02940 和 R01 CAl01992）资助。在一篇文章里，7 个数字中有 6 个是捏造的实验数据；另一篇文章中的 8 个数字有 6 个是虚构的。在这两篇均系 2009 年发表、探究基因抑制肿瘤生长角色的文章中，该研究人员都被列为资深作者。据美国联邦卫生部诚实研究办公室(ORl)发布的不当调研行为报告，该研究人员已经同意撤回这两篇文章，同意自 2011 年 7 月 18 日起，不介入美国联邦经费资助的科研项目两年，不担任顾问或同行评审委员会成员，不再到政府公共卫生服务部门担任顾问。由于论文杜撰，该研究人员已不在波士顿大学工作，校方也承认他的雇佣期已在 2011 年 7 月 15 日结束。①

另一种杜撰，是在科研申请中的杜撰。在项目资金申请、科研成果申报，以及职位申请等其他科研活动中做虚假的陈述，如杜撰学历、杜撰论文或书刊发表纪录，提供虚假获奖证书、文献引用证明等。

案例 1.1.2

申报科技进步奖的项目造假事件

2007 年 12 月，在 2007 年度高等学校科学技术奖公示期间，西安交通大学陈永江等 6 名教授联名举报该校能源与动力工程学院教授、长江学者李连生等人申报的教育部科技进步一等奖项目"往复式压缩机理论及其系统的理论研究、关键技术及系列产品开发"中存在造假问题。李连生从来没研究过往复式压缩机，他突然会完成这样一个大课题，令人怀疑。陈永江等人又在李连生等人的报奖推荐书中发现大量弄虚作假的内

---

① 摘编自科学网：http://bbs.sciencenet.cn 2011 - 10 - 31.

容。学校随后组织专家进行评审,通过校学术委员会讨论,认为该项目授奖存在异议,在后续进行的一系列调查取证中,认定该项目存在造假、侵占他人学术成果进行拼凑和包装等严重学术不端问题。学校于 2008 年 3 月致函教育部,建议撤销授予该项目 2007 年度高等学校科学技术奖。

2009 年 12 月,针对李连生严重学术不端行为,西安交通大学学术委员会决定免除其博士生导师资格。在此之前,学校已免去其流体机械及压缩机国家工程研究中心副主任职务。[①]

篡改是在科学研究活动中,操纵实验材料、设备或实验步骤,更改或省略数据或部分结果,使得研究记录不能真实地反映实际情况的一种行为。篡改是指科研人员在取得试验数据后,或急功近利,或为了使结果支持自己的假设,或为了附和某些已有的研究结果,对实验数据进行"修改加工",按照期望值随意篡改或取舍数据,以符合自己期望的研究结论。

案例 1.1.3

美国学术界的造假丑闻:舍恩事件

美国最具有代表性的学术不端行为是发生在 2002 年的"舍恩事件",它被视为科学界最大的学术造假丑闻之一。亨德里克·舍恩于 1998 年正式加盟美国贝尔实验室,先后与其他 20 多位研究人员合作,在短短两年多的时间里在几家全球著名学术期刊上发表十几篇论文,涉及超导、分子电路和分子晶

---

① 张胜波.科技部严惩西安交大造假教授.南方日报,2011 年 2 月 11 日.

体等前沿领域,其中一些研究还被认为是突破性的。

后来,有人投诉舍恩系统地大量伪造重大实验结果。贝尔实验室为此邀请5名外界科学家组成独立调查小组,对此事展开调查。调查小组最终认定,舍恩在1998—2001年期间至少在16篇论文中捏造或篡改了实验数据。2002年9月,舍恩被贝尔实验室开除,他的博士学位也在2004年6月被康斯坦茨大学撤销。[①]

案例1.1.4

加藤茂明研究小组篡改和捏造实验数据

日本东京大学2013年7月25日宣布,该校分子细胞生物学研究所前教授加藤茂明(2012年3月已辞职)研究小组发表的数十篇论文存在大量篡改和捏造实验数据的行为。加藤茂明是日本分子生物学研究领域的权威,他领导的研究项目曾获得大量政府资金。东京大学在2012年1月接到举报后成立调查委员会,对加藤茂明1996—2011年间参与过的165篇论文进行调查。结果发现,有43篇论文存在不当使用图片等故意捏造行为,如图像合成和翻转加工等。除了其中两篇已从投稿媒体撤回外,调查委员会认为另外41篇论文也应当撤回。

调查报告认为这是明显故意的篡改和捏造,性质恶劣。即

---

① 张田勘. 国外如何应对学术不端. 民主与法制,2010年第14期.

使加藤茂明没有直接参与论文的写作,也导致东京大学学术研究信任度受损,因此应该承担重大责任,很可能要求其返还研究经费,研究小组的一些人可能也会被取消博士学位。[①]

剽窃指未经他人同意或授权,将他人的语言文字、图表公式或研究观点,经过编辑、拼凑、修改后加入自己的论文、著作、项目申请书、项目结题报告、专利文件、数据文件、计算机程序代码等材料中,并当作自己的成果不加引用地公开发表。

"剽窃"与"抄袭"很接近,英文表达同为"plagiarize"。2001年10月修订的《中华人民共和国著作权法》(以后简称为《著作权法》)第四十六条规定,著作权法所称抄袭、剽窃是同一概念,指将他人作品或者作品的实质内容窃为己有发表,其法律后果是"……应当根据情况,承担停止侵害、消除影响、赔礼道歉、赔偿损失等民事责任"。文化部1984年6月颁布的《图书期刊版权保护试行条例》第十九条第一项所指"将他人创作的作品当作自己的作品发表,不论是全部发表还是部分发表,也不论是原样发表还是删节、修改后发表"的行为,应该认为是剽窃与抄袭行为。

一般而言,抄袭是指将他人作品的全部或部分,以或多或少改变形式或内容的方式当作自己的作品发表;剽窃是指未经他人同意或授权,将他人的语言文字、图表公式或研究观点,经过编辑、拼凑、修改后加入自己的论文、著作、项目申请书、项目结题报告、专利文件、数据文件、计算机程序代码等材料中,并当作自己的成果而不加引用地公开发表。

尽管"抄袭"与"剽窃"没有本质的区别,在法律上被并列规定为

---

① 摘编自新华网,东京大学曝学术造假"大案",http://www.news.cn2013-07-25.

同一性质的侵权行为,但二者在侵权方式和程度上还是有所差别:抄袭是指行为人不适当引用他人作品以自己的名义发表的行为;而剽窃则是行为人通过删节、补充等隐蔽手段将他人作品改头换面而没有改变原有作品的实质性内容,或窃取他人的创作(学术)思想或未发表成果作为自己的作品发表。抄袭是公开地照搬照抄,而剽窃却是偷偷地暗地里进行的。

抄袭和剽窃的形式如下:

(1) 抄袭他人受著作权保护作品中的论点、观点、结论,而不在参考文献中列出,让读者误以为观点是作者自己的。

(2) 窃取他人研究成果中的调研、实验数据、图表,照搬或略加改动用于自己的论文。

(3) 窃取他人受著作权保护作品中的独创概念、定义、方法、原理、公式等据为己有。

(4) 片段抄袭,文中没有明确标注。

(5) 整段照抄或稍改文字叙述,增删句子,但实质内容不变,包括段落的拆分合并、段落内句子顺序改变等,整个段落的主体内容与他人作品中对应的部分基本相似。

(6) 全文抄袭,包括全文照搬(文字不动)、删简(删除或简化,将原文内容概括简化,删除引导性语句或删减原文中其他内容等)、替换(替换应用或描述的对象)、改头换面(改变原文文章结构,或改变原文顺序,或改变文字描述等)、增加(一是指简单的增加,即增加一些基础性概念或常识性知识等;二是指具有一定技术含量的增加,即在包含原文内容的基础上有新的分析和论述补充,或基于原文内容和分析发挥观点)。

(7) 组合别人的成果,把字句重新排列,加些自己的叙述,字面上有所不同,但实质内容就是别人成果,并且不引用他人文献,甚至直接作为自己论文的研究成果。

（8）自己照抄或部分袭用自己已发表文章中的表述，而未列入参考文献，应视作"自我抄袭"。

如何对抄袭和剽窃行为做界定呢？

根据《著作权法》，抄袭和剽窃侵权与其他侵权行为一样，需具备 4 个条件：第一，行为具有违法性；第二，有损害的客观事实存在；第三，和损害事实有因果关系；第四，行为人有过错。由于抄袭物在发表后才产生侵权后果，即有损害的客观事实，因此通常在认定抄袭时都指已经发表的抄袭物。

我国司法实践中认定抄袭和剽窃一般遵循 3 个标准：第一，被剽窃（抄袭）的作品是否依法受《著作权法》保护。第二，剽窃（抄袭）者使用他人作品是否超出"适当引用"的范围。这里的范围不仅从"量"上来把握，主要还要从"质"上来确定。第三，引用是否标明出处。

这里所说的引用"量"，国外有些国家做了明确的规定。例如，有的国家法律规定不得超过 1/4，有的则规定不超过 1/3，有的规定引用部分不超讨评价作品的 1/10。我国《图书期刊保护试行条例实施细则》第十五条明确规定："引用非诗词类作品不得超过 2 500字或被引用作品的 1/10"；"凡引用一人或多人的作品，所引用的总量不得超过本人创作作品总量的 1/10。"目前，我国对自然科学的作品尚无引用量上的明确规定，考虑到一篇科学研究的论文在前言和结果分析部分会较多引用前人的作品，所以建议在自然科学和工程技术学术论文中，引用部分一般不超过本人作品的 1/5。对于引用的"质"的方面，一般应掌握以下界限：

（1）作者利用另一部作品中所反映的主题、题材、观点、思想等再进行新的发展，是新作品区别于原作品，而且原作品的思想、观点不占新作品的主要部分或实质部分，这在法律上是允许的；

（2）对他人已发表作品所表述的研究背景、客观事实、统计数

字等可以自由利用,但要注明出处,即便如此,也不能大段照搬他人表述的文字;

(3)《著作权法》保护独创作品,但并不要求其是首创作品,作品虽然类似,但如果系作者完全独立创作,则不能认为是剽窃。[①]

案例 1.1.5

引用他人论文过多被认定学术不端

某高校研究生 2009 年提交的学位论文第三章因为引用过多(第三章共计 1.5 万字,直接引用约 1.3 万字),被外审专家认定存在学术不端行为。学校根据外审专家的意见,对该论文进行复审后,决定不同意为该论文组织答辩。该同学对此非常不解,认为自己对所借鉴的成果进行了引用,不存在学术不端现象。

在学术研究中,对已有成果的了解是必需的,对已有成果的借鉴也是不可避免的,因此,是否适当引用就成为判断抄袭或借鉴的关键。正确的引用包括两个方面的含义:一是凡借鉴就要引用,引用就要对原出处进行明示;二是引用只能反映研究者对本研究领域已有研究成果的了解和借鉴,或反映已有成果与自己研究的关系,不能构成自己研究成果的主体内容。虽然人们对引用所占的比例应该是多少尚无统一尺度,但很明显的情况是,在该同学提交的学位论文第三章(共计 1.5 万字)中,直接引用内容达 1.3 万字,占到 85% 以上,这一章也就不

---

① 教育部科学技术委员会学风建设委员会组编. 高等学校科学技术学术规范指南. 中国人民大学出版社,2010 年.

是该同学的研究成果,而主要是别人的研究成果。因此,专家的意见是正确的,学校的处理决定是有道理的。①

（三）学风浮躁和学术失范的主要表现

在科学共同体内,存在着学风浮躁、学术不端和学术失范 3 种越轨行为,虽然它们的发生频率在总量上只占少数。

学风浮躁是指研究氛围的不正和研究群体的精神文化追求以及行为习惯的沉沦现象。包括:论文粗制滥造;对自己学术成果水平任意夸大;对科研成果谋求新闻炒作,在未经同行评议情况下就通过媒体向社会公布某些科研成果,企图借此获取优先权和社会荣誉;对自己学术上的失误文过饰非;对不熟悉的专业以权威、内行自居,轻率表态;不是努力培育新人,而是把研究生当作廉价劳动力使用;在学术上专横武断,盛气凌人,压制不同学术观点;在参与各种推荐、评审、鉴定、答辩和评奖等活动中徇私情;为了项目申报成功而四处游说送礼,申报成功后又搞答谢宴请;以不正当手段影响各类评审结果;在外面徒挂虚名兼职、收取报酬,等等。学风浮躁会导致短期行为和片面追求数量而不追求质量等现象,导致本已稀缺的研究资源的浪费和科技整体创新能力的下降。

案例 1.1.6

"冷核聚变"神话的最终破灭

1989 年 3 月,美国犹他大学庞斯教授和英国南安普顿大学的弗莱希曼教授宣称,他们用电解重水的方法在室温下完成

① 学术诚信与学术规范编委会.学术诚信与学术规范.天津大学出版社,2011 年,第 47 页.

23

了核聚变。他们制作了一个简单的用钯电极作为阳极、钯金属作为阴极的电解槽,在这个玻璃制的常规电解池中充满含有氘原子的重水,然后通上电流,电流从阳极流向阴极,使得氘原子核由重水流入钯晶格中,在那里发生聚变,释放出热量和核的副产品:中子以及微量的超重原子——氚。

他们的实验在科学界引起巨大的轰动。世界各地数以百计的实验室先后行动起来,开始重复性的实验,然而,众多的实验室都没能得到相同的结果。人们开始对庞斯和弗莱希曼产生怀疑,很难相信足够的氘原子核挤在一起可以发生聚变,钯虽然有吸收大量氘的能力,电流的流动会使得钯的晶格"充满"氢,使得晶格内的压力突然增加来克服阻止核聚变发生的正电荷的障组,但是这样做成功的可能性很小。许多人认为,庞斯他们没有做过必要的对照实验;对热量、中子数和证明发生冷聚变其他迹象的测量都十分草率;误解了有关核聚变公认理论的实质。

1989年7月,美国能源部的能源研究咨询委员会在对庞斯和弗莱希曼调查后得出结论:他们的实验报告的数据不能作为有新的能源来源的证据,被称为新的核过程的冷聚变是没有说服力的。低温核聚变产生的能源发展前景相当遥远,目前还没有理由建立冷聚变研究中心以支持发现冷聚变。

自此以后,美国官方对于冷核聚变的研究特别慎重。美国能源部没有资助过任何有关冷核聚变的试验,专利和商标局也拒绝所有的有关专利申请。

冷核聚变的研究趋于冷落。1991年,庞斯和弗莱希曼悄然离开美国。1992年他们在法国的一家实验室继续做研究,在花费了一亿两千万用于冷核聚变研究后仍然没有取得显著的效果,实验室在1998年宣布关闭,中止了试验。

庞斯和弗莱希曼的"冷核聚变"神话最终破灭。尽管冷核聚变的前景十分诱人,然而它从一开始就引起很多人的怀疑。如果庞斯和弗莱希曼更谨慎一些,或许不会像以后那样被搞得焦头烂额。事实上,他们两人已经秘密试验了5年,本打算到1990年9月再考虑是不是发表论文,但由于在美国进行核试验必须向当局申报后才能进行,他们在1988年就申报了;为了得到同行的支援,他们开始向外透露。而校方担心他们如果不抢先公布研究成果,会在专利申请上吃亏,于是促使两人过早地对外宣布。太急功近利的浮躁心理、太看重商业利益的做法最终使他们弄巧成拙。[①]

学术不端是指科研人员在涉及专业技术职务的评聘、研究项目的申请和实施、论文署名和成果发表、荣誉获取和分配、科技评价和奖励、科研成果宣传等科技活动中,所发生的伪造、弄虚作假或剽窃等不道德行为。伪造是指拼凑数据或结果,并予以记录或报告。弄虚作假是指改动研究材料、设备或过程,改变和省略数据或结果,以至于研究记录没有精确地反映研究工作。剽窃是指窃取他人的想法、过程、结果或文字而未给予他人贡献以足够的承认。科研不端行为不包括非故意性错误、由疏漏导致的错误或观点分歧。科研不端行为不仅会造成研究经费的浪费,损害研究记录,歪曲研究过程,影响科学进步,而且会冲击科学共同体长期以来形成的整套科学伦

---

① 复旦大学研究生院编.研究生学术道德案例教育读本.复旦大学出版社,2016年,第101—105页。

理准则,败坏科学信誉,腐蚀科学事业。对科研不端行为,科学共同体内设有专门的组织来处罚,不能任其泛滥。如在研究机构内设立"科研道德建设办公室",负责科研道德建设和对科研不端行为的处理;制定处罚程序,对投诉、受理、调查、处理、复议等环节都做出明确的规定。学术不端行为认定的依据有三:该行为严重背离相关研究领域的常规做法,是蓄意的、明知故犯的或肆无忌惮的,对其投诉的证据是确凿的。

学术失范是指在科学研究与科研管理活动中的不规范现象。例如,科研人员研究动机的扭曲和科学精神的丧失,不潜心钻研学问,一味追名逐利,只顾个人眼前利益,忽视对真理的追求,淡忘对民族、国家和社会的责任;为获取和占有科研资源,热衷于拉关系、走后门、立山头等。又如,研究机构在科研管理上发生行政干预、权力垄断、官学一体、权学交易、学术霸道、暗箱操作、流于形式等制度失灵现象。

要克服学术共同体内的上述3种越轨行为,只有依靠科研道德建设来实现。科研道德建设是指学术共同体内关于倡导科研人员遵循良好道德规范的种种制度安排。它分为科研机构和外部环境两个层面。在研究机构层面,机构要筹建科研道德建设办公室,致力于营造一种伦理文化氛围,建立一套有效的规章制度及其监控措施,提供有关科研道德建设的教育培训机会,鼓励、指导和奖励科研人员的负责行为,预测、公布和管理个人以及机构间的利益冲突,及时调查对科学不端行为的投诉并给予适当的行政处罚,等等。在外部环境层面,政府有关部门要制定一系列有关供科研机构和科研人员必须遵守的科研行为规定,并在实施过程中加强监管和对不端行为的处罚;发放科研经费的机构在项目申报和评审过程中要加强道德监管;科学期刊要严格审稿程序和恪守科学评价标准;科学社团要针对不同学科特点为会员制定职业准则或道德守则。这些制度安排,实际上是将科学道德制度化的结果。

要使科学共同体这个小社会正常而有效地运行,科学家们的行为也需要由一些社会化的规范来约束,否则就会产生种种越轨现象而不利于科学事业健康、有序的发展。科学道德在科学共同体内的存在和弘扬,也使个别科学家的越轨行为相形见绌,形成强烈的反差,并对后者起到鞭挞和制止的作用。可见科学道德对于引导科学家健康成长、维系科学这个小社会的有序运行、促进科学事业的日益繁荣,起着重要作用。

第二节 学术道德基本准则

通过考察和借鉴国内外科学道德文献[①],现在学术共同体内提倡的学术道德准则的基本内容,一般为诚信、公正、公开、尊重、严谨、责任 6 项。它们是科学工作者对人类的一般伦理价值取向在科学领域的运用和发展,并在学术共同体内被社会制度化。科学工作者并不是这些价值取向的发明者,而是人类一般价值取向的发扬光大者,他们也不是唯一具有这些价值取向的人。学术道德准则在学术共同体内的长期践行,反过来又丰富和强化了人类的一般伦理价值取向。下面将逐项诠释这些学术道德基本准则。

一、诚信准则

诚信是千百年来人类普遍提倡的最基本的道德准则之一。在

---

① 注:其中涉及《中国科学院关于科学理念的宣言》等 18 份我国部级单位印发的有关文件,《英国科学与工程研究的行为规范》、《欧洲科学基金会关于研究和学术领域科学行为规范》等 6 份发达国家的有关文件,以及《北京大学研究生基本学术规范》等 10 份我国著名大学制定的有关文件等。

我国,诚信被确立为每一位公民应遵循的社会主义核心价值观的重要内容之一。[①]

诚信准则主要是指科技工作者在研究开发活动中实事求是,诚实地提供信息,言而有信;遵守规则,实践成约。具体来说,是指科技工作者在项目设计、数据资料采集分析、科研成果公布以及在求职、评审等方面,必须实事求是;对研究成果中的错误和失误,应及时以适当的方式予以公开和承认;在评议、评价他人贡献时,必须坚持客观标准,避免主观随意。

科学技术的研究开发建立在诚信的基础之上。科学的目标在于求真,探究自然界运动变化的规律,是科学的根本任务。所谓"真理",即为与事实相符合。科学家探求真理时是通过"从实事出发探究其中规律"的途径实现的。科学工作者应根据自然界的实际去探究自然界的规律,为此必须不断地通过观察实验而获得大量的、确凿的经验事实和数据,并在此基础上提出规律性的说明,否则"巧妇难为无米之炊",探究自然规律就无从谈起。其中,所获经验事实和数据必须真实可信,不容半点虚假,否则会导致虚假、无效的结论。诚实守信是保障知识可靠性的前提条件和基础,从事科学职业的人不能容忍任何不诚实的行为。

案例1.2.1

彭齐斯和威尔逊诚实地报告观测数据

1964年,美国贝尔电话公司实验室在新泽西州的一座山

[①] 2012年,党十八大报告对社会主义核心价值观分3个层次进行了概括:在国家层次上,提倡富强、民主、文明、和谐的价值取向;在社会层次上,提倡自由、平等、公正、法治的价值取向;在公民层次上,提倡爱国、敬业、诚信、友善的价值取向。

上架设了一架巨大的天线,用于接受"回声"卫星的信号。其主管工程师是阿诺·彭齐斯和罗伯特·威尔逊。当他们在调试这架天线来测量银晕气体射电强度时,出现了背景噪声,它类似于雷雨天从收音机里听到的雷电干扰声。最初,他们猜测这可能是天线系统内部产生的电噪声所致,并按这一思路去检测噪声的性能并消除该噪声。为了检测这台天线的噪音性能,他们将天线对准天空方向进行测量,发现在波长为 7.35 厘米的地方一直有一个稳定的、各向同性(即不随方向变化)的噪声讯号存在,并且不因周日而变化,也不因季节而变化,因而可以判定此现象与地球的公转和自转无关。难道这是天线自身产生的电噪声? 1965 年初,他们将天线拆卸,进行了彻底检查,并完善了天线内部结构一些部件,同时还驱赶天线附近的鸽子,清除了天线上的鸽子窝和鸟粪,排除这些内外因素对天线产生噪声干扰的可能性,然而噪声仍然存在。基于这些事实,当年7 月彭齐斯和威尔逊在《天体物理学报》上以"在 4 080 兆赫上额外天线温度的测量"为题,诚实地向外宣布与当时人们预测完全不同甚至是令人失望的结论:噪声无法消除,噪声不是来自天线本身,而是来自整个天空的微波射电噪声,其强度与绝对温度为 3.5 K 的辐射相当,稍后又订正为 2.7 K,简称为"3 K微波背景辐射"。[①]

诚实是诚信的第一层涵义。英国科学家克拉默认为,诚实是科学家在科学研究中必须持有的一种品格。他说:"从长远来看,一个诚实的科学家是不吃亏的,他不仅没有谎报成果,而且充分报道了

---

① S·温伯格.洗鼎钧译.最初三分钟.科学出版社,1981 年,第 37—40 页.

不符合自己观点的事实。"[1]上述彭齐斯和威尔逊的案例后来也证明了这一点。当初他们宣布自己的微波背景辐射发现时,并没有弄清其理论意义。事后不久则被美国天体物理学家认定为它是确证"大爆炸宇宙论"的有力证据,被认为是 20 世纪天文学上的四大发现之一。为此,彭齐斯和威尔逊共同获得 1978 年诺贝尔物理学奖。他们因为诚实报告当初以为会不被人看好的观测结果,反而获得科学大奖。

守信是诚信的第二层含义。守信就是科学工作者应遵守学术共同体内的各种行为规则,践行成约,看重信义。

二、严谨准则

严谨是千百年来人类普遍提倡的最基本的道德准则之一,即"敬业"的具体表现。在我国,敬业被确立为每一位公民应遵循的社会主义核心价值观的重要内容之一。

在科学技术研究开发活动中,严谨准则主要是指科技工作者细心地设计和进行实验,准确无误地记录和报告结果,注意避免错误;用事实说话,避免不适当的偏见;科学论证和理论推导应具有逻辑性和科学性;追求卓越,精益求精。

案例 1.2.2

伽利略精心设计和进行实验、在研究中追求卓越

科学家伽利略在《关于两种新科学的对话》一书中,对其探究"匀加速直线运动定理"过程作了如下说明:

---

[1] W·I·B·贝弗里奇.陈捷译.科学研究的艺术.科学出版社,1979 年,第 150 页.

　　"拿一块12码(相当于11米)长、半码宽、3指厚的木板。靠它的边缘刻一道约略大于一指宽的小槽,把这个槽做到尽可能的直和光滑,里面垫上尽可能光滑的羊皮纸。然后拿一个硬的、光滑的、极圆的铜球,放在槽内去滚。将这块木板放在倾斜位置,使一端比另一端高一码或二码,再将铜球沿槽滚去,同时按照下述方法注意它降落的时间。我们把这个实验多做几次,使得时间可以量得准确,准确到两次观察结果相差不到一次脉搏的1/10的地步。完成了这种动作并确定了它的可靠性之后,我们现在将铜球放在槽的1/4长度内滚动,再量它的降落时间,我们会发现它恰好等于上次时间的1/2。我们再用其他各种距离作同样的实验,以槽的全长距离与1/2长的、2/3长的或其他任何长度的距离相比,把实验重复100次以后,我们总是发现:球所通过的各种空间距离的比率与其时间间隔的平方的比率相同,这在任何斜度的平面即该槽的任何斜面中都是一样准确的。我们也观察到,球在各种不同斜度降落的时间,如我们即将看到的,其比率恰恰和作者所预言并论证的比率一样。"①

　　科学研究活动是一项艰巨的认知活动。科学研究的目的在于探究自然现象背后的规律。这种规律并不是表象的,而是隐藏在表象背后的本质。因此,科学理论并不是信手拈来、唾手可得的。它需要科学家付出辛勤的劳动,经历无数的磨难。科学家在从事这种艰辛的工作时,比从事其他认知活动更需要遵循敬业的价值取向,厉行严谨准则。在上述案例中,伽利略就是如此。他为了解决匀加

———————
① 威·弗·马吉编. 蔡宾牟译. 物理学原著选读. 商务印书馆,1986年,第13—14页.

速直线运动问题,严格地遵循了一条科学探究的经验主义方法论路线。第一步是进行相关的斜面实验,通过实验、观察获得大量有关自然现象的经验事实、数据。第二步是对这些经验事实、数据进行归纳推理,概括出具有一般性的科学假设,即在相继的相同时间间隔内,从斜面上滚下的小球所通过的距离与时间的平方成正比的规律,而且这一规律与斜面的倾斜度无关。第三步是再用类似的实验去检验所得假设的正确性,使其成为定律。第四步是人们根据这些科学定律去说明自然现象,解决当初要解决的问题,这一步可以用演绎的方法去完成,即以科学理论为大前提,通过三段论推理,演绎出关于自然现象的有关陈述。例如,他由此可以解释自由落体运动的现象,并得出自由落体运动定律。这个探究过程严谨而有效。伽利略在科学探究中精心设计和进行实验,通过反复实验、力求减少误差以保证所得数据的准确性,这都表明他在科学研究中厉行严谨的准则。

追求卓越,精益求精,是在研究中遵循严谨准则的更高表现。

三、尊重准则

尊重是千百年来人类普遍提倡的最基本的道德准则之一,即"友善"的具体表现。在我国,友善被确立为每一位公民应遵循的社会主义核心价值观的重要内容之一。

在科学技术研究开发活动中,尊重准则主要是指科技工作者相互尊重、强调尊重他人的知识产权,通过引证承认和尊重他人的研究成果和优先权;尊重他人对自己科研假说的证实和辩驳,对他人的质疑采取开诚布公和不偏不倚的态度;要求合作者之间承担彼此尊重的义务,尊重合作者的能力、贡献和价值取向。相互尊重是学术共同体和谐发展的基础。

科技工作者是在科技共同体内工作的,特别是在 20 世纪进入大科学时代以来,研究开发常常是按团队的组织形式开展,科技工作者要与人合作交流,必须妥善处理好科技共同体内人与人的关系,这就需要遵循伦理道德。诺贝尔化学奖获得者美国物理学家和化学家杰罗姆·卡尔勒说:"同样重要的是要做一个有道德的人。一个有道德的人只做那些他的良心认为是正确的该做的事,他尊敬别人,处处留心不给他人造成伤害。"①

案例 1.2.3

鲍林尊重竞争对手的科学发现

20世纪50年代初,生物学家已经强烈地意识到,如果要弄清基因在生物遗传过程中的"模板"作用,必须弄清DNA分子的结构。当时,美国加州理工学院的鲍林、英国剑桥大学的沃森和克里克几乎同时在逐鹿这个前沿课题。鲍林当时已是世界一流的量子化学家,并在1951年就发现蛋白质的α螺旋结构,在生物化学领域早已做出过重要发现。沃森和克里克在学术上只能算作名不见经传的小青年。但是,恰恰是他们两人于1953年4月初率先提出DNA分子双螺旋结构的理论模型。几天后,鲍林在聆听了沃森和克里克的解释并查看了有关X衍射的测定结果和论文之后,十分礼貌地肯定他们两人已经找到课题的答案。经过几周的仔细推敲,鲍林还发现他们的模型中有关氢键的错误,并友善地转告他们。沃森和克里克在此基础上修改了论文。②

① 中国科学技术协会编. 世纪辉煌. 科学普及出版社,2001年.
② J·沃森. 田洺译. 双螺旋. 生活·读书·新知三联书店,2001年,第177—178页.

尊重他人的知识产权,是厉行尊重准则的核心内容。知识产权是科学家个人的一种重要的财产权。知识产权的明晰,有利于科学家科研积极性的发挥。在科学界个人知识产权的认定涉及论文发表、评奖、资格认定和优先权认定等方面的内容,其中科学发现优先权是科学界知识产权的一种最高形式。获得科学发现优先权,实际上是科学家从事科学研究活动的原动力之一。第一,科学家是很在乎人们对自己社会角色的承认。当一个不知名的科学工作者获得一项科学发现的优先权后,这表明学术共同体对他科学研究能力的认可,对他作为一个科学家社会角色强有力的确认。正如达尔文曾经指出的那样:"我对自然科学的热爱……因有心要得到我的自然科学家同行们的尊敬而大大加强了。"第二,科学家从事科学研究需要"科研资源",如科研任职的受聘、科研经费的获得,否则他在科学研究活动中寸步难行。当科学家获得一项科学发现的优先权后,他的学术"知名度"就会得到提高,从而就可以增加他在学术共同体内的学术"信誉度",又使他更容易申请到更多的科研经费、更高一级的学术职称或在更著名研究机构的任职机会,即获得进一步开展科学研究的"资源",这对科学家来说是从事科学研究的"安身立命"之本。正因为如此,在学术共同体内建立科学发现优先权的制度,就可以强化科学家的这种原动力,并使之具有可持续性。

遵循科学、合理的评价制度和规范,是厉行尊重准则的基础。这就涉及下述的公开准则和公正准则。

四、公开准则

在科学技术研究开发活动中,公开准则主要是指科学工作者在基础研究(纯科学研究)中一旦取得成果应该立即公布,让全人类享用,这样有利于避免科学研究中的重复劳动,从而有利于科学知识的迅速发展。

在基础研究即纯科学研究中,强调遵循公开准则与科学知识"公有性"的社会属性有关。科学上的重大发现都是社会协作的产物,它应属于社会所有。科学知识的发现者对知识的"产权"独占极其有限,仅限于优先的冠名权,如牛顿定律、爱因斯坦相对论等。科学领域中的"公开性"制度安排与技术中"专利制度"强调的"保密性"形成对立面,它促进了充分和公开的学术交流活动,这有利于科学知识的迅速发展;同时也为科学知识的历史积累确定了制度保证,才使牛顿能"站在巨人的肩膀上比巨人看得更远一点"成为可能。

在科学技术共同体内之所以要提倡公开准则,是因为解决研究开发中可能会出现"利益冲突"的需要。研究开发中的利益冲突,是指科技人员在各自从事研究活动时因竞争所导致在经济利益上、工作职责上和个人关系上的冲突。科技人员努力从事科研工作有其动机或利益,如增进知识的积累,做出造福于个人和社会的科学发现,促进个人专业职称的晋级,导致个人经济利益的获得和满足,这些都是正当的。但是由于在市场经济体制下科研资源的获取具有竞争性,这样就会导致科技人员之间的利益冲突。例如,科研项目经费的申请、科研成果的评价或奖励、科技服务的报酬、任职单位的更换等途径,都会影响科技人员个人的经济收入,但是这些资源均需要通过同行竞争才能获取,由此导致同行之间的经济利益冲突。科技人员常常会兼任诸如导师、外单位顾问等多种工作职责,这会引起时间分配、资源利用和成果归属等职责冲突。科技人员在对他人成果进行评价时,因和被评价人的利益关系而与评价工作需要维持客观、公正的要求相冲突。研究中的利益冲突无法避免,也没有必要避免,但科技人员处理研究中的利益冲突必须受到科学道德的约束,应避免利益冲突对研究产生负面影响。科技人员对利益冲突的不当处理,是产生学术风气浮躁和不端行为的原因之一。当科技人员和有关机构遇上重大利益冲突时,应遵循公开准则,完全披露所涉及的利益,以使大家了解潜在的冲突,并能采取相应的行动;对研究进行监督或对研究结果进行检查,以保证其准确和客观;在研究进程的关键环节中,如解释数据或参加特定的评价决定时,要求那些具有冲突的人员回避等。

案例 1.2.4

拉斯克基金会的评奖程序

美国拉斯克医学研究奖是医学界仅次于诺贝尔奖的一项大奖,创始于 1946 年,旨在表彰医学领域做出突出贡献的科学家、医生和公共服务人员。它由拉斯克基金会管理,设有董事会和基金托管人,按照严格的程序对基金进行管理。

拉斯克奖一年一度的评选过程被认为是公开、公平、正直的典范。第一,候选人无需自己申请,而是由美国和国际的专业团体提名。专业团体广泛调查搜寻各领域的合适候选人,保证许多合格者参加候选。第二,候选人收到提名通知后,需提供大量的实质性证明材料作为参选资料。第三,组织专门的评审委员会对候选人参选资料进行评判。评审委员会由慎重遴选的 25 名多学科国际杰出科学家组成,从而保证专业协会将尊重评审委员会的决定。第四,评审过程保持系统、详尽和公平。例如,候选人的参选资料一般要由每一位评委仔细审核,保证评委能承认他们的选择。第五,评委们对评审过程严格保密,保证评委们在评议时保持公正。第六,如果达不到评奖的标准,评审委员会将不会给出奖励,这利于基金会评委们做出公正的决定。①

---

① http://www.laskerfoundation.org/awards/index.htm.

五、公正准则

公正是千百年来人类普遍提倡的最基本的道德准则之一。在我国,公正被确立为在社会层面上应体现的社会主义核心价值观的重要内容之一。

在科学技术研究开发活动中,公正准则主要是指科技工作者在同行评议中要力求公正,在评价别人的成果时应一视同仁,任何种族、民族、性别、年龄、社会地位等因素均不能作为评价标准;对科学知识,无论是新的还是旧的,都应该用科学理论的评价标准持续地对其进行仔细检查,看其是否有错误,一旦发现错误便可以对其进行质疑。公正性还要求科学家客观地评价别人的成果,具有合理的批判精神,对他人的研究成果不能盲从。

科技评价是研究开发活动中的重要一环,它是将科技工作者的个体知识接纳为科技共同体集体知识的必要环节,是激励科技人员的重要手段,是实施保护知识产权制度安排的基础。科技评价贵在科学、权威、严谨、公正。科技评价的公正性,首先,基于科学评价活动程序的公开性和严格性,前述案例 1.2.4 就说明了这一点;其次,还基于科学评价标准的合理性,案例 1.2.5 说明了这一点。

案例 1.2.5

拉斯克基金会公正地授予屠呦呦 2011 年拉斯克奖

2011 年 9 月,美国拉斯克基金会将该年度临床医学研究奖颁给中国中医研究院终身研究员屠呦呦,以表彰她"发现了一种治疗疟疾的药物青蒿素,在全球特别是发展中国家挽救了数百万人的生命"。这是中国科学家首次获得拉斯克奖。

拉斯克基金会认为,虽然青蒿素疗效的发现是 1967 年开始的中国疟疾防治药物研究"523 项目"集体研究的结果,参加项目的工作人员总计有 2 000 余人,但是屠呦呦可以说是他们的代表人物。拉斯克基金是从这个角度将奖项授予屠呦呦的。那么,为什么说屠呦呦是他们的代表人物呢?拉斯克基金评价专家的客观依据有 4 点:一是屠呦呦最先把青蒿素带到"523 项目"组,作为提取治疗疟疾病药物的研究对象;二是她率先采用乙醚提取法这一关键技术,提取出对疟疾病有 100% 抑制力的青蒿素;三是她做了第一个临床实验;四是她领导的小组率先分离出纯化的青蒿素晶体,对确定分子式、晶体结构起到重要作用。这些事实依据都客观地表明屠呦呦研究工作的首创性,认定她是发现青蒿素研究工作的代表是合理的,给她授奖实至名归。①

六、责任准则

责任是千百年来人类普遍提倡的最基本的道德准则之一。

责任准则主要是指科学工作者具有强烈的历史使命感和社会责任感,将科学研究与满足国家和社会需求结合起来,他们常常表现为科学报国者;在科研活动中珍惜资源,力戒浪费,对社会和公众负责;遵守人类社会和生态的基本伦理,珍惜与尊重自然和生命;更加自觉地规避科学技术的负面影响,承担起对科学技术后果评估的责任;珍惜自己的职业荣誉,避免把科学知识凌驾于其他知识之上,

---

① 饶毅,黎润红,张大庆. 中药的科学研究丰碑. 科学网,http://bbs. sciencenet. cn,2018-08-22.

避免科学知识的不恰当运用。

上海科学家遵循责任准则二三例

朱洗院士,细胞生物学家,中国科学院上海分院实验生物研究所研究员,世界上"没有外祖父的蟾蜍"技术的首创者。20世纪二三十年代,朱洗在法国留学,1931年获得法国国家博士学位。他的导师巴德荣教授欲挽留他在法国工作,但身在异国他乡的朱洗并没有忘记,此时此刻他的祖国正在遭受日本帝国主义侵略者的蹂躏。他对老师说:"我们的国家非常落后,她需要科学。我来法国,就是为了要把学习到的科学知识带给祖国。"巴德荣教授被朱洗的一腔爱国热情深深打动。11月,朱洗用多年的一点积蓄买了些书籍和实验仪器,告别了一心想挽留他的巴德荣教授,启程回国。

吴自良院士,物理冶金学家,中国科学院上海微系统与信息技术研究所研究员。20世纪60年代初,他临危受命,领导铀同位素分离用"甲种分离膜"的研制任务,该技术是原子能工业中的一项核心部件,制造技术要求高、难度大。"国家的需要就是我的研究方向",能为制造自己国家的核燃料和原子弹出力,吴自良感到无上光荣。他放下自己进行已久的研究项目,全身心投入国家急需的会战之中。通过3年多奋战,他攻下这一世界性技术难题,使中国成为世界上第四个独立掌握浓缩铀生产技术的国家。吴自良1999年9月被授予"两弹一星"功勋奖章。

雷兴翰教授,药物化学家,曾任上海医药工业研究院副院长。20世纪50年代,血吸虫病在我国肆虐,严重危害人民健康。但我国没有自己生产的药物,只有少量进口的奎宁、锑剂等,不仅价格昂贵,而且数量奇缺。针对这种现状,国家组织了南方13个省(市)、自治区血吸虫病防治研究委员会,雷兴翰被任命为血吸虫病防治研究委员会副主任兼药物组组长。上海医药工业研究所成立了寄生虫病药物研究小组,由雷兴翰亲自挂帅。他抱着强烈的"为人民除病灭害"的社会责任感,积极开展各种寄生虫病防治药物的研究开发工作,于1960年研发出治疗血吸虫病的药物呋喃丙胺。经临床证明该药有良好的预防和治疗效果,且对急慢性和晚期高热患者都有显著疗效,为晚期并发症患者带来福音。该药共治疗我国血吸虫病患者达百万余人次,使我国治疗血吸虫病的药物从新中国成立初期的全部依赖进口到陆续做到自给自足,部分产品还供出口,为保障人民健康、发展社会主义经济做出重大贡献。[①]

3位上海科学家的事迹表明了他们以科学服务祖国、服务人民的道德风貌。我国科技工作者一向有爱国的传统。1915年成立的中国科学社,其办社宗旨为"联络同志、研究学术,以共图中国科学之发达",将"科学、爱国"作为其在工作目标上最为突出的价值取向。今天在我国,爱国被确立为每一位公民应遵循的社会主义核心价值观的首要内容。

---

① 庄孝僡.纪念朱洗.《朱洗文集》(一).科学出版社,1987年,第1—17页;金大康.浓缩铀-235甲种分离膜的研制.上海微系统研究所网站,www. sim. ac. cn;张椿年,陈征贻.雷兴翰小传.上海医药工业研究院建院50周年纪念文集,第69—78页。

案例 1.2.7

西拉德的社会责任感

美国核物理学家西拉德在20世纪30年代认识到"中子链式反应"的研究会导致具有毁灭性能力"原子弹"的发明,他担心核物理学家的有关研究成果被法西斯所掌握。出于强烈的社会责任感,他到英国、美国和法国游说该国政府和核物理学家注意成果的保密,以防流入德国之手。在这种努力失败之后,西拉德于1940年前后建议爱因斯坦给美国总统罗斯福写了两封信,建议美国政府进行原子弹研制,这就导致美国著名的"曼哈顿计划"的产生,并于1945年3月先于德国研制成原子弹。

此时,西拉德认识到,原子弹是一种无情毁灭城市的方法。他于1945年7月3日起草了一份"致美国总统的请愿书",并联合63位著名科学家签名,劝说政府在战争中应慎用这种武器,但未被采纳。1945年8月,美国用原子弹轰炸日本,加速了第二次世界大战的结束。

"二战"后,西拉德积极参与反对核战争、反对核扩军的运动。1957年,他说:"我们相信科学家除了他们的本职工作之外,最大的责任就是竭尽全力来防止战争,帮助建立一种持久的、广泛的和平。他们应该在力所能及的范围内对公众进行启蒙教育,使他们了解科学的破坏性和创造性潜力;还要寻求一切机会来影响国家政策的形成。"[①]

---

① 袁运开,王顺义主编.世界科技英才录·科学精神卷.上海科技教育出版社,1998年,第274—281页.

西拉德在 1945 年 7 月之前支持美国原子弹的种种研发活动，是其具有强烈的历史使命感和社会责任感的表现，将原子弹的研发与满足美国反法西斯战争的需求结合起来；同样，他在 1945 年 7 月之后参与种种反对核战争的活动，则是他遵守人类社会和生态的基本伦理，珍惜与尊重自然和生命，规避科学技术的负面影响，承担起对科学技术后果评估的责任，避免科学知识的不恰当运用等负责任的表现。

学术道德准则的功能在于启动科技工作者符合道德的行为。一个科技工作者在处理个人与他人、个人与研究团队、个人与学术共同体以及个人与社会之间的关系时，要使自己的行为符合道德规范。按照雷斯特道德行为理论[①]，一般需要同时具备如下 4 个素质：一是具有"道德敏感性"素质，能意识到自己的行为会影响到他人，在决定自己如何行动时也要考虑到他人；二是具有"道德判断"素质，即明道德之理，在意识到自己行为有多种可能时，必须弄清哪一种行为在道德上更能站得住脚；三是具有"道德动力和决心"，将道德价值置于个人的其他价值（如职业、经济、情感、审美、享乐等）之上，将"做一个有道德的人"作为做人的第一原则；四是在实践中具有"道德人格和能力"，面临冲突能遵循道德准则及其行为规范，有自我约束能力，能控制冲动，排除干扰，持之以恒地履行自己确立的道德信仰。雷斯特认为，只有同时具备这 4 项道德素质，一个人的道德行为才会出现；只要缺少其中的一项，便不会出现道德行为，遵循"木桶效应"。

从前述 6 项学术道德基本准则的内涵来看，当科技工作者面临研究开发中的利益冲突时，尊重准则可以启动他们的"道德敏感

---

① 美国医学科学院，美国科学三院国家科研委员会. 苗德岁译. 科研道德：倡导负责行为. 北京大学出版社，2007 年，第 108—109 页。

性",让他们意识到自己的行为会影响到他人,因此在决定自己如何行动时也要考虑到他人,处处留心不给他人造成伤害;诚信准则和严谨准则可以启动他们的"道德判断",让他们明白在各种研究环节中自己行为应遵循的道德价值取向;责任准则可以启动他们的"道德动力与决心",让他们能够将本人的生活的价值取向与其职业领域的价值取向结合起来,并能够适当地将职业价值取向摆在个人其他价值(如职业、经济、情感、审美、享乐等)取向之上,即将"做一个有道德的人"作为做人的第一原则。这6项学术道德基本准则的集合可以铸造他们的"道德敏感人格和能力",让他们在课题申报、成果形成和科技评价等环节面临冲突时,能遵循道德准则及其行为规范,有自我约束能力,能控制冲动,排除干扰,持之以恒地履行自己确立的道德信仰。

本章推荐进一步阅读的文献

[1] 中国科学院.关于科学理念的宣言.科学出版社,2007年.

[2] 美国科学、工程与公共政策委员会.怎样当一名科学家:科学研究中的负责行为.北京理工大学出版社,2004年.

第二章 研究生学术研究规范

第一节 人文社会科学类研究生学术研究规范

人文科学以人类精神文化为其研究对象,社会科学则以人类社会为其研究对象。两学科群的研究对象尽管有所差别,但两者均聚焦于人类社会现象,因而人文科学研究与社会科学研究存在诸多共性。据此,本节将阐明两学科群在学术研究的各环节中应共同遵循的行为规范。

一、确定研究课题

确定研究课题是研究生学术活动中的一项重要工作。如果研究课题不明确,就不知道具体研究什么,当然谈不上如何去开展研究;如果课题确定不切实际、不合理,即使花了大量的人力、物力、财力与时间,结果也很可能一事无成。所以,能否确定一个合适的研究课题,对于阶段性研究工作能否顺利开展和能否取得相对满意的研究成果具有战略意义。

就人文社会科学类研究生而言,确定阶段性研究课题通常可以采取两种方式,即申报(或参与)指令性课题与自主选择课题。

（一）申报（或参与）指令性课题

当前，各级职能管理部门与人文、社会科学类规划办公室，如全国（或各省、市、自治区）哲学社会科学规划办、教育部人文社会科学规划办公室、全国教育科学规划办公室、全国艺术科学规划办公室、全军社会科学规划办公室等，每年都会推出一大批不同等级的指令性研究课题。通常，唯有在职博士研究生有资格单独申报各类人文、社会科学类研究课题，其余研究生则能配合导师（或其他资深研究人员）申报相关课题，由此，各级人文、社会科学类规划办公室确定的指令性课题为在读研究生个人申报课题或参与课题研究提供了良机。

研究生无论是个人申报或协助导师（或其他资深研究人员）申报相关课题，在填报课题申请书时都应严格遵循真实性原则，即如实填答个人基本信息（包括学历、学位、职务、职称、国外学习经历、学术简历、所获奖励或荣誉称号等）、科研成果（已有的和进行之中的）、具备的研究条件（主观的、客观的）等。

"课题设计论证"是应填写的核心内容，是决定课题申报能否成功的关键。研究生须对拟申报选题的国内外研究现状、研究主题的发展取向、主要理论学说等做详尽梳理、综述与评论；进而提出拟重点研究、急需解决的具体问题，以及问题解决须突破的瓶颈障碍、拟采用的解题思路、具体步骤与主要方法；并阐明本项研究可能实现的预期目标及其所具有的理论意义与现实意义。可见对"课题设计论证"的思考已经是一种前期研究，因为它需要占有详尽的资料，旁征博引，以齐全的参考文献和精细的分析来支持自己关于选题的主张。

研究生在填报课题申请书时，应诚实守信，遵循学术道德规范，不搞欺骗、作假。例如，有的研究生渴望在竞争中获胜、取得课题与经费，往往会故意夸大有利于自己的个人信息，提供虚假的学术经历、学术成果、学术证明,或伪造与篡改专家鉴定评语以及与其他学术能力相关的证明材料。又如,有的研究生会故意贬低他人的学术成果,人为编造"学术盲点",为自己预留研究空间,以片面、不实的论证凸显拟申报选题的重要性,夸大其意义和价值。再如,有的研究生会采取剽窃行为,未经他人允许而把别人的学术成果或研究方案纳入自己的项目申请书中。此类虚报、作假、剽窃行为均属典型的学术不端。

课题申报中的学术不端会造成国家科研资源配置的扭曲、低效与浪费,产生学术腐败与科研产出率低下等问题。显然,针对课题申报中的学术不端,职能管理部门会给予严厉处罚。通常,违规行为一旦查实,将取消申报者 3～5 年再申报的资格,如已获立项的课题即予撤项并通报批评。可见行骗、作假者最终会一无所获、声名狼藉。

(二)自主选择课题

研究生除了可通过申报(或参与)指令性课题确定阶段性研究取向之外,也能通过个人自主选题确定阶段性研究主题。个人自主选题是学术研究活动的重要环节。人文社科类研究生在自主选题时,尽管可以凭借自身的知识背景、学术积累、个人条件与兴趣等来确定研究主题,但要选定一个切实可行且可能取得重要学术成果的研究主题,则需遵循 4 项原则。

一是必需性原则,即所选的研究主题应是当今社会或本学科自身发展迫切需要解决的关键性难题。为此,研究生须关注本学科发展动态,在学术研究前沿领域中寻找研究主题,以具有重大学术价值的研究成果助推学科发展。同时,研究生应有高度的社会责任性,密切关注与国家战略导向相关的社会领域和久拖未解的社会发展瓶颈难题,以此为研究主题,助推我国经济、社会发展,助推社会主义物质文明、政治文明和精神文明建设的步伐。

　　二是可行性原则,即以现实条件为依据,选择切实可行的研究主题。切实可行应是研究生对自身的主观条件和现有的客观条件的综合思考。主观条件主要涉及个人现有的能力和知识因素;客观条件则是指完成本项研究应有的人、物、财的保障和必要的社会条件以及本学科发展所达到的实际水平。从可行性原则出发,研究生在选题时要全面、周密、准确地估量完成研究主题所必备的主客观条件,既不要好高骛远、盲目自信,也不要妄自菲薄、畏难不前。遵循可行性原则,才能有助于寻找到适合于自己的研究主题。

　　三是创新性原则,即突破传统思维模式的束缚,寻求、探索具有新意的研究主题。人文社科类研究的创新性可体现在理论创新、思路创新、方法创新或应用领域创新等诸多方面。研究主题的创新性决定了学术研究的价值、意义。具有创新意义的学术研究都能在不同程度上对学科发展或政治、经济、文化发展有所贡献。反之,如学术研究缺乏创新性,仅重复他人已经做过的同类研究,此类研究毫无意义,只是浪费人力、物力、财力。诚然,要选择一个具有创新意义的研究主题,研究生需要熟悉前沿性研究动态。切实了解当前学术研究中所涉及的待解难题,其中,哪些难题已经有所解决,哪些难题尚未解决但已有人在探索,哪些难题至今还未曾有人探求过。如果在选题前能获得如此详尽的信息,所选的研究主题就不会重复他人的研究活动,就能保证选题具有创新性特征。

　　四是科学性原则,即选题应以相关的理论学说为先导,而不能与相对正确的理论学说相违背。如违背选题的科学性原则,则可能无法对研究结果做出相对正确的预判,就可能从事那些毫无价值意义甚至具有伪科学性质的研究。不过,选题的科学性原则在实际运用时须做辩证思考。因为现有的理论学说所提供的仅是"已知知识",待研主题指向的则是"未知对象",从"已知"到"未知"的预测并非是必然的,因此,仅以现有的理论学说作为评判选题合适与否的论据未必合理。尤其是人文社科类研究与时俱进的特征非常明显,已有的理论学说(无论是政治的、经济的、文化的、法律的)在新形势下均须不断补充与发展,以适应不断变化的现实社会,显然以本身待变的理论学说作为选题取舍的唯一判据是不合适的。有时,恰恰是那些向现有理论提出挑战或与现有理论相冲突的现实难题,所具有的潜在意义是无法估量的。相反,那些束缚在传统理论框架之内相对平和、不具风险的研究课题,其研究成果的价值、意义则可能并不明显。所以,对选题的科学性原则的理解应是辩证的,具体问题应作具体分析,决不能一概而论。

选题的4项原则是相互联系的统一体,对4项原则进行综合运用,才能选出既具有价值、意义又适合于自己的研究主题。

二、查阅文献资料

查阅文献资料是学术研究中的一项经常性工作,会贯穿于研究过程的各个环节。不过,其中两个研究环节的决策特别依赖于文献资料的查阅:其一,为选择合适的研究课题,须尽可能多地了解国内外研究动态;其二,确定研究课题之后,须进一步明确课题研究的思路与方案等。显然,这两个研究阶段对文献资料查阅的要求是不同的。尤其是确定研究课题之后,研究生必须通过查阅文献资料来调整自身的知识结构。这种调整包括两个方面:其一,将平时积累的研究资料按已定课题的需要进行整理、组合与变换,形成一种新的知识结构体系,以适应课题研究的需要;其二,对已有的研究资料做补充与完善。因为要完成具有一定难度的课题研究仅靠平时积累的面上资料是远远不够的,为此必须增补新的知识信息,掌握与研究课题相关的专业知识,也就是要进行知识的查漏补缺工作。在此项工作中,研究生要对与课题研究相关的文献资料做充分的查阅。经验表明,即使疏漏一篇重要文献,也可能对研究工作带来不可估量的损失，会使研究者浪费大量时间和精力，所以，凡与研究课题相关的重要文献资料都应做最大限度的搜索。

如何快速、有效地获取与研究课题相关的文献资料是一项艰巨的工作，目前以计算机检索为主、通过互联网获取资料已成为当今取得学术信息最常用的途径，因此，人文社科类研究生要十分熟悉与专业相关的各类信息检索系统。例如，常用的国内外综合信息检索系统有万方资源系统（http：//wanfang. calis. edu. cn）、中国知网（http：//www. cnki. net）、中国科研网（http：//aokee. blogchina. com）、Web Of Knowledge（http：//apps. isiknowledge. com）、OCLC First-Search（http：//firstsearch. oclc. org）；常用的中外图书信息资源系统有《全国新书目》、《全国总书目》、《中国国家书目》、《书目索引》（Bibliographic Index）、《世界书目之书目》（A World Bibliography Of Bibliographical Catalogues）、《在版图书》（Books in Print）；常用的中外期刊信息资源系统有"中国期刊全文数据库（http：//www. cnki. net）、"万方数字化期刊数据库（http：//wanfang. calis. edu. cn）、"龙源期刊网"（http：//cn. qikem. com）、"全国报刊索引数据库"（ http：//www. cnblssy. com/shanghail. library/pages/jsp/fm/index/index. jsp ）、Kluwer Online Journals（http：//kluwer. calis. edu. cn）；常用的中外学位论文信息资源系统有"中国高等教育文献保障系统 CALIS 学位论文数据库"（http：//etd. calis. edu. cn/ipvalidator. do）、"CNKI 中国博士学位论文全文数据库"（（http：//acad. cnki. net/Kns55/beief/result. aspx? dbPrefix＝CDFD）、"CNKI 中国优秀硕士学位论文全文数据库"（http：//acad. cnki. net/Kns55/beief/result. aspx? dbPrefix ＝ CMFD）、Dissertation Abstracts International（《国际学位论文摘要》，简称 DAI）、Comprehensive Dissertation Index（《学位论文综合索引》，简称 CDI）、PQDD 学位论文文摘数据库（http：//wwwlib.

global. umi. com/dissertations/gateway)等。

三、设计研究方案

确定研究课题且广泛查阅相关文献资料后,须对研究目标与研究过程做总体设计与规划,其基本的思维操作是全面、深入地分析研究对象,如分析不足,就可能判断不准,无法对课题研究形成一种具有指导意义的切实可行的预设方案。当然,思维形式的逻辑设计很难预测具体细节,尤其是针对社会现状、精神文化研究的现实性课题,在尚未全面了解与掌握复杂的人际关系与现实情境之前,是很难对研究的具体进程做出模式化推断。不过,既然要对课题研究做出整体构思、设计与规划,就必须做出预测。为使预先做出的逻辑推断能尽量符合客观实际,研究生所做的每一步思考都应以相关理论与已有的事实为依据,并借助于合理的逻辑推理,这样才可能对行将展开的实际研究进程及其可能面临的难题做出较为准确的判断,使研究有所遵循,在相对合理、正确的思路指引下,实现预设的研究目标。可见课题研究的设计与规划,实质上是运用相关理论、进行逻辑推理的思维操作。

依据人文社科类研究特点,其课题研究的设计与规划主要涉及:其一,掌握与研究主题相关的国内外研究现状及其有代表性的研究成果、理论学说;其二,确定本项研究须重点探索与突破的关键性难题;其三,针对本项研究重点、主要研究指向,构建总体研究框架。如研究课题跨度较大、涉及面较广、需设置若干子课题时,须理清子课题架构,协调好子课题与总课题之间、子课题与子课题之间的内在逻辑关系;其四,形成本项研究的总体思路、研究视角、研究路径以及拟采用的具体方法、研究手段与技术路线;其五,合理安排研究进程和任务分工,并充分考虑完成本项研究所需要的主客观条件。

四、获取数据与事实

（一）获取数据与事实的路径与方法

社会现象研究须以客观存在的真实事例与数据资料为依据，而要了解与掌握与研究主题相关的真实事例与数据资料，则须深入实际，进行社会调研。实情考察、问卷调查、征询与专访等是人文社科类研究进行社会调研、以获取丰富的真实事例与数据资料的常用方法。

1. 实情考察

实情考察以了解真实情况、搜集现状信息、观察情境状态为目的。通过实情考察掌握大量的与研究主题相关的信息资料，为分析研究社会现象，进而有效解决社会问题提供思路。由于实情考察要深入实地，与当事人接触与交谈，因而可能牵涉行为规范问题。例如，不尊重人格、习俗与伦理规范，侵犯他人的隐私权与知情同意权等，在实情考察中都应高度关注，以免引发人际冲突。

如要了解与研究主题相关的以往情境或未来可能发生的情境、事件，通常可采用更为实证主义的范式，即自然实验。自然实验也称现场实验，是在日常工作、生活中，适当控制条件，置被试于特定情境中，观察其行为取向及其情境变化，以了解事过境迁或未来可能发生的情境、事件，将其作为现实的情境状态的补充，从中把握情境、事件发生、发展的规律。自然实验在心理、管理、教育、社会、经济、法律、传播等学科的群体行为研究中被广泛运用。不过，自然实验要严格遵循"不伤害原则"与"知情同意原则"。

符合道德原则的自然实验对被试体现的"不伤害原则"主要涉及以下内容：

（1）要充分评估实验研究的道德可行性。

（2）要充分评估参与实验的被试可能面临的危险与伤害。

（3）实验程序设计要尽量避免或减小被试在生理、心理方面可能造成的不良影响。

（4）须与被试签订一个清晰、公平、自愿的协议书。

（5）在实验中，要确保研究者、被试者的行为符合道德。

（6）被试有权了解实验的过程与目的，不得对其欺骗与隐瞒。

（7）如实验对被试的生理、心理有所伤害，须及时纠正。

（8）被试有权在任何时候退出实验。

（9）实验结束后，须向被试报告实验结果。

（10）实验所收集的各类数据资料均须妥善保管、严守个人隐私。

符合道德原则的自然实验体现的"知情同意原则"主要涉及以下内容：

（1）应主动向被试描述实验过程与目的。

（2）应向被试提供实验所需要的信息。

（3）应向被试描述实验需要做的事及需要多长时间。

（4）应向被试说明实验可能潜在的危险或对身心的不良影响。

（5）允许被试自愿参与且在任何时候不受惩罚地退出实验。

（6）告知被试实验所获的研究资料且允许被试在需要时索取。

（7）当被试对参与实验感到不满时，应向被试提供可投诉的联系方式。

（8）应向被试说明参与实验是否会获得酬劳及何种酬劳。

（9）应向被试说明所有实验数据资料会得到妥善保管及保管方式。

（10）研究者与被试者之间有关实验的所有约定与承诺均须形成书面条例，且以双方签名为据。

2. 问卷调查

问卷调查是利用被调查对象对问卷所作的填答而搜集现状材

料的方法。问卷调查搜集现状材料有三大优点：第一，能以较小的投入、较短的时间获取广泛的现状材料；第二，被调查对象填答问卷既无人员监视也无须署名，因而他们在填答一些不宜当面询问的敏感性、尖锐性、隐私性问题时不会产生后顾之忧，这有助于研究者搜集到相对真实的现状材料；第三，问卷具有规范化特征，便于对其进行整理、比较、分析，如借助计算机进行数据统计分析，便可快速地获得大容量的定量化事实材料。由于问卷调查具有诸多优点，因此，它是获取现状材料的常用方法之一。

一份完整的问卷应包括 4 个部分，即前言、填表说明、调查项目与结语。其中，调查项目是问卷的主要部分。该部分应以完整、简洁、合理的形式设置所欲了解的问题，其设计形式技术性很强。设置问题时，原则上应围绕研究课题，以预定的假说为向导，选择那些最必要的问题作为调查项目。问题表述不能具有诱导性，不能逼迫被调查者对一些不愿暴露的个人见解做出相对认可的选择，否则有违学术规范。为避免对被调查者的解答发生诱导作用，研究者的主观性倾向不宜流露于问题表述之中，而应使用中性用语来表述问题。

部分研究者为鼓励被调查者完成问卷填答并按时递交，愿意为被调查者提供一些物质利益（如现金或奖品）。客观地说，参与问卷填答确实需要花费一定时间与精力，因而给予问卷填答者一点财物补偿是无可非议的。然而，问卷调查中由于物质利益的介入，则可能使部分原本并不愿介入的问卷调查者，现因渴望获得这份物质利益，而不得不勉强参与问卷调查。这种参与并非自愿，具有被迫的成分，因而有违学术道德规范。此外，这部分问卷调查者如将主要兴趣放在物质利益上，而不是放在自愿协助对社会现象的研究方面，这种物质诱饵的引入可能扭曲所提供资料的性质，从而降低所提供资料的客观性与真实性程度。

3. 征询与访谈

征询与访谈是另一种获取现状信息的有效方法,其特点是研究者与被访者进行面对面的交谈。该方法的优点在于:第一,具有较高的灵活性与伸缩性,研究者能随访谈情境的发展采取灵活多变的技巧(如引导、探询等)有目的地控制交谈方向,并从不同角度与侧面将交谈引向深入,使交谈过程始终沿着原先设定的目标有计划地展开,以搜集被访者所提供的丰富的事实材料及其个人的观点、评述。第二,能适用于各种类型的被访者。只要有正常思维能力和口头表达能力者(包括文盲或盲人)通过访谈都能为研究者提供丰富的事实材料,在这方面访谈法大大优于问卷法。

征询与访谈这种有目的的人际互动要比单纯设计问卷更为复杂。研究者不仅要努力掌控征询与访谈过程的主动权,积极影响被访者,尽可能使访谈按预定计划进行,而且要采用恰当的谈话方式,才能使被访者以合作的姿态,主动、积极地提供研究所需要的材料。正是征询、访谈的这一特点,研究者要高度警惕可能引发以下的学术道德问题。

其一,是"知情同意"。研究者在进行征询与访谈前,要向被访者告知本项访谈的真实目的、主要话题与访谈过程。在被访者知情的前提下,让被访者自主考虑,决定是否同意接受征询或访谈,被访者且有权在访谈的任何时刻提出退出的请求。知情同意也应体现在情境选择中。如研究者未获得被访者许可,不得随意闯入被访者的私人空间,未获同意的私人访谈被认为是不正当的行为。此外,在无结构或半结构访谈中,交谈双方的谈话内容经常采用录音方式加以保存。不过,能否录音须征得被访者同意,不然会引起被访者的担心、焦虑和反感。为此,研究者应向被访者告知采用录音的原因、录音方式、所录内容的保存方式以及内容信息整理之后原始录音的销毁程序等。

　　其二,是"尊重意愿"。在访谈中,研究者会努力搜集与研究主题相关的情境、事件。为了达到这一目的,研究者希望就某些现象、事件、领域与被访者进行讨论,并试图通过种种提问,引导被访者的思路,把握谈话方向。尽管这种谈话策略的运用是必要的,恰当的引导也有助于提高谈话效率,不过,如果研究者的诱导意愿过于明显、强烈,迫使被访者涉入原本不愿触及的敏感话题或不愿表达的立场与观点,这种不顾个人意愿的逼迫有违学术道德。此外,部分敏感话题可能引发被访者强烈的情绪体验,使被访者处于痛苦、焦虑、恐惧之中,这种人为触发他人痛苦的举动显然有违道德准则。可见研究者利用访谈最大限度地获取自己所需要的信息、资料是无可非议的,问题是研究者采用的方式是否合适,被访者提供信息、资料是出于自愿还是无奈,这会涉及一个有争议的道德维度。作为一个负责任的研究者应采用友好的、遵循道德规范的方式开展访谈,将访谈可能产生的负面效应降到最低限度。

　　其三,是"平等待人"。在访谈中,研究者常会启动一个进程(引导或探询),对被访者产生一种影响,然后期待被访者能做出预期的言语反应。尽管这是引起人际互动的必要方式,属常规现象,但研究者却不能因此将自己看作掌控者而高人一等,将被访者似乎看作研究者的控制对象。如果研究者主观上有这种不平等意识,就可能有意、无意地显露无遗,这不利于访谈进程的顺利展开,也可能伤及被访者的自尊心。其实,就人格意义而言,访谈中涉及的所有人应是平等的,研究者并不比提供信息、资料的参与者更重要,两者只是在研究活动的角色方面有所差别。

　　(二)整理与分析研究资料

　　查阅文献资料与现状调研所获取的原始数据和资料通常具有分散、杂乱的特征,如凭借此类数据和资料,无法把握研究对象的本质特征及变化规律,因而须对原始数据和资料进行整理、加工,使其规范、系统、有条理。人文社科类研究中整理原始数据和资料的常用方法有 3 种,即比较、归类与描述统计。

整理原始数据和资料时,要警惕一些与学术道德相关的问题。例如,对现状调研中提供实情、数据的当事人应隐去其真实姓名、身份,以匿名形式取而代之。因为多数信息提供者并不愿使自己的真实身份出现在即将曝光的研究报告中,他们会担心与己有关的研究报告一旦公开,可能会给自己带来麻烦。对于那些与本项研究合作的机构、组织、企业也同样如此,随着与己相关的研究报告的公开,信息提供单位同样可能引起潜在的麻烦。所以,研究者不仅要对完成研究课题负责,更要对那些善意提供实情、资料的人们的处境负责。又如,研究者应维护原始数据和资料的真实与完整,不能因主观需要对其做随意加工、筛选,这会歪曲真相、篡改实情,失去数据和资料的应有价值。

相对原始数据和资料的整理而言,统计、分析原始数据和资料更为重要,这是人文社科类研究的主体阶段。通过对数据和资料的统计、分析,能透过表面现象深究其本质特征,能把握事物间的因果联系。如果是理论性研究,仔细分析数据和资料,能够发现理论学说发展的历史轨迹、主要特征、合理性与相对缺陷,为确定研究重点、突破难点与形成理论创新点提供思路;如果是有关现实问题的应用性研究,经统计、分析数据和资料,则能全面把握与研究对象相关的现实状况、主要特征、社会效应、成因要素、发展趋势、变化规律等,为解决现实难题、形成应对之策提供思路。

为了提高统计、分析原始数据和资料的效率,当前作为数据处理和分析技术的各类计算机统计软件已越来越广泛地应用于人文社科类研究。例如,"统计产品与服务解决方案"(Statistical Product and Service Solutions,SPSS),就是一种国际著名的统计软件包。目前,SPSS 已被广泛地应用于经济学、管理学、法学、社会学、心理学与金融学等各个学科的数据和资料的统计与分析。SPSS 包括多种统计、分析法,如相关分析、回归分析、方差分析、聚类分析、判别分析、主成分分析和因子分析等。SPSS 使用十分便捷,只要掌握一定的 Windows 操作技能及相应的统计分析原理,就可使用 SPSS 为特定的科研工作服务。

分析数据和资料时,应全面、客观、辩证,不能依据预设的研究目标,仅重视那些与预期结果相符的有利的数据和资料,而忽视那些与预期结果相矛盾、冲突的数据和资料。采用全面、客观、辩证的分析思路,才有助于获得具有科学意义的分析结果,体现学术研究的真正价值。尤其是在理论研究中,即使对那些相对正确、合理的理论学说,也应做全面、客观、辩证的分析,要取其精华,去取糟粕,才能在他人理论学说的基础之上,为提出更为正确、合理的具有创新意义的理论学说奠定基础。

五、形成学术成果

(一) 提炼与形成学术观点

人文社科类研究的成果形式是富含研究者个人学术观点的论文、专著与研究报告,因而具有新意的学术观点奠定了学术成果的价值、意义,同时也成为学术研究成功与否的评判依据。数据和资料经整理、统计、分析,从中提炼与形成研究者个人的学术观点是学术研究全过程最为重要的一个环节。

研究生在提炼与形成学术观点时,可能出现违反学术道德的不端行为大致有 5 类。

1. 篡改

篡改,即随意取舍与修改事实。有时研究者会发现,经观察、实验或社会调研所取得的原始数据和资料不理想,某些数据和资料甚至与研究方案预测结果相矛盾或冲突,面对此类困境,一般可有多种选择:中止本项研究;或重新实施搜集经验事实的研究实践,对已获数据和资料加以检验;或转换思路、另辟蹊径,重新设计新的研究方案,再实施以搜集经验事实为目的的研究实践。部分研究者则不去分析这些不理想数据和资料出现的原因及其纠偏的应对之策,而是想方设法对现有数据和资料进行纯主观的加工处理,或拼凑数据和资料,或改变和省略某些数据和资料,以便使改变后的数据和资料尽可能支持自己的假设、或使其与预设的结果相符合,这种随意取舍与修改事实的行为取向即为"学术篡改"。

案例 2.1.1

荷兰心理学家斯塔佩尔学术篡改事件

2011 年夏天,一位备受学界尊重的心理学教授因篡改实验数据和资料一夜之间变成心理学史上最大的学术骗子,他就是德里克·斯塔佩尔。1997 年,斯塔佩尔在阿姆斯特丹大学取得博士学位并留校工作。在此后 3 年的任教中,斯塔佩尔仅写了几篇反响平平的论文。2000 年,他来到格罗宁根大学任教。在这里斯塔佩尔开始了一项新的研究:人们是否潜意识地受到暗示的影响。为此,他设计了实验情境:要求实验对象坐在电脑前,屏幕上突然闪现一个词或者一个图像,但词或图闪现的时间仅为 0.1 秒,即当词或图还没有足够的时间进入实验对象意识之中时便消失了。随后,实验对象会被要求做一件事,以考察暗示是否会造成影响。在以本科生为对象的实验中,斯塔佩尔要求实验对象在观看了闪现的照片后给自己的容貌打分,闪现的图片有两种,一种是漂亮的人脸,另一种是不漂亮的人脸。斯塔佩尔的假设是,比起那些看到不漂亮人脸的人来说,看到那些漂亮人脸的人应该会通过自动的异化效应给自己的容貌打较低的分,但是实验并没有获得斯塔佩尔所期望的结果。这时,他只有两个选择——终止这项研究,或者重新设计实验。最终斯塔佩尔决定拼凑和编造实验数据。"幸运"的是,2004年该项"研究成果"被发表在《人格与社会心理学》。斯塔佩尔在兴奋之余,开始意识到"原来编造数据是可行的"。2006年,斯塔佩尔来到蒂尔堡大学。大批学生开始涌向他的实验室,斯塔佩尔的影响力日益增大。2010年9月,他成为社会与行为科学系的系主任。此时,斯塔佩尔完全可以把事业重心从学术研究转移到行政管理方面,但是无法抗拒编造数据的快感使他忙于编撰一篇关于乌得勒支火车站的学术论文,该论文于次年发表在《科学》上。学术威望的提升,引来更多同事期待与斯塔佩尔进行科研合作。此后,斯塔佩尔在研究"人们会不会在被暗示'资本主义'这个概念后消费更多的东西"以及"看到别人哭泣是否会引发情感认同"等课题中,均采用了拼凑和编造实验数据的手法,而此类"研究成果"均被顺利地发表在学术期刊上。斯塔佩尔因不管做任何实验都能取得漂亮的数据,则使同事们感到惊奇。据此,一位年轻教授想通过与斯塔佩尔合作来观察他的工作方式,想仔细看看斯塔佩尔那些漂亮的数据是怎样获得的。于是,他俩一起设计了一些实验来研究"那些让人们意识到金融危机的商店会拥有更大方的顾客"。两个月后,斯塔佩尔称已"一帆风顺地"完成了这些实验。他说他找到了对于金融危机的意识与人们的慷慨程度有统计学意义上的联系。这位年轻教授认真分析了斯塔佩尔获取的实验数据后,发现其中存在一些自相矛盾的数据,这证实斯塔佩尔有篡改数据之嫌。此后,两名研究生也向校方反映,指控斯塔佩尔涉嫌学术不端。为探明事实真相,斯塔佩尔工作过的 3 所大学(阿姆斯特丹大学、格罗宁根大学和蒂尔堡大学)组成联合调查小组,对斯塔佩尔之前发表的几十篇论文进行彻查,以认定他是否对实验数据进行随意取舍与修改。一周后,蒂尔堡大学将斯塔佩尔解雇,并召开了一场新闻发布会宣布他的不端行为。此事在荷兰引起轰动,成为媒体几个月间津津乐道的话题。

2. 伪造

伪造,即编制虚假的科研成果。伪造比篡改更为严重,研究者完全随意地编造数据、资料与情境,甚至编造子虚乌有的科研成果,试图以学术骗局获取名誉、地位。

案例 2. 1. 2

藤村新一的考古造假事件

藤村新一是一名业余考古学家。由于他"运气"极佳,接二连三的惊人"发现"不断把日本的历史向前推进,他一度成为日本最著名的考古学家,被誉为"石器神手"。然而,对于藤村新一的"学术成就"及其所获的名誉地位,部分考古学家私下觉得藤村新一不仅有运气,很可能还有其他把戏。因为日本的多处重大考古发现均出自藤村新一一人,即藤村新一在场就有"发现",藤村新一不在场则一无所获。此外,有的学者还对藤村新一发掘的旧石器的形状、排列与地层结构之间的关系作了分析,发现其中疑点诸多。诸多质疑引起日本考古学界和新闻媒体的警觉。为此,日本《每日新闻》的调查人员在藤村新一进行发掘的上高森遗址现场安装了数台隐藏的监视摄像机。经过长达几个月的监视与摄像,终于在 2000 年 10 月 22 日,拍到藤村新一小心翼翼地将来路不明的器物埋入他于次日要"发现"它们的发掘现场。次日,藤村新一在新闻发布会上宣布,他又发现了一处极其古老的遗址,在年代测定为 57 万年前的火山灰层下发现一堆石器。《每日新闻》在 11 月 5 日则公开了藤村新一造假的照片,照片显示这位"石器神手"正从一只塑料袋内拿出所谓的"旧石器"埋进上高森考古遗址。无可抵赖的骗局披露几小时后,懊悔和精神崩溃的藤村新一举行一个新闻发布会,不得不承认自己的学术作假行为。为彻查藤村新一造假事件,日本考古协会于 2001 年 6 月设立专门委员会,即前·中期旧石器问题调查研究特别委员会(简称"特别委员会")。该特别委员会多次找藤村新一谈话,在强大的舆论压力下,藤村新一终于在 2001 年 9 月下旬向特别委员会递交了一份自 1981 年以来从事造假活动的遗址名单。此后,特别委员会又在各地进行仔细核实,最终公布历时两年多完成的调查结果。该调查结果显示:在藤村新一参与开挖的 178 处考古遗址中,至少有 159 处涉嫌造假。他的造假几乎从 1981 年刚参加考古工作时就开始了。

藤村新一之所以会将学术造假发展到如此田地,是因为追求名利所萌发的侥幸行为屡屡得逞,这种效应的不断强化,使得无法抗拒的造假成为他的一种需要,于是经常设计虚假场景,胡乱编造数据、资料与学术成果便成为他的必然选择。

3. 抄窃

抄窃,即侵占他人的学术成果。学术研究具有历史继承性,任何具有创新意义的学术观点或理论学说都是在国内外学者对类似的研究主题作长期研究且取得诸多阶段性研究成果的基础上形成的。就此而言,某一研究者的学术观点可看作学术土壤中生长出的新苗,是学术土壤长期滋养的结果。即使是具有原创性的学术观点或理论学说也必然要吸收、利用、参考他人的研究成果,在他人学术成果基础上形成具有个人特色的学术生长点。据此,可以把学术创新理解为是在学术共同体的共享财富中添加了新的维度。正是学术创新的这一本质特征,有时会被部分研究生错误地理解,使他们有意、无意地触犯学术道德规范。提炼与形成学术观点时最可能出现的学术道德问题是抄窃。

抄窃是指"学术抄袭"与"学术剽窃",属严重侵占他人学术成果的不端行为。虽然我国 1991 年制订的《著作权法》将抄袭、剽窃列为同一性质的侵权行为,在英语中抄袭与剽窃也很接近,同以"plagiarize"来表达,但是,当前认同学术抄袭和学术剽窃有所区别的学者日益增多。

在论文或专著中表达自己学术观点时,未经他人许可或授权,直接摘抄一定长度(甚至整篇大面积摘抄)蕴含他人学术观点的原始语句,或将他人(或多人)文章中的原始语句加以拼接,直接用于自己文章中且不做标注的侵权行为被称为学术抄袭。

案例 2. 1. 3

国防部长因论文抄袭而辞职

卡尔·特奥多尔·楚·古滕贝格自 2009 年在政坛亮相以

来，一直是默克尔内阁最受欢迎的政治明星。他先担任经济部长，后改任国防部长。上任时古滕贝格是万人迷，作为当时德国最年轻的经济部长，他短短几个月赢得70％的支持率，人称"德国奥巴马"。人们甚至一度预测，他会是默克尔的继任者。然而，2011年2月，德国不莱梅大学法学院教授雷斯卡诺在一次例行检查中发现，古滕贝格的博士论文《宪法与宪法条约：美国和欧洲的宪法发展》多处引用报纸和学术文章却未注明出处，其中一整段甚至原封不动地照搬自一篇新闻报道，论文中一些引用内容的出处也标注错误。因此，古滕贝格陷入媒体质疑漩涡。拜罗伊特大学的学术监察专员对古滕贝格的博士学位论文进行认真核查，认定论文属严重抄袭。论文抄袭这一学术丑闻传开后，古滕贝格的闪亮星途瞬间黯淡，有上百人以"侵犯知识产权"为由向他提出刑法检举，检察院正式审理调查。为此，古滕贝格不得不承认犯了错误并道歉，但他并没得到民众的原谅。他无奈地向拜罗伊特大学提出申请，请求撤销自己的博士学位。古滕贝格被剥夺了博士学位，而德国政界和民众依然不满意，因为古滕贝格无视科学的严肃、无视高等学府的尊严，居然把博士论文当儿戏，从根本上亵渎了科学精神，亵渎了德意志引以为骄傲的民族传统，使德国学术界在国际社会蒙羞。德国上下掀起大讨论，民众不断施压要求古滕贝格辞职。要求古滕贝格辞职的呼声一浪高过一浪，民众甚至举行游行向政府施压，这成为压倒古滕贝格的"最后一根稻草"。最终，古滕贝格因（法学）博士论文抄袭事件，不仅被大学撤销已经授予的博士头衔，而且无脸面对国人，只得引咎辞去国防部长职位、永久告别了政坛。

值得指出的是,互联网使学术信息的传播达到前所未有的速度,研究者要及时了解与掌握他人最新的研究现状与学术成果变得轻而易举,这为研究者撰写学术论文提供了便利,但也为那些道德观念薄弱的研究者从事学术抄袭提供了现实条件。据学术不端案例分析,诸多研究者编撰的涉嫌抄袭之作大多利用了互联网所提供的便利。

案例2.1.4

雷同率高达80%以上的两篇论文

2006年10月中旬,北京体育大学的一名在读博士研究生为写论文开题报告,在网上查询资料的过程中无意发现两篇极为相像的文章,分别是:《中国竞技体育利益格局衍变的研究》,载《广州体育学院学报》2006年5月第26卷第3期,作者是许某和王某;《中国竞技体育的利益分析》,载《体育科学》2000年9月第20卷第5期,作者是李艳翎和郑吾真。两篇文章雷同率达80%以上,雷同部分的字数与表述都相同。于是,该博士生将自己的发现告知《广州体育学院学报》编辑部,编辑部人员经认真调查证实,王某是抄袭者。据王某本人说,他对竞技体育一直比较关注,在网上查找资料时,发现了《中国竞技体育的利益分析》一文,该文没有标明出处、也未署名,"他觉得文章的观点跟他的想法比较吻合,所以就觉得可以用,可能用得多了一点"。可见,王某之所以会想到要编撰抄袭之作是因为网络为他实施抄袭提供了便利。

在侵权方式上,学术抄袭是公开的照抄、照搬且不做标注的侵权行为,学术剽窃则是在形式改变的表象中实现隐蔽性的窃取。就学术道德层面所产生的负面影响而言,学术剽窃比学术抄袭更为严重。

案例2.1.5

哈佛大学却伯教授学术剽窃事件

劳伦斯·却伯是美国哈佛大学法学院著名教授。"二战"期间,却伯的父母与一大批犹太人难民逃离战火纷飞的东欧来到上海。1941年,却伯出生于上海。度过难忘的童年时代后,却伯赴美谋生,成为美国的第一代移民。他凭借犹太人的天赋与苦学,单枪匹马在美国打出一片"天地",成为哈佛大学法学院宪法学教授,且获得哈佛大学地位最尊崇的校级教授头衔。不料风云突变,2004年10月,美国《旗帜周刊》指控却伯犯有学术剽窃丑行。《旗帜周刊》指控的论据是,1985年却伯教授在出版的通俗著作《上帝拯救这个尊崇的法院》中,有一句共19个单词剽窃了弗吉尼亚大学亨利·亚伯拉罕教授出版于1974年的一本名为《大法官与总统》的著作。当时却伯认为,《上帝拯救这个尊崇的法院》是一本通俗著作而非学术作品,因而却伯在该书中删除了所有脚注和尾注,在背景文献中仍提及亚伯拉罕教授这部著作。由于百密一疏,未注明出处,剽窃弗吉尼亚大学教授亚伯拉罕的著作成了板上钉钉的事实,无可辩驳。据此,哈佛大学成立了由哈佛前校长博克组成的3人调查委员会。7个月之后,调查委员会提交了报告。根据报告的意见,哈佛校长萨默斯先生及法学院院长卡根于2005年4月共同向社会表达了校方、院方的立场:却伯教授的剽窃违反了学术伦理,所幸只涉及个别措辞,而非核心观点,故不予以处罚。但却伯教授几十年来期待成为最高法院大法官的凤愿就此梦碎。

人文社科类学术观点的抄窃常表现为两种形式:

一是语句摘录,即:未经许可,抄窃一定长度的蕴含他人学术观点的原始语句、却未注明其原始出处的行为。有时,部分研究者会出现严重抄窃行为,即成片或几乎整文抄袭、剽窃,此类现象必受严厉惩处。

案例 2.1.6

北大英语系副教授黄某因学术剽窃被院方解聘

北大英语系副教授黄某出版了《艾略特》一书,不久在美国新泽西州留学的钟山虎先生首先发现了黄某的剽窃行为。于是钟山虎先生在"学术批评网"上发表文章,详细罗列了《艾略特》一书的剽窃细节,认为黄某的《艾略特》一书"基本上直接剽窃自彼得·阿克罗伊德著《艾略特传》"。随后,北大外语学院即成立学术小组进行调查。尽管黄某在《自查报告》中系统地否认了存在剽窃情节,认为其属于"采用"、"参照"、"改写"、"改译",但核查结果表明,在《艾略特》正文共 219 页的篇幅里,至少有 163 页是大规模地、有意地剽窃他人著作的结果,其剽窃面达到全书的 74%。因此,"仅凭这本书的剽窃行为,就足以认定黄某有极其严重的学术道德问题"。

英语系学术核查组的进一步工作还揭露,黄某在 1999—

2003 年的 5 年间,其个人著作《艾略特——不灭的诗魂》(1999)、英诗《古舟子咏》详注(2000)、8 篇学术论文、1 篇英文国际会议论文以及以上述论文为各章主体的学术专著《抒情诗史论》(2003)一书等均存在明显的剽窃问题,严重剽窃情节所涉及的文章达 20 多篇。

据此,北大英语系英语专业学科召开教授会议,在京教授共 12 人全部到会,经无记名投票,全票同意英语系联席会议对黄某剽窃行为"特别严重"的定性和处理意见,最终北大英语系副教授黄某因学术剽窃行为被院方解聘。对此,北大校方也表示:"对于任何查证属实的学术剽窃行为,北大都将一律予以严惩,决不姑息护短。"[①]

剽窃他人公开发表的学术成果容易为他人所发现,部分研究生可能会错误地认为,窃取他人尚未公开发表的(如内部刊物刊登的)学术成果则较为安全、不易被发现。其实,这种投机取巧的想法十分有害,因为"如要人不知,除非己莫为"。

案例 2.1.7

窃取内刊发表的学术成果同样惹祸引身

华中师范大学的贾某曾于 2005 年分别在《理论月刊》和《大庆师范学院》上发表了两篇论文,即《鸦片贸易在华泛滥的经济视角思考》与《翁通龢"罢退"之原由》。其实,贾某发表的两文均窃取自西北大学历史学人才培养基地主办的内部交流

---

① 学术批判网:http://www.acriticism.org 与"北大通报".

年刊《史林新苗》，原标题分别为"1840年前鸦片在中国泛滥之原由新探"、"试析翁同龢'罢退'之原由"，作者分别为王某和杨某。

不久，贾某的剽窃为王某和杨某所发现，贾某只得赴深圳找王某和杨某，并附上道歉信，承认"侵犯了你们的权利、伤害了你们的感情"，因此"作深刻的检讨和诚挚的道歉"，并表示自己错在"学术严肃性不强，好奇心、虚荣心作祟"，试图了却此事。然而，王某、杨某二人对贾某最终给出的答复是：在学术腐败面前不能姑息容忍，你应当得到开除的处分，一切都按相关法规进行处理，绝没有情面好讲。①

二是观点或观念抄窃，即：未经授权，用个人词汇表达他人学术观点或观念且将其作为自己的学术创新，或采用"揉面团"方式，将多人的学术成果加以综合、拼凑、改头换面后，融入自己的学术观点或理论学说中，将其作为自己学术创新的行为。此类抄窃形式在人文社科类研究成果中较为普遍，且诸多研究生至今仍不以为然，并未认识到这是学术不端，该现象值得研究生高度警惕。

可见在形成自己的学术观点时，如未经许可或授权，窃取一定长度的蕴含他人学术观点的原始语句，或将他人的观点或观念作为自己的学术创新，均属学术剽窃。在当今互联网时代，学术信息的传播已达到前所未有的速度，了解与掌握他人最新的学术观点变得轻而易举，也为部分道德观念薄弱的研究者从事学术剽窃提供了现实条件。为此，应加强自身的道德修养，严以律己，做一个负责任的研究者，否则学术剽窃一旦被揭露，就将身败名裂。

---

① 深圳新闻网：http://www.sznews.com/zhuanti/content/2010-12/01/content_5133023.htm.

4. 臆造

臆造,即无事实依据的主观推测。部分研究生在缺乏原始数据和资料的情况下,又试图利用此类数据和资料提炼与形成完整、系统、自圆其说的学术观点。此时,他们往往会凭借自己的知识、经验想当然,用想象去填补原始数据和资料的不足,做出部分具有推测性的观点、见解,以便使自己的学术观点显得完整、严密。然而,此类无事实依据的推论并非源于对客观数据和资料的提炼,仅是纯主观的臆造,因而本质上不属于学术观点,也经不起事实的检验,迟早会被证明是错误的。

5. 失真

失真,即故意夸大修饰、包装学术成果的价值意义。人文社科类研究的学术成果应体现新思想、新观念、新思路。尤其是反映研究生学术水平的学位论文、学术论文必须具有个人观点、独特见解(即学术创新点),这是评价论文质量,进而决定研究生能否取得相应学历、学位的关键性要素。有鉴于此,当部分研究生深知自己搜集的研究资料严重不足、分析与研究深度不够、形成的学术观点缺乏创新性时,为了使自己论文能顺利通过评审与答辩,会想方设法对自己学术观点进行修饰、包装,或故意夸大自己学术观点的重要性与学术价值,使原本的学术观点变得严重失真。其实,这是一种在投机侥幸心理支配下的自欺行为,因为此类经修饰、包装被失真的学术观点很容易被认真评阅的专家一眼看穿。

(二)提出解题方案与政策建议

学术观点可以体现为纯理论学说,也可以是解决现实难题的思路与方案。旨在解决我国经济、社会发展中重大现实难题的人文社科类决策咨询项目,其最终研究成果则必须就现实难题提出相对正确的解决方案和相对合理的政策建议,这是人文社科类研究注重理论联系实际、助推我国现代化进程的具体体现。

通常,研究生不可能独自承担人文社科类决策咨询重大项目,但参与重大项目研究已成为一种普遍现象。既然研究生参与了重大项目研究,在社会调研、研究资料整理乃至解题方案与政策建议的制定中,都应对国家、社会抱有高度的责任感,要充分认识到向国家层面的职能部门提供解题方案与政策建议事关重大,非同小可,涉及国家、民生的重大利益。因此,所提供的解题方案与政策建议应符合国情,要合理、正确、全面、系统、切实可行,决不能脱离实际作主观想象,更不能为应付课题结项而草率从事、弄虚作假,否则将使国家、民生的重大利益遭受损失,自己也会因遭受通报、处分而名誉受损。

案例 2.1.8

全国哲学社会科学规划办公室处分
4 项存在学术不端问题的基金项目

2013 年 11 月,全国哲学社会科学规划办公室在国家社科基金项目成果验收工作中发现,天津某高校马某主持完成的"中国特色新型工业化道路路径、机制和政策研究"(09CJY042)、湖北某高校肖某主持完成的"我国新闻界职务犯罪的成因、控制与预防研究"(09BXW023)、湖南某高校肖某主持完成的"领导干部无为问责的实践探索与制度创新研究"(11BDJ022)、广东某高校张某主持完成的"新农村建设中的制度创新研究"(09BSH018),最终成果均存在较多学术不规范问题。根据《国家社会科学基金管理办法》的相关规定,经研究决定终止这 4 个项目,预留经费不予拨付,已拨剩余经费按原渠道退回。据此,全国哲学社会科学规划办公室要求各级管理单位和项目承担者从中认真吸取教训,引以为戒,树立良好学风,恪守学术规范,以高度负责的精神切实维护好国家社科基金的声誉。①

本节推荐进一步阅读的文献

[1] 倪青山,刘小丹主编. SPSS 应用实验教程. 湖南大学出版社,2007 年.

[2] 康桂英主编. 网络环境下信息资源检索及毕业论文写作. 北京理工大学出版社,2009 年.

[3] 冯光明等编. 经济与管理类毕业论文写作导论. 清华大学出版社,2013 年.

第二节 理科类研究生
学术研究规范

科研工作者的天职是从事科学研究活动。科学研究是能动的创造性活动,它是科学认识主体运用已有的知识、理论、方法和手段,有目的、有计划地探索未知领域的实践过程。科学研究有时也需要解决一个具体的实际问题,这就涉及技术和技术的实施(即工程)等活动。与此同时,科学知识也可以转化为技术原理,变成改变世界的物质力量。所以,广义的科学研究活动实际上是一种"科学、技术和工程实践"活动。美国国家科学院在 2011 年的一份研究报

① 信息来源:2013 年 11 月 1 日的全国哲学社会科学规划办公室通报.

告中,将这种实践活动简化为如图 2.1 所示的认知模型。①

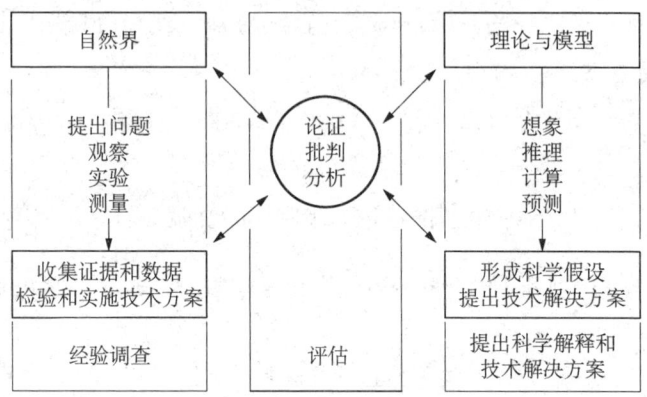

图 2.1 科学家和工程师研究活动的 3 个侧面

在图 2.1 中,左边主要涉及科研工作者科学探究的过程与诸环节,右边主要涉及科研工作者技术设计的过程与诸环节;如果将其结果实施,这就是工程。所以,工程将科研工作者的科学探究和技术设计诸活动融洽在一起。图 2.1 中的每一个双向箭头实际上是一个反馈环路,诸反馈环路构成研究、开发、认知活动的网络模型。网络上的结点是研究、开发涉及的认知要素或研发环节。其中,申报课题、科技评价和形成成果(即形成科学假设、提出技术解决方案)等环节,是容易诱发科研工作者之间利益冲突的环节。

科学的目标在于求真。自然界是有规律的,这种规律是可以被认识的。科学研究是认识自然最有效的途径,其根本任务就是对自然界进行全面和深入的研究,从而产生新知识。科学研究是建立在

---

① National Research Council (2011). A Framework for K - 12 Science Education: Practices, Crosscutting Concepts, and Core Ideas. Committee on Conceptual Framework for the New K - 12 Science Education Standards. Washington, DC: National Academy Press.

证据和理性思维的基础上的,其基本动力是人类的好奇心和求知欲以及经济与技术发展的需求。它是科研工作者创造性思维活动、实验活动和逻辑推理交互作用的过程,往往需要经过多次循环,不断有新的发现和问题,在解决这些问题的过程中推动科学知识的发展。科学知识的表现形式包含科学事实、科学概念、科学原理和科学思想,它对自然现象具有解释和预见的功能。科学知识的形成是一个不断修正、不断深入,逐步逼近客观存在的过程。可验证性是科学知识的重要特征,科学强调和尊重经验事实对科学理论的检验。因此,从科研工作者个体层面来看,在"获取事实和数据"环节中必须遵循诚信准则,在"形成理论"环节中必须遵循严谨准则。由于科学事业的发展,科学在当今早已成为一个社会子系统,科研工作者是在这个社会子系统即科学共同体内工作。科研工作者在学术研究活动中所获得的个体知识还需充分接受共同体内集体的评议、判断、筛选后,才可能有选择地被接纳为共识而成为共同体内的集体知识。只有充分认识到个体知识和集体知识的相互联系和转换,科学知识的形成才拥有坚实的社会基础。因此,从科学共同体层面来看,在"学术评价"环节中必须遵循尊重准则、公开准则和公正准则。科学是一项全社会的事业,科研工作者是在一个社会"研究环境"内从事研究工作。它主要涉及政府部门制定的科技发展规划和配套科技政策,科研经费发放的体制、政策和规模,人力资源及其就业市场,学术期刊工作,科技社团活动和社会文化氛围等 6 个要素。它们本身是相互关联的,如政府的科技发展规划和政策会影响经费拨发的学科领域和强度,学术期刊的业务工作也会受到科技社团相关决定的影响,而后者又由政府的有关规定所促成。研究环境的 6 个要素会影响研究机构的投入、运作和产出,如科研经费的来源和力度对科研活动的开展有直接的影响,教育体制影响科研人员的数量和质量,科技社团活动会促进科研机构之间的交流、合作与竞争,科技期刊为科研机构研究成果的认可提供了平台。研究环境对科研工作者研究活动的顺利开展息息相关,他们要从中获取科研中必需的各种资源,如从政府和有关机构那里申请研究课题、取得研究经费,在科技期刊平台发表研究成果,从科研机构和科技社团获得同行评价和认可,在科研机构获得职称晋级和更好的就业机会等。因此,从科学研究社会环境层面来看,在"研究选题"环节必须遵循责任准则,在"课题申报"和"形成成果"等环节必须遵循诚信准则。实际上,由于科研工作者在研究选题、课题申报、获取数据和形成成果这4个研究环节,都与他人存在潜在的利益冲突。所谓"研究中的利益冲突",是指科研工作者在各自从事研究活动时因竞争所导致在经济利益、工作职责和个人关系上的冲突。科研工作者努力从事科研工作有其动机或利益,如增进知识的积累、做出造福于个人和社会的科学发现、促进个人专业职称的晋级、导致个人经济利益的获得和满足等,这些都是正当的。但是由于在市场经济体制下科研资源的稀缺性和获取资源的竞争性,这样就会导致科研工作者之间存在潜在的利益冲突。例如,科研项目经费的申请、科研成果的评价或奖励、科技服务的报酬、任职单位的更换等途径,都会影响科研工作者个人的经济收入,但是这些资源是稀缺的,而且均需要通过同行竞争才能获取,由此导致同行之间潜在的经济利益冲突。科研工作者常常会兼任如导师、外单位顾问等多种工作职责,这会引起时间分配、资源利用和成果归属等职责冲突。科研工作者在对他人成果进行评价时,因与被评价人的利益关系而与评价工作需要维持客观、公正的要求相冲突。研究中的利益冲突无法避免,也没有必要避免,但科研工作者处理研究中的潜在利益冲突必须受到科学道德的约束,应避免利益冲突对研究产生负面影响。科研工作者对其不当处理,是产生学术风气浮躁和不端行为的原因之一。一旦个别人出现越轨行为,则"潜在的"利益冲突便发展为"实在的"

利益冲突。所以,当科研工作者遇上重大利益冲突时,应遵循前述各项学术道德基本准则及其派生的学术道德规范,正确处理和化解研究中的利益冲突。学术道德规范是指由学术道德基本准则派生出来的种种具体的道德行为模式或规范,它告诉科研工作者,在正面应遵循哪些正确的道德行为规范;在反面应避免哪些错误的做法,从而避免学风浮躁、学术不端等行为,从而调整研究开发活动中的各种利益关系,以期最大限度地保护、协调和均衡各方利益,抑制研究开发活动中潜在的利益冲突发展成实在的利益冲突的可能,消减实在的利益冲突被尖锐化的可能。下面将按研究选题与申请、制订计划、查阅文献资料、获取数据和形成成果这 5 个研究环节,介绍理科类研究生应该知晓和遵循的重要而基本的学术道德规范。

一、研究课题的选择与申报

(一)研究课题的选择

人们对世界、对自身的无知是无限的,科研活动产生的科学问题也是无穷的。由于受到客观物质条件、主观认识能力等因素的制约,只能从众多的科学问题中筛选出最为适宜的问题作为科学研究的课题。所谓科研选题,就是形成、选择和确定所要研究和解决的课题,它是科学研究的基本单元,也是科研成败的重要因素之一;所谓课题,就是研究者为了获得对某一自然现象的新认识或为了解决某个特定任务,经过选择和确定下来的用科学术语表达的一个或一组问题。科研选题是整个科研工作关键性的第一步,它决定科研工作的主攻方向、道路和目标,规定科研工作的有效方法、途径和程序,制约科研工作的成功与否和成果大小。科研选题要遵循科学性、需要性、创新性、可行性 4 个基本原则。

1. 科学性原则

科研工作的任务在于揭示客观事物的本质及其发展的规律,正确反映人们认识世界与改造世界的水平。因此,科学性原则是衡量科研工作的首要标准。科研选题必须遵循科学原理,尊重客观规律,符合逻辑性。这里包括3层含义:其一,科研选题要"有理有据",必须以一定的科学理论和科学事实为依据,其中包括前人的经验总结和本人的工作实践,这是选题的理论基础;其二,科研选题要符合客观规律,违背客观规律的课题就不是实事求是,就没有科学性;其三,科研选题要符合科学的逻辑自洽性,即选题不应当存在明显的不可克服的逻辑矛盾。科学性原则体现了科学研究的合理性。遵循这一原则,以保证科学研究方向和路线的正确性,而不致误入非科学或伪科学的歧途。

2. **需要性原则**

科研工作的目的是满足社会发展、科技发展和开拓新技术领域的需要。社会发展需要包含经济发展的需要、国防建设的需要、医疗卫生和文化教育的需要等;科技发展需要包含科学理论发展的需要,如解决理论与实践、继承与创新、分化与综合、不同学派和学术观点之间的矛盾等;开拓新技术领域的需要,如发展工业技术、农业技术、医疗卫生技术等。因此,科研选题一方面要着眼于那些在社会经济发展中迫切需要解决的技术课题;另一方面,科研选题要考虑科技自身的发展。科技史上许多重大的科学发现和技术发明的起因,都是源于科技发展中出现的问题。所以,需要性原则要求科研选题着眼于社会需要,面向经济建设,促使相关课题的研究,尽快地产生良好的社会效益和经济效益。此外,某些基础理论研究一时难以产生直接的经济效益,但从长远和整体的观点看,最终还是要反映到经济效益和社会效益上来。需要性原则体现了科学研究的价值性。遵循这一原则,才能保证科学研究的根本目的是满足人类社会物质文明和精神文明的需要,离开了这一根本目的,科学研究就会失去方向和发展的强大动力。

3. 创新性原则

科学研究是探索未知的活动，科研工作从某种意义上讲就是不断创新、不断开拓。创新是一个国家兴旺发达的不竭动力，创新也是科学研究的灵魂。科学研究最忌讳的是重复别人的老路。具体说来，理论研究要求产生新概念、新观点、新结论，具有一定的科学价值；技术研究要求发明新技术、新产品、新设备、新材料、新工艺，具有一定的应用价值。特别是基础科学研究，它应该是前人没有提出过的或别人虽然提出却没有解决的问题，并预期能从中产生新的发现或发明。创新性原则体现了科学研究的探索性。遵循这一原则，才能保证科学研究选题的新颖性、先进性和原创性，进而有所发现、有所发明、有所创造。

4. 可行性原则

科研工作作为一种探索性、创造性活动，总要受到一定条件限制。正如恩格斯所说："我们只能在我们时代条件下进行认识，而这些条件达到什么程度，我们便认识到什么程度。"科研选题应考虑完成课题所必须具备的主客观条件，因此，要从实际具备和经过努力可达到的条件进行选题。完成课题的主观条件主要指研究人员的知识结构(如基础知识、专业知识、外语知识等)、研究能力、对课题的兴趣、理解程度、责任心等，它反映科研人员本身对所选课题的掌握和驾驭能力；完成课题的客观条件主要指资料、经费、时间、协作条件等。如果是应用性课题，还应当考虑成果的应用、开发和推广的条件等。即便是符合其他一些原则的课题，并非都是可行的课题。如果选题不具备可以完成的主客观条件，再好的选题也只能是一种美好的愿望。可能性原则体现了科学研究的条件性。遵循这一原则，才能保证科学研究的选题从实际出发、扬长避短、发挥优势，进而取得预期成果。

除了在科学方法论方面遵循上述基本原则外，还必须遵循如下学术道德规范。①

(1) 在文献调研和评述中,要客观、准确,尊重他人的研究成果;不能有意回避、隐瞒最新研究进展。

科研选题应处于学科研究的前沿,何谓前沿? 哪些是前沿? 这就需要进行本学科的文献调研,并在此基础上进行文献评述,由此梳理出学科研究的前沿及其存在的待研究的问题。其中,首先需要进行大量的文献考查和阅读工作。要做好这项工作,科研工作者除了掌握和使用恰当的文献检索方法以外,还需要在科学道德上践行严谨准则,全面地而不是以偏概全地、系统地而不是零星拼凑地收集文献资料。其次,需要客观、准确写好文献评述。要做好这项工作,科研工作者除了具有扎实的学科知识背景以外,还需要在科学道德上践行诚信准则、尊重准则和公正准则,尊重他人的研究成果,客观地、准确地、公正地梳理和评述他人的研究成果;不能遗漏,更不能有意回避、隐瞒他人具有最新研究进展意义的成果,以便给自己留下从事低水平重复研究的空间。

(2) 在说明选题的学术和现实意义时,要客观、真实;不应虚构和夸大。

在文献调研和文献评述的基础上,科研工作者就可以筛选出待研究问题的集合,然后根据需要性原则、科学性原则和可行性原则等,确立自己需要研究的问题即选题。接下来需要对选题的合理性进行论证,其中之一是需要阐明选题的学术和现实意义。要做好这项工作,科研工作者除了具有扎实的学科知识背景以外,还需要在科学道德上践行诚信准则,在表述时要客观、真实;不应虚构和夸大,要慎用诸如"世界一流"、"世界先进"、"国内领先"、"填补空白"

① 科学技术部科研诚信建设办公室组织编写. 科研诚信知识读本. 科学技术文献出版社,2012 年,第 34—36 页.

和"名列前茅"等词汇,以避免学风浮躁。

(3)在估计选题的可行性时,要客观、实事求是;不应故意隐瞒瓶颈问题而执意进行。

选题的可行性是确立选题的一个充分而且必要的条件。要做好这项工作,科研工作者除了应具有扎实的学科知识背景以外,还需要在科学道德上践行诚信准则和严谨准则,要客观、实事求是地估计自己专业方向和研究能力,分析获得资料、经费、时间、协作的可能性;不应盲目追求所谓的研究前沿和社会热点问题,或为了争取更多的科研经费,故意隐瞒研究中存在的瓶颈问题和不顾可能条件执意进行该选题。

(4)选题涉及人类受试者等,需要审批许可、审慎行事。

在生物学、心理学领域的科学研究活动中,有时候被试对象涉及人体。此时,科研工作者还应在尊重准则和责任准则指导下保护人体对象。由于这些规范在本章第五节"医学类研究生学术研究规范"中会具体介绍,在此不再赘述。

(二)研究课题的申报

20世纪以来,随着科学活动在社会发展中的作用与日俱增,以课题或课题为核心的科研模式逐渐成为当今科学研究的主流。1986年2月14日,我国成立了国家自然科学基金委员会,突破了以往计划经济体制下,国家科研计划尤其在基础研究领域,科研经费依靠行政拨款的传统管理模式。2002年初,为了提高国家科研管理的科学性,完善科研课题管理制度体系,促进科学事业的发展,国务院办公厅转发了科技部、财政部、国家计委、国家经贸委4个单位《关于国家科研计划实施课题制管理的规定》,对课题的确立、课题的组织管理、经费的核算、课题的验收、课题的监督和检查等各环节都做出明确的规定。这标志着我国科研计划和科研课题全面实施课题制管理,成为我国科研工作者通过课题申报获得研究经费的社会条件和基础。

国家科研计划实施课题制管理制度,全面引入和实施先进的课题制管理理念和科研经费资助模式,确立了"依靠专家、发扬民主、择优支持、公正合理"的评审原则,建立了"科学民主、平等竞争、鼓励创新"的运行机制,建立健全了决策、执行、监督、咨询相互协调的科学基金管理体系,确定了"支持基础研究,坚持自由探索,发挥导向作用"的工作定位。

在以国家财政拨款资助为主的各类科研计划,如"863"计划、"973"计划、科技攻关计划以及其他财政拨款安排的科技专项中,都实施了课题制管理。课题制是按照公平竞争、择优支持的原则,确立科学研究课题,并以课题为中心,以课题组为基本活动单位来进行课题的组织、管理和研究活动的一种科研管理模式。

科学研究活动是一种社会活动,但它具有相对独立性和较大特殊性。科研课题立项容易出现"圈内现象",也就是说,科研活动的参与者彼此熟识,往往产生相互照顾等非正常现象。同时,由于种种原因,相关管理部门"先有钱后分项目"的做法屡见不鲜,为执行预算而急于课题立项的现象也较为普遍。国家科研计划课题制要求科研计划归口管理部门根据国家科研计划和国家财政管理的有关规定,加强课题立项管理,建立课题库。对于课题申请书、可行性分析报告、招投标文件等有关资料进行分析判断,分析课题设立的必要性。课题立项要引入评估或评审机制,符合招标、投标条件的,按有关规定实行招标、投标管理。对于涉及国家机密或需要紧急决策的国家特殊目标的课题,归口部门可另行规定立项程序。

在课题制管理中,首先要申请人自主申请,填写和递交有关课题项目申请表等材料。为了保证之后的评审工作有效进行,申请人首先应该确保申请材料的真实性。国家科技部发表的《科研活动诚信指南》中明确指出:"应当保证申请材料中所有内容的真实性、准确性,并明确区分自己的和他人的工作。不得伪造、篡改实验数据,虚构、夸大已有成果或占有、剽窃他人的研究成果。"从目前已经揭露的学术不端行为来看,有许多涉及申请材料的失真,如伪造或篡改申请人的简历、虚拟课题组成员、未经他人许可将其列入课题组并代为签名、虚报学术成果、夸大已发表论著的数量、伪造论文被收录情况、伪造奖励证书或者其他证明或说明材料等。因此,申请人在课题申报中应在第一章所述的学术道德基本准则指导下遵循如下 4 条学术道德规范。

(1) 在设计研究内容、研究方法和技术路线时,要科学、恰当和切实可行;不应沿用形式化和虚假套路、夸大其词、故弄玄虚,更不能抄袭他人申请书。阐述课题研究拟定的目标内容,讲清准备采用的研究方法,以及描述研究中遵循的技术路线,这是填写好课题项目申请表的核心内容。它们是体现该课题研究是否具有科学价值、创新性、社会影响以及研究方案可行性的载体,也是评审专家最为关注的内容。在这个环节,申请人如果沿用形式化和虚假套路、夸大其词、故弄玄虚,这就是学术风气浮躁的表现;如果抄袭他人申请书,甚至花钱雇"枪手"代写,这就是学术不端行为。

案例 2.2.1

抄袭他人项目申请书,花钱雇"枪手"

陈某在香港与某教授合作期间,曾得到该教授的两份向香港研究资助局(RGC)申请资助的申请书。2004 年,陈某抄袭其中一份项目申请书的研究内容和思路,编写成自己当年申请国家自然科学基金项目申请书并获得资助,其立项依据、研究目标、研究内容、拟解决的关键问题、研究方法和技术路线等内容与香港 RGC 资助的申请书基本雷同。经调查核实,陈某承认抄袭事实。①

湖南某大学彭某与福建某大学余某在网上雇人完成基金项目书。经比对,彭某 2012 年度申报的科学基金面上项目与余某 2012 年度申报的科学基金面上项目整体相似度为 97.1%,立项依据相似度为 95.9%,研究内容相似度为 99.3%,研究方案相似度为 98.5%,创新点相似度为 100%。经调查,彭某与余某都是花钱从网上"中介公司"购买的申请书。②

课题的研究内容、研究方法和技术路线的具体设计,虽然与最终的研究报告或论文成果不同,仅仅是研究活动展开的大致轮廓,充其量也只能算作一种创意策划,但它毕竟也可算作一种研究的阶段性成果,有时也可能具有一定的创造性,其质量的高低在课题是否能立项或中标方面发挥一定的作用,给相关的申请者带来一定的利益。上述案例中陈某的行为便构成抄袭;而彭某和余某的行为不仅构成抄袭,而且还与自主申请的原则不符,涉及制假。

(2)在说明研究基础时,要客观、真实、清晰和准确;不虚报个人或课题组成员的学术成果,不夸大自己或课题组成员的研究水平和能力,不混淆自己和他人的成果,不伪造单位证明,不伪造合作人员姓名,不冒他人签名,等等。

在申请材料中填写申请人和参与者的学术职称、已发表的论

① 国家自然科学基金委员会监督委员会简报(2007 年第 1 期),2007 年 6 月 19 日,www. nsfc. gov. cn.
② 国家自然科学基金委员会. 国家自然科学基金项目申请与执行过程中典型科研不端行为案例处理决定通报,2013. 8. 1,见国家自然科学基金委员会网站:www. nsfc. gov. cn.

文、已完成的课题的情况,旨在反映申请人和参与者的研究经历、研究队伍构成、研究基础和相关的研究条件,这也是评审专家提出评审意见的另一个重要依据。申请人应诚实地填写这部分内容,并对其真实性负责。在这个环节,申请人如果夸大自己的成果等,这就是学术风气浮躁的表现;如果虚报个人或课题组成员的学术成果,伪造合作人员姓名等,这就是学术不端行为。

案例 2.2.2

抄袭他人成果,谎报个人信息

杜某在申请自然科学基金的申请书中列举了 10 篇与项目有关的论文,其中第 7、第 8、第 9 和第 10 篇论文在 2003 年申请基金时还没有撰写,更谈不上发表。到 2006 年 10 月 30 日,这 4 篇文章依然没有发表。

方某在申请 2004 年国家自然科学基金时,在项目组 5 位主要成员不知情的情况下,私自将他们写入申请书中并冒替他们签字;项目获资助后,组织协调不力,5 位"项目组成员"只知道方某申请到科学基金项目并带领两个学生在做研究工作,均不了解该项目的研究内容和进展。

聂某在 2005 年申请并获得资助的科学基金项目申请书中,自称是 Z 单位的副教授、硕士生导师。但聂某在 Z 单位的真实身份是具有副教授资格(Y 学院)的博士后。另外,其申请书中列举了 3 篇当时还没有发表的文章作为其代表性论著,事实上,该 3 篇文章只发表了 1 篇,另 2 篇已被拒绝发表。[①]

① 国家自然科学基金委员会监督委员会简报(2007 年第 1 期),2007 年 6 月 19 日,www.nsfc.gov.cn.

　　湖北某大学郝某把他人发表的 3 篇 SCI 论文窃为己有,其中把自己列为第一作者的有 2 篇,列为非第一作者的有 1 篇。郝某用这些论文申报 2011 年国家自然科学基金项目并获得资助。2012 年他又用同样的方式申报基金项目,同时还虚构了1 篇根本未发表的英文论文。另外,郝某在背景资料中虚称自己为澳大利亚访问学者和硕士研究生导师。经调查,郝某从未到澳大利亚做访问学者,也不是硕士研究生导师。

　　北京某研究所刘志华(男)2011 年获得一项青年基金项目,在其研究背景中列出 1 篇发表在美国科学院院报上的论文,该论文第一作者为刘志华,标注的单位为哈佛大学医学院,且此刘志华为女性。实际上,在这段时间,两位刘志华都在哈佛大学做研究,而刘志华(男)正好利用了这一点。①

　　在上述案例中,杜某、聂某、郝某或刘某的行为都涉及虚报或伪造自己的研究成果;方某的行为涉及虚报或伪造研究团队;而聂某和郝某的行为还涉及伪造自己的职称和学术经历。所有这些都违背了诚信准则。

　　(3) 为了避免研究中可能出现的利益冲突,课题组成员之间在经费分配、人员分工、设备使用、成果归属和署名次序等事宜上,应事先协商、形成契约、做到公开透明、公平公正;不应暗箱操作、分配不公。

　　一个科学研究的前沿课题往往是复杂且颇具难度的。对这样

---

① 国家自然科学基金委员会. 国家自然科学基金项目申请与执行过程中典型科研不端行为案例处理决定通报,2013 年 8 月 1 日,见国家自然科学基金委员会网站,www.nsfc.gov.cn.

的课题,科研工作者想单打独干是不行的,需要与同行甚至多学科的合作,组成研究团队方能完成。一些大的前沿项目,更是需要跨单位、跨学科、跨地区合作。如果想要在国际同行中具有领先地位,最好的方法就是与其他科研人员建立独特、有成效的合作关系。

案例2.2.3

多学科合作,攻克世界前沿难题

从1968年开始,中国科学院上海生物化学研究所、上海细胞生物学研究所、上海有机化学研究所、生物物理所和上海化学试剂二厂等5家单位合作进行酵母丙氨酸转移核糖核酸(tRNA)的人工全合成。1974年北京大学生物学系也参加此项工作,先后参加此项工作的有187人。王应睐、汪猷、王德宝、曹天钦等院士是该项目研究的领军人物。王德宝在这一重大科研工程中,先后任人工合成组组长、指挥组组长,在这项研究中,他从方案设计到具体路线的制定以及许多技术难关的解决,都发挥了重要作用。经过13年的不懈努力,他们终于在1981年11月20日完成了这一工作,这是世界首次人工合成、与天然转移核糖核酸具有完全相同的组成和结构、并具有全部生物活力的转移核糖核酸。该研究成果使我国人工合成生物大分子的研究水平继续居于世界领先地位,因而获得1987年国家自然科学奖一等奖。[①]

要使合作研究运行成功,关键在于是否能够真正合作。科研合

---

① 朱新轩,陈敕全.上海科学技术发展历史.上海社会科学出版社,1999年,第122页.

作并不只是实验材料、技术的交换,而是需要大家在一起,对解决共同关心的科学问题进行智慧交融,以期产生思想火花。这包括一起设计实验、探索新的技术路线和方法,以及在解析新发现时,认真、严谨地交换学术意见。为了做到这一点,一方面需要在团队中提倡把名誉、文章排名的先后次序等都扔在一旁;同时需要在团队中建立一种契约的制度安排,以调控或化解各种利益冲突对合作研究的干扰。该契约的内容要涉及合作的各方在课题研究的责任、权利、利益三方面切实履行的可靠承诺和相应的管理办法,并以签定合同的形式加以确认与规范。

案例 2.2.4

合作中未形成契约,导致知识产权不明晰或经济上分配不公

在美国攻读博士的马臻说:"我曾开发了一系列新催化剂,隔壁实验室的美国老头闻风而动请求和我合作。于是我把我的催化剂和未发表的数据毫无保留地给了他。他不但把我未发表的结果拿出去作报告,而且非常快地做了一些实验,从他们的角度写了文章想抢先发表。我找他理论,问他还有没有伦理道德,他说伦理道德是书里说的,对他没有强制约束力。每个组有每个组的标准,不能把别人的标准用到他的头上。我说:'你们投稿,至少得得到我同意,因为我是作者之一。'他反咬一口:'你在我们这篇文章里的贡献很小的。如果你同意我们发表,名字还在;不让我们投稿,名字去掉!'听了这话,我简直想吐血,他采取的是两种无理的策略:一种叫'discredit',就是贬低你,把你说得一钱不值;另外一种叫'take it or leave it',就是给你两种选择,要么顺从他,要么什么都得不到。使

我愤怒的是,给我的感觉仿佛是我要靠这篇第三作者文章吃饭似的。这件事情给了我一个教训:得到一些初步结果不要炫耀,而要注意保护知识产权。合作前应明确分工,说清楚如何分享'credit'。"[1]

齐某与张某带领各自的研究团队于 2004 年 12 月共同申请了某基金会一项为期 3 年的糖尿病药物治疗方面的研究课题。申请书由两人共同起草。在申请书中,他们只对该课题所需的研究经费做了简单预算,没有就各自承担的子课题的经费分配做预算。3 个月后,课题申请获得批准。之后,研究开展得非常顺利,并在两年后取得突破性进展。但这时两人就经费分配问题发生争执,并都列出充分理由来说明在现阶段的研究中自己需要更多的研究经费。由于无法协商解决,课题研究难以继续,最终导致无法结题。[2]

在上述案例中,马某的例子说明合作研究中未实行契约制必然无法调控合作者之间的利益冲突。齐某与张某的例子说明在合同中未规范、明确合作各方在责任、权利、利益三方面的承诺和相应的管理办法,也会导致利益冲突的失控。

(4) 在课题申报期间,对项目评审人员和管理人员要避嫌。不应拉关系、走后门,更不能采用贿赂、威胁的手段去企图获取课题。

由于获准立项会带来很大的经济利益,申请者托人情、找关系的情况时有发生。加之现在一些大学和科研单位已把能否争取到

---

① 马臻. 科研合作中的教训. 科技导报,2010 年第 8 期.
② 科学技术部科研诚信建设办公室组织编写. 科研诚信知识读本. 科学技术文献出版社,2012 年,第 39 页.

立项及其经费额度作为科技人员的考核指标,评审专家对自己所属单位申请书的评审网开一面的现象也会出现。为了保证课题评审的公平、公正性,项目评审人员和管理人员与被评项目人之间应采取严格的回避制度,这是国际通行的惯例。

案例 2.2.5

在项目申报过程中存在拉关系、走后门现象

清华大学教授施一公说:"我曾经有过这样的经历。一次参加某个项目的评审,周六下午刚接到通知,结果周日上午手机里就收到 6 个陌生人发来的短信,'请多关照','欢迎来我校做学术报告、考察交流',等等。我当时很纳闷:这些人是怎么知道我当评委的,我的手机号码是谁透露给他们的?"

"两年前,一位刚刚从海外归来、加盟清华生命科学学院的年轻教授,在与我的一次谈话中,很坦率地问道:'为了能在基金申请等方面得到照顾,你觉得我需要每周花多少时间出去拉关系?'我不假思索地回答:'一分钟都不需要! 我相信,你在中国靠实力可以崛起,其他像你一样的年轻人也一样完全可以靠实力崛起!'"[①]

施一公和北京大学教授饶毅指出,现在为了获得重大项目,一个公开的秘密是作好的研究不如与官员和他们赏识的专家拉关系重要。大多数研究人员常嘲讽这种有缺陷的经费分配体制。然而,一个自相矛盾的现象是,他们中的绝大多数人也接受了它。部分人认为除了接受这些惯例之外别无选择。这种潜规则文化甚至渗透到那些刚从海外回国学者的意识中:

---

① 赵亚辉,赵永新等.建言科技体制改革.人民日报,2010 年 8 月 16 日.

他们很快适应局部环境,并传承和发扬这种不健康的文化。在中国,相当比率的研究人员花了过多精力拉关系,却没有足够时间参加学术会议、讨论学术问题、做研究或培养学生。很多人因为太忙而在原单位不见踪影。有些人本身已成为这种问题的一部分:他们更多地是基于关系,而非学术优劣来评审经费申请者。①

在上述案例中,施一公和饶毅所指的现象也言中当前我国课题立项过程中的时弊,施一公亲历的事例则确证了他们的立论。"拉关系、走后门"是一种典型的学风不正、学术失范的现象,它阻碍了科学社会的健康运行。首先,它干扰了课题立项的竞争择优机制。课题制按照公平竞争、择优支持的原则,确立研究课题及其经费分配,而拉关系、走后门,破坏了课题制的公平竞争机制,使课题立项失去公平、公正性,这会挫伤广大科研工作者开展科研活动的积极性。其次,它浪费了国家科研资源。由于它扰乱了以学术能力优劣为基础进行择优分配的原则,就会导致好的科学家没有经费,而会拉关系的差的科研人员却能得到很多经费这种不正常现象出现,使国家有限的科研资源得不到优化配置,在一定程度上浪费了科研资源。同时,它也耗费了走后门者的大量时间,使得他们没有足够的精力来直接从事研究工作,从而难以产生高质量的科研成果。再次,如果任此现象蔓延,则会腐蚀人们的精神,败坏科学共同体内的社会风气。

从上述4条"学术道德规范"的内涵来看,它告诉科研工作者在课题申报环节中,在正面应遵循哪些正确的道德行为规范,在反面

---

① 施一公,饶毅. 中国科研文化,科学时报,2010 年 9 月 3 日.

应避免哪些错误的做法,从而避免在课题申报过程中夸大其词、故弄玄虚、拉关系、走后门等学风浮躁行为,避免剽窃、制假、伪造等学术不端行为。这样就使得在课题申报过程中的潜在利益冲突得到妥善处理,没有变成实在利益冲突,更没有尖锐化;同时,消除了课题制管理工作中的障碍,使创新资源分配达到公平竞争、优化配置和创新人才的合作共荣。在其他科学研究环节中也是如此。

二、研究课题的设计与规划

制定计划,是指科研人员针对课题研究的目的和条件,设计探究的程序路径,即要确定先干什么、后干什么、再干什么,直至问题得到解决;选择合适的具体方法,制定探究方案。在前述图 2.1 所示的广义科学研究网络模型中确定研究的起点、要素环节、路径和终点,这实质上是科研活动在方法论方面的一种顶层设计。

案例 2.2.6

科学家提倡的若干科学研究方法论路径

在第一章的案例 1.2.2 中,伽利略科学研究方法论的路径是:观察、实验→获得经验事实→归纳→假设性原理→实验检验→科学原理→科学解释类同现象,如图 2.2 所示。

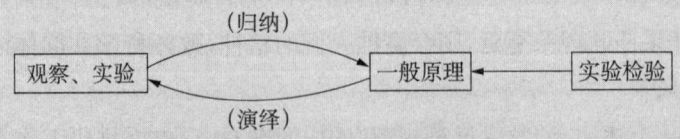

图 2.2 伽利略的科学研究方法论路径

爱因斯坦在科学研究活动中,讲究科学方法,他晚年对自已科学探究实践做过总结。他认为,第一步,科学研究活动起源于科学问题,科学家是为了解决科学问题才去进行科学研究的。第二步,为了解决问题,科学家需要建构一个新的理论。于是科学家便首先依托已有的知识背景,通过自己的创造性思维(如直觉、灵感等)非逻辑活动大胆猜想,提出假设或公理,然后再通过演绎方法展开推出许多定理,公理和定理的集合就是理论体系。第三步,科学家再通过观察实验所取得的经验事实来检验这个理论。他曾用图2.3表示其研究的方法论路径。

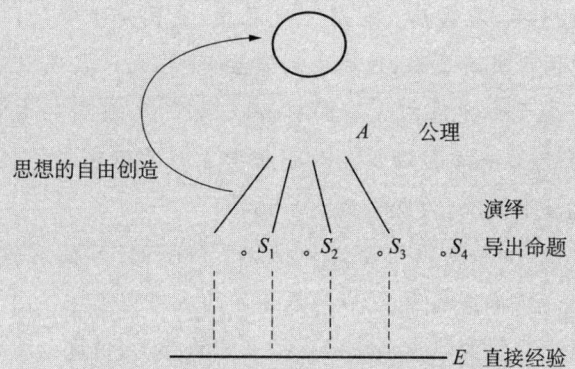

图2.3　爱因斯坦的科学研究方法论路径

　　科学家普遍认为,在科学探究中,科学研究方法论路径是多元的,不存在唯一正确的方法论路径;但是科研工作者应该遵循某种合理的方法论路径,这样才能事半功倍。

　　上述两种科学探究方法论的路径虽然不同,但是它们都保证了人们对自然现象探究的客观性、严格性和有效性,从而开启了大自然奥秘之门。其客观性体现在:科学探究的结论要么必须以经验事实为奠基,要么必须接受经验事实的严格检验;其有效性体现在:

科学探究的结论必须能说明原初欲认识的自然现象,甚至还要能预见新的自然现象;其严格性体现在:在科学探究中理论模型的表述必须满足可检验性,经验事实必须满足可重复性,实验操作必须具有规范性,思维推理必须具有逻辑性,等等。因此,在此过程中科研工作者需要加强严谨准则和责任准则的科学道德自律。

案例2.2.7

汤飞凡冒双目失明风险践行严谨准则和责任准则

1954年,沙眼病在世界上大暴发,我国是重灾区,一半以上的中国人患有沙眼,边远农村甚至"十眼九沙",而且患者中致盲率达5%,危害极大。面对沙眼病肆虐,我国病毒学奠基人、中科院学部委员汤飞凡放下手中原有的研究工作,决心转向探究沙眼病原,为民除病。

自1933年汤飞凡否证和推翻了沙眼的"细菌病原说"以来,沙眼的"病毒病原说"成为医学界的主流观点。各国生物学家和医生为探索沙眼病原付出了艰辛的劳动,但谁也没有分离出一株病毒来。在这个难题面前,一些人动摇了,有的退缩了、改行了。但是,汤飞凡却勇敢地把分离沙眼病原体作为自己研究的首要课题。从1954年6月起他花了整整一年时间,每周带着助手在北京同仁医院沙眼门诊工作半天,采集了200例典型病例样品,在48例中找到沙眼包涵体,发现包涵体有4种形态,并初步归纳出沙眼病原体侵入宿主细胞后的发育周期,对沙眼病程和包涵体有了较为清楚的认识。同时,汤飞凡用恒河猴作沙眼的动物模型,在世界上第一次成功地在动物身上发现沙眼包涵体。

与此同时,病毒分离的工作也在紧张进行。经过一年的反复分离实践的探究,1956年6月12日清晨,他和助手来到实验室,他们按改进后新的病毒分离技术,即减少青霉素注入量,来取得沙眼病毒株。结果,世界上第一株沙眼病毒被分离出来,汤飞凡命名其为"TE8"。汤飞凡成为世界上发现重要病原体的第一个中国人。

汤飞凡理性地认识到,这只是一次成功,还不能排除其他偶然因素,而偶然性是不能成为科学依据的。他们又着手做了多次新的实验,沙眼病毒也都分离出来。为了证实分离的病毒就是沙眼病原体,1958年元旦,汤飞凡以身试验,命令助手将沙眼病毒种入自己眼里,事后发现自己的眼睛被引起典型的沙眼症状与病变。他继而再从自己眼里又分离出这种病毒,并在其后的40天内,坚持不治疗,直至证实所分离培养的沙眼病毒的致病性确定无疑为止。至此沙眼由病毒所致的理论完全彻底地确立了。汤飞凡为了验证病毒是沙眼病的致病原因,冒着失明的危险让自己的眼睛感染上沙眼病毒,体现了他的严谨治学和为民除病的社会责任感。汤飞凡一直被誉为医学界为科学献身的典范。

汤飞凡沙眼病毒分离成功在国际科学界引起巨大的反响,被认为是一个关键性的突破,将长期处于低潮的沙眼研究一下子推上高潮。之后,英国李斯特研究所的L·H·科利尔于1957年用汤飞凡的方法分离出沙眼病毒,证实了汤飞凡等人的工作。不久,美国、沙特阿拉伯、以色列等国家与地区的医学家也相继分离出沙眼病毒。从此,沙眼病毒在国际上被称为"汤氏病毒"。汤飞凡的研究成果,使中国的医学病毒学研究处于当时名列世界前茅的水平。

沙眼病毒分离成功,不仅确证了沙眼"病毒病原说"的正确性,而且有了病原体,科学家便可以对沙眼病进行系统、深入的研究,从而使沙眼的临床治疗和预防在短短几年里取得了前所未有的进展。一度危害全球的沙眼病以惊人的速度减少,迄今世界上许多地区沙眼已经基本绝迹。以上海为例,1959年沙眼发病率为84%,两年以后降到5.4%。汤飞凡的这一研究成果,实现了他早年"发明一种预防方法使亿万人不得传染病"的诺言。1981年,为表彰汤飞凡在沙眼病研究中的卓越贡献,在巴黎召开的国际眼科大会上,国际沙眼防治组织追授汤飞凡金质沙眼奖章。[①]

在上述案例中,汤飞凡的科学研究方法论路径与伽利略类同。其中他以严谨准则和责任准则的科学道德自律,保证了研究活动的客观性和有效性。

三、查阅文献资料

在进行一项科研活动之初,选题是关键性的第一步。科研选题中出现的重复立项、创新性和实用性不够、科学性不强等问题,究其原因,大多与缺乏对现有文献进行全面、科学的调查研究无不关联。

科研选题要经历文献调研、论证和再评价、确定课题等过程,科技文献知识是科学研究的基础,任何形式的科技创新离不开既有研究。一个好的研究,首先需要做好充分的文献调研,这就需要通过大量的资料收集、整理和分析。一方面掌握与本课题相关的历史上"最高"的研究成果,另一方面把握与本课题相关的目前的"最新"研

---

① 邱佩芳.国家的科学公仆——记中国第一代医学病毒学家汤飞凡.上海档案馆网站.

究进展,进而在继承和借鉴已有科学成果的基础上,开拓思路、启发思维,站在学术前沿,找准研究的关键点、突破点、生长点。无论课题立项或成果鉴定,都离不开文献调研。文献调研不仅有助于保证研究课题的创新性,同时能够避免重复性研究对科技资源的浪费和对他人知识产权的侵犯。所以,国家科技部发表的《科研活动诚信指南》强调指出:"确定研究题目前应当经过充分的文献调研,使选题具有创新性。如果不是以验证为目的,应当避免重复别人已经进行过的研究。"只有这样才能确立具有创新性的选题,产生具有质量和效益的创新性的科研成果。

如今信息技术的强大功能和广泛应用,为文献调研提供了极大的便捷。文献信息的检索要保证获得的信息具有新颖性,可选择更新速度快、内容新颖的调研信息源。要保证获得信息的完整性,就应选择来源广、文献来源级别高的数据库和检索工具,同时在检索方法上要制定科学合理的检索策略,提高查全、查准率。

文献调研应注意一些基本规范,如文献应可以准确地回溯到原始出处,以符合引用的规范;对文献做分类研究并做出文献综述,当自己的选题遭遇质疑时,这些研究有助于解疑释惑;引用、翻译和归纳文献观点,包括引用电子资源时,也必须注意规范使用。

在查阅文献和资料时,还要注意原始文献和研究资料之分,前者是第一手的,后者是第二手的。同时,要注意查阅文本的多元性,如学术期刊、学术专著、专利文件等,还要注意查阅渠道的多元性,如图书馆、专利局、网络等。

但是,在使用他人的文献和资料时,科研工作者应注意尊重他人的知识产权,使用他人未正式发表的数据,必须事先征得数据所有者的同意,并明确说明数据来源。在收集和使用专有信息和受版权保护的信息时,应当取得必要的授权或许可。

本行为规范是遵循尊重准则的具体表现。他人未正式发表的数据,为他人科学研究的成果,对其所有权应予以尊重。如果未事先征得数据所有者的同意拿来使用,且不注明数据来源,这种行为便构成剽窃。如果他人所含该数据的成果已经公开发表,则已受版权保护,如果拿来使用且不注明数据来源,这种行为便构成侵权。

知识成果有其创造者的主体归属,理应为创造者所有,具有私人权利的属性,它虽属于无形财产的权利形态,其基本属性与有形财产所有权无异。私权神圣,知识形态权利与有形财产的权利均受社会道德和国家法律的特别尊重和充分保护。当知识成果尚未公开发表时,其权利受社会道德的护佑,在道德取向上以尊重创造者权利为首要;当知识成果公开发表后,其权利受知识产权法保护,在立法重心上是以保护创造者利益为首要。

四、获取数据

收集经验事实及其数据,是科学研究的一个重要环节。它是完成科学理论发现和科学理论评价阶段的条件和前提。科研工作者往往是根据所获得的经验事实及其数据构建科学假设,以及检验和评价科学假设,由此奠定科学理论的经验基础。获取经验事实及其数据的途径有许多种,对前沿的科学研究来说,主要是通过观察与实验。对由此获得第一手的经验事实及其数据,应具有真实性和准确性,这是保证后续科学研究进一步获得逼真性成果的基础和前提。因此,在这一环节中,科研工作者应在第一章所述学术道德基本准则指导下遵循如下 7 条学术道德规范。

(1)应当保证数据记录的原始性和完整性。应当在有连续页码的实验或调查记录本上,用规范的语言记录研究过程和相关数据,不得涂改数据或撕掉记录本中的任何一页。严禁有选择地记录数据以获得特定的结果。

(2)应当保证数据的真实性。严禁编造、改动原始数据,严禁为了强调或掩盖图像的某些部分而对其进行欺骗性的或不当的处理,包括添加、移除或移动对象,去除或模糊背景等。

(3) 应当保存所有实验或调查数据(包括未发表的数据)的记录,注意原始研究数据的成文和归档。遵守各学科领域关于科学数据保存期限的规定。了解并遵守所在机构关于实验数据和材料所有权的规定。

(4) 进行涉及人类受试者和实验动物的科学研究,必须尊重人的尊严和权利,善待实验动物。对于具有潜在风险的研究,应当保持警惕,并严格遵守相关的限制性规定。

(5) 使用涉及个人信息或隐私的数据,必须获得受试者或其监护人的知情同意。

(6) 如果从研究数据中发现存在对公众健康、公共卫生或社会秩序构成严重影响或威胁的情况,应当按规定程序报告有关部门。

五、形成学术成果

在取得经验事实及其数据之后,科学研究就进入形成成果的环节。在这个环节中,科研工作者往往需要形成假设或建立模型、检验假设、进行数学计算和科学论证、提出科学解释或解决问题的方案等。在此环节中,科研工作者会涉及如何运用和处理数据、如何对待他人或合作者成果等问题,这样也会引起利益冲突,应该谨慎对待。因此,科研工作者应在第一章所述学术道德基本准则指导下遵循如下 3 条学术道德规范。

(1) 在理论推导和科学论证时,应严密有据,所用实验数据或资料应实事求是;严禁编造、篡改,禁止随意对原始数据进行删裁取舍、有意隐瞒不利数据,从而用于伪造创新成果或新发现,以避免虚构或伪造研究成果的行为。

(2) 在解释现象、建立模型或形成解决问题的方案时,若引用他人研究成果,应尊重他人的知识产权,需在正文中明确标明出处;不能仅在文后参考文献表中列出所引成果,或仅给一个笼统的致谢,以避免剽窃、盗用别人成果的行为。

(3) 在合作研究中,应准确表述自己的贡献,做到分"功"明确,应诚实地对待合作者的贡献;不能把别人的工作当成自己的工作来报告,不能未经合作者的允许擅自运用、发表未公开的研究成果。

本节推荐进一步阅读的文献

[1] 科学技术部科研诚信建设办公室组织编写. 科研活动诚信指南. 科学技术文献出版社,2009 年.

[2] 美国医学科学院,美国科学三院国家科研委员会. 苗德岁译. 科研道德:倡导负责行为. 北京大学出版社,2007 年.

[3] 科学技术部科研诚信建设办公室组织编写. 科研诚信知识读本. 科学技术文献出版社,2012 年.

第三节　工科类研究生学术研究规范

学科分类通常采用两个标准,第一个是国家标准,即《中华人民共和国学科分类与代码国家标准》(GB/T 13745 - 2009),这个标准是2009 年 5 月 6 日颁布,2009 年 11 月 1 日开始实行。这个标准把学科分类定义到一、二、三级,共设 62 个一级学科或学科群、676 个二级学科或学科群、2 382 个三级学科。一级学科之上可归属到科技统计使用的门类,门类不在标准中出现。门类排列顺序如下:A 自然科学,代码为 110—190;B 农业科学,代码为 210—240;C 医药科学,代码为 310—360;D 工程与技术科学,代码为 410—630;E 人文与社会科学,代码为710—910。它的表示方法是一级学科用 3 位阿拉伯数字表示,二、三级学科再分别加上 2 位阿拉伯数字。① 这个标准日常生活中并不常用。

第二个就是学生考研时常用的教育部的标准,即按照国家 1997 年颁布的《授予博士、硕士学位和培养研究生的学科、专业目录》,分为哲学、经济学、法学、教育学、文学、历史学、理学、工学、农学、医学、军事学和管理学 12 大门类,每个大门类下设若干一级学科。二位码为学科门类,四位码为一级学科,六位码为二级学科。工学类在 12 个学科门类中编号为"08",下设 32 个一级学科专业,也是目前学科分类中规模最大的学科门类。工科类专业主要是研究工学方面的专业学科,包括地矿、材料、机械、仪器仪表、能源动力、电气信息、土建、水利、测绘、环境与安全、化工与制药、交通运输、海洋工程、轻工纺织食品、航空航天、武器、工程力学、生物工程、农业工程、林业工程、公安技术等学科。

由于工学学科涉及学科众多,研究领域宽泛,在具体科研实践过程中存在诸多不为外人了解的环节,所有这些环节都有可能出现学术不端行为。为了制定出符合工科类研究生实践需要的学术研究范式,需要从各个具体学科的研究特点中提升出符合工学特点的共性范式,用以指导工科研究生的学术研究活动。基于这种考虑,可以对工科类研究生的研究活动进行分解,从确立研究课题、查阅文献资料、设计研究方案、获取数据与事实,到形成学术成果 5 个阶段,对每个阶段的研究活动进行分析,进而从中总结出一些具有共性的学术研究规范。

一、确定研究课题

当下是一个工业化的社会,几乎生活中的所有方面都是工业化发展的结果,而这些成果的获得大多来源于工学学科的努力。从这

---

① 中华人民共和国学科分类与代码国家标准(GB/T 13745 - 2009). http://www.zwbk. org/MyLemmaShow.aspx? lid=117222.

个意义上说,工学类研究生的研究直接与社会的发展和公众的需求挂钩。这种社会需求是通过课题的形式来加以制度化的,这是大科学时代的显著特点。什么是课题呢? 所谓课题,"一般是指科研项目,即根据研究方向所指示的具有科研价值的问题中确立的研究项目。研究方向对课题选择有所限定,而课题则展现出科研方向"。①具体来说,科研课题大多以发现与解决实际问题为主要导向。按照不同的标准,课题可以有很多不同的分类方式,如理论性研究课题、实验性研究课题等。目前常见的分类方式是按照课题来源进行划分,这种分类方式大体有如下 4 种常见模式:①指令性课题,这类课题大多是政府部门根据当地的实际需要而推出的。②指导性课题,这类课题就是我们常说的纵向课题,国家有关部门根据科学发展的需要规划若干科研课题,通过招标的方式实施项目。③委托课题,也就是常说的横向课题。一般而言,该类型的课题针对某一个特定工程技术问题或企业所面临的实际问题而设定,工科类研究生会经常跟导师做很多这种类型的课题。④最后一类课题是自选课题,这类课题往往是研究者基于个人自己的意愿、喜好以及特长而选择的课题,在缺乏经费支持的情况下,这类选题也是比较常见的。

众所周知,一个好的选题是科研成功的一半,那么,对于刚刚步入科研领域、知识储备以及经验都还很不充分的研究生而言,还要面临一个硬性的现实问题,那就是学习期限有严格要求。基于这些前提条件,研究生的选题就是未来所有工作的出发点,那么,研究生在选择课题时要遵守什么原则呢? 根据学者张伟刚的总结,选择课题要遵守以下 8 个原则。

(1)创新性原则。科学研究活动具有探索性质,进行前人未曾涉及或未完成的,而预期能出新成果的研究工作。

---

① 张伟刚. 科研方法导论. 科学出版社,2009 年,第 192 页.

（2）可行性原则。完成一项课题通常需要具备 3 个条件：研究基础、实验设备与智慧技能。对于工科类研究生来说，就是要充分考虑本团队现在所具有的物质条件、人员结构、知识储备，如果这些条件不具备，很难想象课题研究会取得成功。

（3）优势原则。课题选择时要仔细估计自己的优势所在，扬长避短。优势原则可以分为宏观优势与微观优势，前者是自己所在机构与区域的优势，后者是指研究团队与个人的优势。只有把两者的优势有机结合起来，才能为课题研究的成功奠定坚实的基础。

（4）需要性原则。对于工科类研究生而言，这一点特别具有现实意义。市场需求是推动技术发展的最好推动力，也是获得社会承认的最佳路径，从这个意义上说，需求推动研究课题的深入。

（5）经济性原则。目前中国的科研经费投入还不是很充分，选择课题要充分考虑研究团队是否有经费实力来支撑，时刻要考虑课题的投入产出比。因此，课题的选择必须本着经济性原则。

（6）时效性原则。对于承担横向课题的研究来说，这一点是研究的生命线。

（7）团队性原则。大科学时代，科研的运行模式发生根本性的改变，不再是个人单枪匹马的英雄主义时代，因为当下遇到的科研问题往往都是高度复杂的课题，涉及多学科的知识以及多人的协同工作；一项复杂课题的完成时刻需要保持团队的合作精神，合作精神的培养也是研究生未来从事科研活动的一项基本素养。

（8）发展性原则。这是科研选题质量高低的一项显著标准。一项高质量的选题，往往能带来很多成果，既有意料之中的问题解决，也有意料之外的拓展发现。课题的发展性原则，也体现了科研的可持续性。[①]

———————————

① 张伟刚. 科研方法导论. 科学出版社, 2009 年, 第 46—49 页.

上述 8 条原则基本上涵盖了工科类研究生在确立研究选题时应该加以注意的基本原则。

工科类研究生在确立选题的过程中,还应该注意两种错误倾向:其一,选题要量力而行。由于研究生刚刚进入科研领域,对自身知识的储备程度、对问题的认识程度,以及对现有实验条件的支撑,都缺乏明确的把握,如果过于自负,一味选择研究前沿,结果在规定时间内无法完成选题,将会导致研究遇到挫折。"认识你自己"永远是做事的前期准备,选题难度过高与过低都是浪费。因此,选题时一定要结合自身条件,选择难度适中的选题去做,这样有助于科研任务的完成以及信心的培养。其二,应多与导师交流和沟通。这一点看似老生常谈,其实非常重要,毕竟导师在长期的科研过程中积累了大量宝贵的科研经验,经常与导师交流,可以最大限度地避免研究工作走弯路,同时也可以间接学习到导师的宝贵科研经验。

有了选题原则,也考虑到注意事项,那么,剩下来的问题就是在选题中明确要研究的具体问题,这恰恰是最难的工作。毕竟选题只是大的研究方向,它需要进一步完善与聚焦,那么,在选题中如何提炼出真正有价值的问题?

研究问题的确定是工科类硕士研究生开始科学研究的第一步。提出一个好问题,可以聚焦学习精力与明确研究方向。按照科学研究的常规顺序来说,大体经历如下几个环节:提出问题(What)→如何解决(How)→动手解决(Do it)。①

由此可以看出,提出一个好的研究问题包括 3 个方面的内容:第一是明确所研究的问题——"是什么";第二是明确所研究的问题

---

① 张光明,张宝杰,张盼月. 成为合格的科学家——理工科研究生入门手册. 高等教育出版社,2007 年,第 5—6 页.

的意义——"为什么";第三是确定需要实现的目标——"干什么"。

问题从哪里来？这是问题确定环节最为重要的任务,按照科学哲学家劳丹的看法,问题的来源有两种类型:来自理论(概念)的矛盾与来自实践(经验)的急迫需要。根据这两类基本问题来源的划分,研究生要结合导师的建议与指导选择合适的问题进行研究。好问题在任何时代都是稀缺的,这就要求研究生在日常生活中经常关注本学科的主流学术期刊、会议、文集的信息,养成及时收集与整理科研信息的习惯,从中发现自己感兴趣的主题;平时留意各种学术报告中听到的本领域的最新研究进展情况以及遇到的迫切市场需求;再结合导师研究领域中自己有兴趣的部分,这样就会慢慢积累很多问题,并在学习过程中逐渐明确自己的问题,最后聚焦于自己最感兴趣的问题。只有基于此,一项好的研究才会有比较坚实的基础。相对于问题比较明确的项目类课题而言,这种能力培养对于自选课题来说尤为重要。

一般来说,问题确定后要经过初步的判定,即问题要符合科学发展的大方向,同时满足新颖性、创新性的要求,具有较大的理论意义或者实践价值。另外,研究生还要根据自己的实际能力以及问题的难度确定自己的研究目标,在此期间还要考虑实验室可以提供的仪器设备的情况以及导师课题组可能提供的经费支持情况,缺少这些条件,再好的目标也无法实现。切忌好高骛远,当选题的难度严重超出自己的能力范围时,不但不能取得预期的研究目标,还会造成不必要的浪费,并且会扼杀研究的积极性。毕竟研究生在研期间是有严格时间限制的,因此,要把长期研究目标与短期研究目标很好地结合起来,选择一个难度适中的问题开始从事学术研究。这种选择既有利于自己对问题的控制,又容易在规定期限内做出成果,同时,这种选择既培养了研究兴趣,又增加了研究的自信。

在确立选题的过程中,还要注意如下几种常见的学术不端行为。

(1)严禁故意夸大研究课题的科技含量、经济价值和社会影响。很多时候,由于科研项目申报中的激烈竞争,导致申报人为了在竞争中胜出,容易夸大选题意义和价值,尤其是工学类项目多是非常专业的涉及工程实践、技术改进等环节遇到的问题,外人无法准确了解其价值和意义,这就为申报者留出过大的表达自由裁量的空间,从而造成评审的误判,这是研究生在开始科研工作时必须要加以注意的。

(2)在确立研究课题时,尤其是在项目申报环节还需要避免一种学术不端行为的发生,即抄袭、剽窃他人的研究成果或观点。在学术交流日益频繁的今天,很多新颖观点和理念很容易在交流中流出,它不像正式发表的学术论文有据可查,一旦发生优先权纠纷时很难判定。因此,更应该杜绝这种有意或无意的剽窃行为,否则正常的学术交流体制会被摧毁。

二、查阅文献资料

在选题、意义和目标都明确的前提下,还要做一项基础性工作,即文献的检索与利用。因为任何科研工作都是继承性与创新性的有机结合,而要实现创新性,就必须对前人的工作有很好的了解,知道前人工作的成就以及存在的不足,只有在充分掌握这些信息的情况下,创新性工作才有坚实的基础。这就要求研究生在开展工作前必须做好信息的检索与收集工作。"信息的获取与利用,对于研究生来说主要就是文献的检索、阅读、分析与利用。"[①]在充分掌握文献的基础上,可以清晰地把握国内外研究者对于拟选课题已经做了哪

---

① 张光明,张宝杰,张盼月. 成为合格的科学家——理工科研究生入门手册. 高等教育出版社,2007年,第9页.

些工作、取得了哪些成果、存在的问题是什么、发展趋势如何,这种基础性工作可以防止重复性研究,并且可以帮助清理思路,寻找有针对性的解决路径,将有限的时间和精力用于创新性工作。据介绍,科研工作在时间投入上几乎有 50% 是用来查询文献资料、32% 用于实验研究,也就是说,文献资料的查询和利用占了主要的科研时间和精力,而且文献的查询贯穿于整个科研过程。[1] 那么,在科技信息如此丰富的当下,应该如何查阅相关文献信息呢? 根据学者们的研究,当代文献发展的趋势与特点有如下 5 个。

(1) 文献数量急剧增长。文献数量激增,一方面说明文献信息资源的丰富,另一方面也给人们有效地选择、获取、利用所需文献造成一定的障碍。

(2) 文献内容交叉重复。现代科学技术交叉渗透,导致知识的产生和文献的内容也相互交叉、彼此重复。

(3) 文献寿命缩短,新陈代谢加速。

(4) 文献分布集中又分散。由于各专业之间的渗透与相互联系,导致文献资源的专业性质难以固定,会出现同一学科的论文分散在许多相关学科的刊物上,导致查找困难。

(5) 文献载体、语种及译文大量增加。[2]

从文献的这些发展特点可以明确地感觉到,快速高效地找到自己研究所需要的文献已经成为能否胜任科学研究的一项基本功,在查找文献的环节上,需要了解文献的一些基本分类方法。目前国内常用的文献分类方法主要有以下两种:其一,中国图书馆图书分类法,简称"中图法",它的分类原则是按照总分模式,即把所有图书按

---

[1] 张光明,张宝杰,张盼月. 成为合格的科学家——理工科研究生入门手册. 高等教育出版社,2007 年,第 10 页.

[2] 徐军玲,洪江龙. 科技文献检索. 复旦大学出版社,2004 年,第 9—10 页.

知识门类分成 5 大类(马列、哲学、社会科学、自然科学与综合性图书),再细分为 22 个大的学科门类,用英文字母标出分类。工科类研究生所需图书范围在自然科学大类里(如 N 自然科学总论、O 数理科学和化学、P 天文学和地球科学……T 工业技术、U 交通运输、V 航空航天、X 环境科学,等等)。其二,国际十进分类法,这是比利时学者鲍威尔·奥特勒等人在杜威十进分类法基础上改造而成的,这个分类把人类全部知识分为 10 大类,序列如下:0. 总论;1. 哲学、心理学;2. 宗教、神学;3. 社会科学、法律、行政;4. 空缺(语言学移到第 8 类);5. 数学、自然科学;6. 应用科学、医学、工学、农学;7. 艺术、美术、摄影、音乐、娱乐等;8. 语言学、文学;9. 地理、传记、历史。理工科类研究生所要查找的图书在第 6 大类里。

有了上述关于文献特点与分类的简单介绍,下面再来简要看一下如何查找到自己课题研究所需要的资料。由于计算机技术的发展,为文献的检索提供了便捷的方式,下面主要介绍 3 种检索工具。

(1) 中文检索工具。目前各高校最常用的中文检索系统是中国知识基础设施工程(CNKI),这是 1995 年在多部门的协同配合下,由清华大学牵头建成的世界上最大的中文数字图书馆,涵盖了自然科学、工程技术、人文社会科学期刊、博士硕士论文、报纸、图书、会议论文等公共知识信息资源。[①] CNKI 包含 7 大数据库,可以根据自己需要进行检索。2000 年以来的各类文献基本上都可以找到,目前设置越来越科学,功能也越来越强大,可以根据自己的需要按主题、作者、关键词等进行搜索。很多功能可以深入开发,鉴于各高校都在使用,不再赘述。

(2) 外文检索工具。目前了解国际学术文献信息最便捷的检索方式是科学引文索引(SCI),这是美国科学情报研究所于 1961 年

---

① 潘杏仙. 科技文献检索:入门与提高. 安徽人民出版社,2008 年,第 71 页.

创立的文献检索工具,它的理论基础来自美国加菲尔德 1953 年提出的理论。SCI 检索路径主要有关键词、作者和作者机构。另外,还可以通过 web of science 进行检索,这是美国汤姆森科技信息集团基于 Web 开发的产品,是大型综合性、多学科、核心期刊引文索引数据库,包括三大引文数据库: 科学引文索引(Science Citation Index,即 SCI),社会科学引文索引(Social Science Citation Index,即 SSCI)和艺术与人文科学引文索引(Art & Humanities Citation Index,即 A&HCI),以及两个化学信息事实型数据库等。这些资源都是查找相关文献的有力工具。对于工学类研究生而言,还有一个非常重要的文献检索源,即美国工程索引(The Engineering Index,即 EI),这是一种大型的、综合性文献检索工具,由美国工程索引公司编辑出版,创办于 1884 年。EI 概括报道工程技术各个领域的文献,它提供的网络版是 EI 网络版(EI Village)。[①] 检索路径仍然是主题索引、作者索引、作者单位索引、工程出版物索引等。对于工科类研究生而言,由于研究课题与工程技术实践有更多关系,因而,学习、利用好 EI 索引可能用处更多一些。另外,英国电气工程师学会(IEE)编辑发行的《科学文摘》(Science Abstracts,即 SA,创刊于 1898 年)也是需要经常查阅的,它分 4 个专辑:A 辑,物理文摘,包括物理的声、光、电、磁等几乎所有内容;B 辑,电气与电子学文摘;C 辑,计算机与控制文摘;D 辑,信息技术文摘。SA 同样提供了网络检索平台,检索路径与上述平台大同小异。

　　(3) 特种文献及其数据库检索。还有一些文献存在形态比较特殊,介于图书与期刊之间,这类文献就是特种文献,目前最多的是学位论文、会议文献、科技报告、专利文献等。比较有影响的检索系统有: 学位论文数据库 PQDD,这是美国 ProQuest 公司开发的,包

———————————

① 潘杏仙. 科技文献检索: 入门与提高. 安徽人民出版社,2008 年,第 100—102 页.

括从创始之初的 1861 年的博士论文,文献非常丰富。中国知网同样提供了数量庞大的优秀博士、硕士论文全文数据库。另外,美国科学情报研究所出版了著名的学术会议文献索引,即《科技会议录索引》(ISTP),蕴含了丰富的文献信息,研究生在做研究时也需要及时关注。

最后,谈一下文献整理工作。这里涉及两个问题:其一,文献的分类。这是日常科研工作的需要,可以方便及时查找,在文献数量日益庞大的今天,这个工作越发显得重要。其二,学术论文与学位论文参考文献的整理。学术论文参考文献的整理工作应根据不同学术期刊的要求来处理;学位论文的文献整理应根据各个学校的要求仔细编排。文献整理个工作的意义有两个:首先,给该选题研究提供牢固的研究基础,使研究结论真实可靠,同时也给后来的研究者提供一条清晰的思考线索;其次,一个严谨的文献编排,可以培养研究生的严谨学术风格以及给阅读者留下一个非常好的印象,这一点常常被研究生忽视。

综上所述,在确定问题到查阅文献的过程中要时刻牢记如下5 个环节:明确问题→明确意义→明确目标→文献检索与利用→文献的整理。在利用文献的过程中,一定要注明文献的来源,不能抄袭、剽窃别人的学术观点,应树立诚信的学术品格,这是基本的学术规范要求。如果再细分,那就是严禁在学位论文或公开发表的作品中,不加注明地使用他人(包括指导教师、授课教师以及从会议上获得的观点)的成果。随着文献种类的增多,研究生在研究成果中引用他人的文献,包括观点、方案、资料、数据等,无论是纸质或电子版的,均必须注明出处。要引用原作者的原始文献和第一手资料,慎用或者不用转引和笼统引用。要详尽注明文献出处,以利于读者进一步查找。模型、图表、数据也应注明出处。转引他人成果既要注明转引出处,又要注明原文出处。

三、设计研究方案

对于工科类研究生的学术研究程序来说,在确立选题之后,就是大量地查阅文献,在此基础上,明确研究方向与目标,确立有针对性的研究方案,并提出猜想、假说以及具体的解决措施,为问题的解决提供有力的论证。在实现这个目标的过程中,最重要的就是实验设计,好的实验设计是研究成功的重要前提,没有坚实的实验支撑,任何假说与猜想都没有实际意义,实验也保证了研究结果的可重复性。

一项好的研究方案要基于如下 4 个原则。

(1) 科学性原则。研究设计要符合科学性原则。

(2) 创新性原则。要尽可能在研究设计中采用新观点、新概念、新方法、新技术,以及自己的独到见解。

(3) 规范性原则。在制定及实施研究计划时,要严格按照有关管理规范操作,才能减少差错和遗漏。

(4) 统计学原则。在诸如分组、采用指标、数据表达、误差控制等方面,都应预先考虑研究结束后的数据统计方法以及注意事项。[1]

强调设计研究方案时应遵守基本原则,是因为只有时刻提醒自己基于科学规范,由此得出的研究结果才能增进人类知识的库存,否则只会造成时间、精力与资源的浪费。

工科类研究生大多参与过导师的科研项目申报与实施,这个流程就是一个清晰的研究方案设计框架,大体来说,一项完整的研究方案包括如下内容。

(1) 选题依据。通常包括选题背景与研究意义两个方面。前面介绍过的确立选题与查阅文献环节就是用来完成这部分内容的。

---

① 张伟刚. 科研方法论. 天津大学出版社,2006 年,第 69 页.

（2）研究内容与创新点。

（3）研究目标与研究计划。

（4）拟解决的关键问题。

（5）技术方法与路径。

在一项好的研究设计方案里,创新点与拟解决的关键问题直接相关,换句话说,如果创新点不成立,拟解决的关键问题就无法真正解决,在这两者之间还存在一个桥梁,即技术方法与路径,缺少这个环节,再好的创新点也无法实现。而要保证技术方法与路径得以发挥效用,实验设计就是一项研究成功与否的关键节点。

实验设计是以概率论与数理统计为理论基础、合理安排实验的一种方法论。它研究如何高效而经济地获取数据信息,科学地分析处理,从而得出正确的结论。实验设计的创始人是英国农学家、遗传学家与统计学家费舍尔。有效地进行科学实验,必须用科学方法来设计。通常的实验设计有如下步骤。①

（1）问题的识别和问题的提出方式。将问题阐释清楚并变为可接受的题目不是简单的事情,需要弄清有关实验目的的全部想法。因此,清晰地提出问题对更好地理解现象和最终求得问题的解答有重大帮助。

（2）因素和水平的选择。实验者必须选择在实验中准备用来处理的因素,以及在做实验时规定这些因素的水平。最好是保持低的因素水平(最经常用的是两个水平)。

（3）响应变量的选择。在选择响应变量时,实验者应确信这一变量真正会对所研究的过程提供有用的信息。

（4）进行试验。谨慎监视实验的过程以确保每件事情都按计划做完是非常重要的,将观察到的现象与数据如实、准确地记录

---

① 毕润成.科学研究方法与论文写作.科学出版社,2008年,第74页.

下来。

（5）数据分析。分析数据应该用统计方法，使得结果和结论都是客观的，而不是主观臆断。

（6）结论和建议。根据实验观察的现象和记录的数据，通过分析、计算、图表推理等处理归纳出一般概括和判断，并用文字和图表等方法给出总结。

实验设计应该遵循 3 个主要原则。

（1）随机化原则。随机化原则是实验设计使用统计方法的基石。将实验进行随机化处理，一是可以消除或减少系统误差，使显著性检验有意义；二是有助于均匀可能出现的外来因素的效应，避免实验结果中的误差。①

（2）重复原则。所谓重复，就是将一基本实验在相同的实验条件下可以多次重复，并得出相同的结果。这是实验的科学性的体现。

（3）局部控制原则。所谓局部控制，是指在实验时采取一定的技术措施或方法来控制或降低非实验因素对实验结果的影响。

上述 3 个原则是实验设计中必须遵循的原则。再配合相应的统计分析方法，就能够最大限度地降低实验误差。近年来又发展出一些指导实验的原则，如对等原则、平衡原则、弹性原则与经济原则等。

在实验设计中，特别应该提请注意的是控制参数及水平的选择问题。通常根据实验的目的而选择控制参数，并确定其所需考察或需衡量其效果的特征值，也就是控制参数水平。通常控制参数水平有 3 个标准：该参数对将要进行的实验具有非常重要的影响；该参数可以比较准确地控制；该参数的控制具有较显著的科学意义或实

———————

① 毕润成.科学研究方法与论文写作.科学出版社，2008 年，第 77 页.

践意义。[①]

总之,一项科学合理的实验设计应该能满足 3 点要求:实验次数尽可能少;实验数据便于分析与处理;能得到满意的结果。[②]

实验设计是工科类研究生的主要科研活动,在此过程中涉及环节众多,全程监控几乎不可能,这就要求研究生时刻本着学术研究规范与科研行为准则,认真做好实验,不得马虎与弄虚作假,如果这个环节出现问题,一旦被核实,将成为非常严重的学术不端事件,并很可能危及职业前途。

四、获取数据与事实

研究生在经过研究方案的设计与实施过程后,积攒了大量数据与资料,这些数据与事实应该如何处理呢?这是研究工作中最有技术含量的工作。通常,由实验获得的原始数据是粗糙的、凌乱的,如何把这些信息合理表达出来,并把其内在机制揭示出来,是所有研究中最重要的工作。仅仅通过对实验数据的简单罗列和描述,只能看出比较明显的和表面的变化规律,这是不够的,也是对实验的浪费。将复杂的数据转化为简单的语言,揭示数据背后所隐藏的规律,必须借助于一定的方法,即用一定的方法对采集的数据进行处理。所谓的数据处理,就是运用数理统计方法对数据进行处理,主要包括数据的收集、整理和分析,并根据分析结果对研究对象进行科学推断,揭示其内部隐藏的规律。学者冯长根曾指出:统计分析不当是导致相当一部分科学研究失败的祸根。[③] 数据处理的主要内容有描述性统计(平均值、方差、标准方差、最大值、最小值等)、假设

---

① 张光明,张宝杰,张盼月. 成为合格的科学家——理工科研究生入门手册. 高等教育出版社,2007 年,第 15 页.

② 同上,第 14 页.

③ 冯长根. 如何开始科学研究. 中国科学技术出版社,2013 年,第 40 页.

性检验和变量间关系(相关与回归)。① 在数据分析环节,主要需加以注意的问题是对误差的分析。大体来说,误差可以分为 3 类:①系统性误差即按某一确定规律变化的误差,测量值对真值的偏离总是相同的。②偶然性误差是指在条件不变的情况下多次测量时,误差的绝对值和符号变化没有确定规律的误差。偶然性误差难以排除,但可以用改进测量的方法和数据处理的方法,减少对测量结果的影响。③粗差是指测量结果的明显误差,如测错或读错、记错、实验条件错误等。这些主要是由疏忽大意、操作不当或设备出现故障引起的明显不合理的错值或异常值,稍加仔细便可排除。②

在数据处理分析中要遵循 3 个基本原则。

(1)真实性。数据的真实性是科学研究的生命,是数据整理与分析的第一标准。只有建立在真实数据上的分析以及得出的结论才具有意义,虚假的数字无论如何分析整理,都没有任何价值。

(2)严谨性。严谨性是科研工作的基本要求。从实验设计、数据采集、数据分析、整理、结论诸环节,都必须符合严谨性原则。

(3)规范性。实验数据是通过图表的形式来报道的,图表具有很多格式,可以任意选择自己熟悉、使用方便的格式,但必须符合规范。这里可以细分为两个问题:一是统一性,即数据报道采用统一格式;二是自说明性,即只看图表,就可以充分了解信息,这就要求图表的标题、单位等必须清晰、明确。③

在获取数据与事实的过程中,工科类研究生要严格遵守如下基本学术规范:研究工作的原始数据必须详细记录,妥善保管。原始

---

① 毕润成.科学研究方法与论文写作.科学出版社,2008 年,第 145 页

② 张光明,张宝杰,张盼月.成为合格的科学家——理工科研究生入门手册.高等教育出版社,2007 年,第 49 页.

③ 同上,第 57 页.

记录应包括实验日期、研究内容和目标、实验方法、操作步骤、实验现象、实验数据(如分析数据、谱图、照片等)、证明人签名等内容。原始记录的内容应尽可能详细,要足以让他人能够按照原始记录重复出某一实验。这期间要避免出现各类严重学术不端行为:严禁捏造、篡改自己或他人的研究成果、实验数据或引用的资料。下面介绍一个非常有影响的实验数据造假的案例。

案例 2.3.1

王志国被取消"千人计划"入选者资格[①]

2011 年 8 月 25 日,科学网曾经编译《王志国与杨宝峰课题组撤销两篇国际期刊论文》一文。《生物化学期刊》(JBC)近期刊登撤销声明称,应作者要求,撤销"千人计划"入选者、加拿大蒙特利尔大学教授王志国课题组与中国工程院院士、哈尔滨医科大学教授杨宝峰课题组合作的两篇与心脏研究有关的论文。

案件当事人王志国是第四批"千人计划"的入选者,他原是加拿大蒙特利尔心脏病研究所教授,原本已功成名就,正处于干事业的阶段,可惜利欲熏心,自毁前程,令人惋惜。

蒙特利尔心脏研究所与蒙特利尔大学也开始着手进行相关调查,最终认定论文中的图片涉嫌造假。据加拿大广播公司(CBC)报道,王志国等人称撤销这两篇文章的原因是用于说明实验数据的图片被"混淆",而论文其余数据正确无误,实验结果也可以重现。但是,调查此事的独立委员会却不这么看:"论

---

① http://news.lnd.com.cn/htm/2011-09/08/content_1930827.htm.

文所用的图片为什么被人为地篡改?"

王志国为自己的学术不端行为付出巨大代价。在此前获得的哈尔滨医科大学"千人计划"称号被国家取消,因学术不端蒙特利尔心脏病研究所关闭了他的实验室、免去了他的科研权利。他的6篇学术论文也被相关期刊撤销。

原本功成名就的"千人计划"学者因学术不端受到应有处罚,重新回到原点。这个案例如警钟一般告诫我们:在实验数据的获取、处理环节,千万不可心存侥幸,以为别人发现不了;即便短期发现不了,也会给自己未来的学术生涯留下巨大的隐患;一旦被发现,后果真的很严重!

五、形成学术成果

工科类研究生在确立选题之后,要就某个具体的研究领域和方向展开广泛的查阅文献以及调研工作,在此基础上,提出大胆的假设与猜想等。然后,在实验室精心设计实验方案,收集与处理所获得的实验数据信息,以此验证事先提出的假说与猜想是否正确。这些都是工科类研究生所面对的主要科研工作内容。这个过程从社会学角度来说有两个职能:其一,为社会制造知识;其二,这些知识的获得是有成本的,尤其是有些工科类试验的成本很高,如果这些研究经费来自国家各类基金,那么,这些研究成果必须造福社会,这就要求工科类研究生必须把自己的研究结论以成果的形式发布。对于工科类研究生来说,形成的学术成果主要有3种形式:一是学术论文;二是专利申请;三是学术会议报告。下面分别将3种形式的学术成果特点与注意事项做简单说明。

(一) 学术论文

根据《中华人民共和国国家标准 GB773 - 87》中的明确要求:学术论文是某一学术课题在实验性、理论性或观测性上具有新的科学研究成果或创新见解和知识的科学记录;或是在某种已知原理应用于实际中取得新进展的科学总结,用以在学术会议上宣读、交流或讨论;或者在学术期刊上发表;或者为其他用途的书面文件。[1] 把国家标准的精神分解到研究生的学术论文写作中,一般应该包括如下 3 个方面:充分体现研究生从事创造性科学研究的能力;用相关学科的思想或方法、技术解决特定工学领域问题的能力;学术论文的写作,严格遵守学术道德与学术规范,体现严谨的学风与科研品格,引用他人成果如实注明,不可篡改与伪造证据,力求证据详实可靠,避免武断,论证过程符合逻辑严谨的要求,论文的主要创新点要突出,而且为作者所独立完成。[2]

(二) 专利申请

专利也是一种学术成果。为了保护知识产权,工科类研究生的很多研究成果最终要以专利形式存在。目前国家专利局把专利分为 3 类,分别是发明专利、实用新型专利与外观设计专利。在此基础上,国家把所受理的发明创造专利划分为 16 类,其中绝大多数都属于工科领域。这是工科类研究生与其他学科类研究生形成学术成果不同的地方。在撰写专利的时候,要本着两个优先原则。

(1) 专利撰写前要先科技查新,以确定欲申请的专利是否具有创新性。若查新结论表明,将要申请的专利在相关的专利文献上已有类似报道,或者其发明点或关键技术已经有人申请或者授权,则

---

[1] 李德华. 学术规范与科技论文写作. 电子科技大学出版社,2010 年,第 240 页.
[2] 张光明,张宝杰,张盼月. 成为合格的科学家——理工科研究生入门手册. 高等教育出版社,2007 年,第 62 页.

应改变技术的研究方向或者在其基础上进行更深入的研究,以期获得真正处于领先地位的发明点或关键技术。

（2）专利申请要先于论文投稿。此项原则要求研究者先申请专利,得到批准后再撰写论文并发表。特别是对那些适合申请专利的新技术、新工艺,必须在论文投稿前及时申请发明或实用新型专利,不可拖延。否则与论文相关的专利申请将因其关键技术已经公开而被驳回。[①]

上述两个原则对于工科类研究生非常重要。

专利的实质是对研究者发明创造出来的成果进行保护,以此鼓励知识生产。然而,发明创造都是有风险的,专利申请者在发明创造阶段应该时刻警惕如下 6 个因素。

（1）切忌重复已有的发明或者创新程度不够的发明。

（2）不要贪大求全,要针对有选择的发明点进行攻关。

（3）发明周期尽量缩短,否则可能会被淘汰。

（4）注意发明创造所受环境资源的制约。

（5）面对风险,发明创造者要有足够的心理承受准备。

（6）要及时整理、提炼新思想、新方法并申请专利,保护知识产权。[②]

对于工科类研究生,要时刻牢记,专利也是一种非常重要的学术成果,而且与社会生活的关系更为密切。

（三）学术会议报告

参加学术会议并做相关主题报告也是研究生的一项重要学术成果。毕竟学术会议是同行进行学术交流的一个非常重要的渠道和舞台,而且经常是最新研究信息的发布平台。会议报告与学术论

---

① 张伟刚. 科研方法导论. 科学出版社,2009 年,第 155 页.

② 张伟刚. 科研方法论. 天津大学出版社,2006 年,第 165 页.

文的写作有些区别,毕竟在有限的时间内把自己的观点亮明并向参会者阐释清楚,也是一项非常复杂的研究工作。准备报告需要关注以下 3 个内容。

(1) 明确报告题目。原则是言简意赅,切中主题。

(2) 准备报告提纲。结合会议要求与自己的偏好选择合适的提纲。

(3) 制作漂亮的 PPT。一份好的 PPT 能够对知识传播与获得同行承认起到不可估量的重要作用。

一旦报告内容被审查通过,参加会议的文章会被收录,被收录文章的写作就要按照正式论文模式写作。正如张伟刚教授总结的,准备会议报告需要注意如下 5 点。

(1) 成果突出、创新性强是参会的基础。

(2) 提纲简明、准备充分是报告的前提。

(3) 句法准确、语言流畅是必备的技能。

(4) 听懂提问、认真回答是负责的态度。

(5) 诚恳谦虚、举止得体是成功的保证。[①]

做到上述这些,基本上就完成了一次非常成功的学术会议之旅。参加学术会议,切忌夸大意义和说没有根据的结论;不能借机剽窃别人未发表的观点,也要善于保护自己的观点不被剽窃。这是工科类研究生在研究过程中经常遇到的形成学术成果的形式以及注意事项。工科类研究生认真按规范行事,养成良好的学术风格,必将受益终生。

综上所述 5 个阶段是工科类研究生科研活动的主要方面,在这些阶段中每一处都容易发生学术不端行为。如收集与处理数据时出现的伪造、弄虚作假,以及成果撰写时出现的剽窃等不端行为,这

---

① 张伟刚. 科研方法论. 天津大学出版社,2006 年,第 192 页.

是时刻需要警惕的学术诚信生命线。随着科技向纵深方向发展,科研不端行为也逐渐出现升级换代的趋势。但是,不论情况如何变化,让我们重温 1995 年美国科研道德建设委员会(OSI)对科研不端行为的郑重声明:"盗取他人的知识产权或成果、故意阻碍科研进展或者不顾有损科研记录或危及科研诚信的风险等严重的不轨行为。这种行为在计划、完成或报告科研项目、或评审他人的科研计划和报告时,是不道德的和不能容忍的。"①对于年轻的研究生而言,学术不端行为何止是不道德的,其实它无异于学术自杀行为。无数惨痛的事例一再证明,这个代价我们负担不起。对此,我们只有像爱惜自己的生命一样去爱护自己的学术诚信记录。

本节推荐进一步阅读的文献

[1] 尼可拉斯·威廉·董海军导译. 研究项目的实施:手把手指南. 重庆大学出版社,2013 年.

[2] Nicholas H. Steneck. 曹南燕导译. 科研伦理入门——ORI 介绍负责任研究行为. 清华大学出版社,2005 年.

第四节　农科类研究生学术研究规范

一、研究课题的选择与申报

(一)研究课题的选择

就研究课题的选择而言,研究人员应遵循以下原则:

(1)研究人员应当基于学科发展、社会需求和自身已有的研究

---

① 美国医学科学院,美国科学三院国家科研委员. 苗德岁译. 科研道德:倡导负责行为. 北京大学出版社,2007 年,第 7 页.

基础,结合研究的学术价值、社会影响以及可行性等确定研究题目。不应脱离学科规律、偏离社会需求而一味力求新意,或盲目追求学科前沿、热点、难点而选择不切实可行的选题,进而造成因选题不当而诱发的伪造、篡改与剽窃等行为。

研究人员应从主观和客观两方面进行选题。主观方面是指研究人员自身的知识积累与学术能力、对课题的兴趣和了解程度等;客观方面是指资料、时间、经费、实验条件等。如果是应用性的选题,还应考虑成果的应用、开发、推广等。一旦因某种原因致使选题的进行出现问题时,研究人员应实事求是地对选题予以调整甚至取消。

(2)选题必须具有意义。基础性选题要具有科学理论意义和前沿性;应用基础性选题要在具有学术价值的同时,显示有良好的应用前景;应用性选题要能解决生产实际的关键技术问题。但不应盲目夸大、虚构选题意义。特别是鉴于农学自身的以应用性为主的学科特征,其选题应立足于为生产第一线服务的原则,不能脱离农业发展现状,应有助于农业事业的发展。

(3)确立选题之前,应当进行充分的调研,包括文献调研和实践调研。要通过实地考察、数据库和检索工具、学术会议、学术报告等方法与途径来搜集、整理、研读国内外相关研究成果等,掌握该领域的研究动态、研究方法、研究成果以及相关学科的重要文献等,进而确保选题的新颖性,即应建立在高质量的综述基础之上展开选题工作。在此过程中,要客观、公正、诚实地评述已有研究,并尊重他人的研究成果,不能为了某种目的而进行隐瞒、淡化。

(4)选题应当具有创新性。所谓选题的创新性是指所选课题为目前尚未解决或尚未完全解决的、预期经过研究可获得一定价值的新成果的选题。因此,选题应注重探索前沿,要有特色和创新,体现有新观点、新理论、新方法、新技术等,不能单纯地仿造或略微改造已有的类似研究,不能停留在验证已有研究上。

(5) 研究人员要注意选题的相关伦理问题。若选题涉及人类受试者、实验动物或者需要使用涉及生物安全和生命伦理等问题的特殊材料,需要审批许可,不能违背政策、法规、条例、准则等的相关规定。在自己无法做出准确的判断时,应及时向有关机构与部门咨询。

(二) 研究课题的申报

就研究课题的申报而言,研究人员应当注意以下 3 点。

(1) 研究人员应依据客观、诚实和正当的原则填报申报材料。应保证申报材料中所写内容的真实性与准确性,应如实填写申请人和课题组成员的个人信息,不得虚构、编造课题组的前期研究成果、学术水平和研究能力,不得伪造课题组成员的姓名以及学术成果;应征得申请人所在单位的同意,应征得课题组成员本人及其所在单位的同意,不得冒他人签名,不得伪造单位证明;应有理有据地合理填写科研经费预算,对资助机构负责,不得为了争取更多的科研经费而任意撰写经费栏目与额度,不能将已经完成的研究工作费用开支列入预算;应科学、合理、恰当地撰写研究内容、研究方法、研究过程、研究的难点以及创新之处等,不得夸大课题的理论意义与实际意义,不得抄袭他人的申请书。

在我国国家自然科学基金委员会监督委员会《关于加强国家自然科学基金工作中科学道德建设的若干意见》中,明确提到申请基金材料真实性的要求。例如,在"一、坚持求真务实,反对不端行为"中写道:

(一) 申请科学基金要客观、真实地填报申请材料,保证所提供材料的真实性和有效性;不得在依托单位、个人学历、专业技术职务、履历以及签名等方面有弄虚作假甚至伪造的行为。要客观、准确地评述他人的研究成果和自己的贡献,并注明出处;反对伪造、篡改科学数据、抄袭他人申请书、剽窃他人学术成果等行为。

（二）评议评审者要对所评科学基金项目的创新性、科学价值、研究目标、研究方案及研究人员的研究基础等独立做出判断和评价,要明确具体、科学准确、实事求是地提出评议评审意见,自觉维护申请者的权益;反对抄袭剽窃申请书的内容和学术思想。

（三）从事科学基金项目研究的人员要科学设计、精心实施,合理使用研究经费,保证项目的研究质量和科学数据的可靠性;要真实地提供评估、验收和结题材料;在论著中引用他人的成果,必须注明出处;反对抄袭、剽窃他人学术论著和伪造科学数据等行为。[①]

下述案例是关于我国科研人员在课题申报过程中学术不端行为的报道。在此案例中,申报人员所报项目源自他人的申请书,造成严重的不良影响,最终受到相应的制裁与惩罚。

案例 2.4.1

关于中国水利水电科学研究院李贵宝
申请国家自然科学基金项目弄虚作假的通报

中国水利水电科学研究院李贵宝 2001 年和 2003 年分别申请国家自然科学基金项目并获得资助,项目名称为"水陆交错带中芦苇根孔的动态和功能研究"(项目批准号：50179040)和"湖泊水库底泥处理的新型生态技术"(项目批准号：50379057)。经核实,李贵宝的"50179040"号项目申请书抄袭了王某申请书的摘要、研究目标、研究内容、拟解决的关键问

---

① 国家自然科学基金委员会监督委员会. 关于加强国家自然科学基金工作中科学道德建设的若干意见. http://www.nsfc.gov.cn/nsfc/cen/00/its/nsfc990916/20060811_001.html.

题、技术路线、研究方法、可行性分析、本项目创新之处、预期研究成果、立论依据以及经费预算等内容;"50379057"号项目申请书抄袭了尹某申请书的主要研究内容、拟解决的关键问题、本项目的创新之处以及年度研究计划及预期进展等内容。

李贵宝抄袭他人申请书,违反了国家自然科学基金项目管理有关规定,违背了科学道德,对国家自然科学基金的声誉造成了不良影响。根据国家自然科学基金委员会监督委员会《对科学基金资助工作中不端行为的处理办法(试行)》第十七条第一款和第十六条第三款的规定,经国家自然科学基金委员会监督委员会常委会议研究,决定给予李贵宝通报批评,撤销其已获资助的"50179040"和"50379057"号项目,收回所有已拨经费,取消其项目申请资格3年(2005—2007年)。①

在国外,也有诸如此类的事情,参见下例。

案例2.4.2

乔恩的造假行为

2007年,美国公共卫生署发现,奥斯陆大学前博士生与挪威肿瘤医院肿瘤内接和放射科的前医生乔恩在向美国国家癌症研究中心、国立卫生研究院递交的申请书中有造假行为。

公共卫生署认定:乔恩在申请书的研究计划中杜撰了"用

---

① 国家自然科学基金委员会. 关于中国水利水电科学研究院李贵宝申请国家自然科学基金项目弄虚作假的通报. http://www.nsfc.gov.cn/nsfc/cen/00/its/jiandu991013/20050818_03.html.

肿瘤分子靶向治疗防治口腔癌"的基本原理;在申请书的研究背景和研究意义部分,伪造了口腔癌变期幸存患者的癌变率影响结果;在申请书的研究基础部分,编造了他在这一研究领域的经历,而这些经历被调查委员会证明是"纯属虚构"。此外,乔恩还在第一年的研究进展中造假。

公共卫生署最后裁定:乔恩需要签署一份自愿排除协议,即从 2007 年 8 月 31 日开始,永远不再参与任何美国政府机构的研究,永远不再参与公共卫生署的任何咨询活动。①

(2) 研究人员应明确课题组成员的分工、责任与利益,并达成预先协议。应就课程组成员及排名、经费分配、人员分工、设备使用、成果归属(论文和专利权等)、署名次序等事宜进行事先协商,形成契约,做到公开透明、公平公正;不应暗箱操作、分配不公,进而避免研究中可能出现的利益冲突。

(3) 在申报课题期间,对项目评审人员和管理人员要避嫌;不应拉关系、走后门,更不能采用贿赂、威胁的手段去企图获取课题。

在 2007 年 2 月 14 日国务院第 169 次常务会议通过的《国家自然科学基金条例》(中华人民共和国国务院令第 487 号)中指出:

第三十九条　违反本条例规定,有下列行为之一,构成犯罪的,依法追究刑事责任:

(一) 侵吞、挪用基金资助经费的;

(二) 基金管理机构工作人员、评审专家履行本条例规定

---

① 科学技术部科研诚信建设办公室组织编写. 科研诚信知识读本. 科学技术文献出版社,2009 年,第 42 页;http://ori. dhhs. gov/misconduct/cases/Lin. shtml.

的职责,索取或者非法收受他人财物或者谋取其他不正当利益的;

(三)申请人或者项目负责人、参与者伪造、变造国家机关公文、证件或者伪造、变造印章的;

(四)申请人或者项目负责人、参与者、依托单位及其负责基金资助项目管理工作的人员为谋取不正当利益,给基金管理机构工作人员、评审专家以财物的;

(五)泄露国家秘密的。

申请人或者项目负责人、参与者因前款规定的行为受到刑事处罚的,终身不得申请或者参与申请国家自然科学基金资助。①

二、查阅文献资料

一项研究课题的展开需要基于文件调研和实践调研的基础上。因此,在文献调研(即查阅文献资料)的过程中,应遵循学科研究的道德规范,注意文献调研的充分性、客观性与规范性。

(1)充分性。要进行充分的文献调研工作,这有助于研究生掌握其所从事的研究工作的研究状况,为其研究工作的开展提供必要的知识积累。同时,也有助于避免研究工作的重复、研究资源的浪费,并能确保其研究课题的创新性。

(2)客观性。在文献调研过程中,因遵循客观性原则,尊重并公正、公平地对待已有的研究。既不能断章取义,也不能为凸显自身的研究工作,而刻意将某些文献资料规避、隐瞒、淡化等。

---

① 国家自然科学基金委员会. 国家自然科学基金条例. http://www.nsfc.gov.cn/Portal0/InfoModule_544/29249.htm.

（3）规范性。应依据学术规范对所查阅文献进行分类研究与综述。在此过程中，要规范地使用文献（包括电子数据库）、准确地翻译外文文献、系统地梳理与归纳文献中的数据等。

三、设计研究方案

农学类课题的研究方案应以符合农业自身的发展规律为前提，不能脱离农业发展的现状。在设计研究方案时，应充分考虑在研究中的每一个环节（包括试验目标、具体的试验方法、所涉及的研究对象等）可能出现的伦理道德问题，不得违背相关的伦理道德规范。

案例 2.4.3

美国塔夫茨大学就"黄金大米"试验致歉：
在获取知情同意过程中存在纰漏

美国塔夫茨大学 18 日①就"黄金大米"试验发表声明，称该校已完成针对 2008 年在中国进行的黄金大米研究调查。调查结果表明，虽然研究数据通过验证且并未发现健康及安全隐患，但是研究本身并未在完全遵循塔夫茨伦理审查委员会规定和联邦条例的情况下进行。塔夫茨大学"对此事件造成的违反既定协议和标准的行为表示歉意"。主持研究的该校研究人员汤光文受到处分。

声明称，对汤光文等人以中国儿童为对象进行转基因"黄金大米"人体试验的审查发现，该研究在得到中国相关部门的评估和批准方面证据不足。在获取知情同意过程中存在纰漏，包括对"黄金大米"的转基因属性缺乏明确解释。研究项目负

---

① 注：2013 年 9 月 18 日.

责人在未获取塔夫茨伦理审查委员会批准的情况下,对研究流程进行了改动并予以实施。

声明说:"我们对此事件造成的违反既定协议和标准的行为表示歉意。"针对调查结果,塔夫茨方面采取了实质性的纠正和预防措施。项目负责人汤光文将在两年内不得从事人体研究,并需在此时间段内重新接受人体研究的相关规定与条例的培训。此外,塔夫茨伦理审查委员会还修改了规章程序,对于今后在美国境外或在跨文化背景下实施的研究,塔夫茨伦理审查委员会将会对其进行更细致的审核。

声明说,多重审查显示,研究数据准确,研究成果可信,受试者健康未受研究影响。事实上,研究结果表明,对受试儿童供应一份"黄金大米",可以补充维生素 A 每日推荐摄入量的 50％以上。若将"黄金大米"纳入饮食食谱,儿童健康状况将得到显著改善。

2012 年 8 月,汤光文等在《美国临床营养学杂志》上发表了与"黄金大米"相关的研究论文。研究人员使用转基因大米对 6~8 岁的中国儿童进行人体试验,引起公众质疑。中国疾控中心等机构很快发布通报称,此项转基因试验违反相关规定、科研伦理和科研诚信,中方相关责任人被撤职。[①]

"黄金大米"试验引发社会各方关注。该试验被视为一个严重违背科研道德、缺乏科研精神、触犯公共责任底线的案例。例如,该研究因其在设计与展开过程中存在知情同意获取方面的纰漏而备

---

① 吴成良.美国塔夫茨大学就"黄金大米"试验致歉(求证・后续):在获取知情同意过程中存在纰漏.人民日报,2013 年 9 月 19 日.

受争议。课题组虽曾于 2008 年 5 月 22 日召开学生家长和监护人知情通报会,却未向受试者家长和监护人说明试验将使用转基因的"黄金大米",这恰恰不符合科研伦理中的知情同意原则。因此,在设计研究方案时,一定要系统、动态、全面地分析与其相关的伦理道德问题。

四、获取数据与事实

在科学研究中,"数据指任何形式的用于推理的事实形式。科学数据不只限于数据记录本里的内容。数据记录本里很多我们所谓的'数据',通常被认为是'无形数据'。也就是说,记录本里可以包括手写的或者打印的测量、观察、计算、解释和结论的记录和报告。另一方面,还存在'有形数据',用来描述材料,诸如细胞、组织或者组织片段、生物标本、凝胶、图片和微缩图片,以及其他的有形体现"。[1] 因此,在数据获取的过程中,要注意数据形式的多样性。

(一)数据收集

"数据应该是可靠又完整的。可靠的数据代表了工作和观察的真实结果,如果由于记录者的粗心、自我欺骗或者有意扭曲而偏离了这一标准,数据就丧失了可靠性。数据完整性的前提是采用严谨的态度和优良的科学方法进行数据收集。"[2]因此,在数据收集的过程中,要做到以下 8 点。

(1) 在遵守实验室操作规程和数据采集规范的前提下,选择适当可靠的方法努力收集有意义的数据,并采取正确的统计分析方法

---

[1] 麦克里那. 何鸿鸣译. 科研诚信——负责任的科研行为教程与案例(第 3 版). 高等教育出版社,2011 年,第 205 页.
[2] 同上,第 204 页.

和手段。不能为了所谓的数据有效性，而虚构获得数据的条件、编造或捏造数据，以及有选择地统计和分析数据。

（2）保证数据的真实性与完整性，应适当设计实验、关注实验细节、准确记录，避免遗漏。一个好的数据记录的内容如图 2.4 所示。[①]

有用的数据记录本应该能够解释：
- 你做了什么；
- 你为什么要做；
- 你是如何做的；
- 你是什么时候做的；
- 材料在哪里；
- 都发生了什么（以及没发生什么）；
- 其他人的贡献；
- 接下来的工作。

好的数据记录本应该：
- 表述清晰；
- 结构清晰；
- 准确、完整；
- 使他人能重复你的实验；
- 与资助机构的政策和相关法规一致；
- 对经授权的人开放，保存恰当并有备份；
- 是科学贡献的最终记录。

图 2.4　一个好的数据记录本的内容

（3）在数据收集时，应确保获得许可。包括网络资源、人和动物等作为研究被试、危险的材料与生物制剂等。

（4）进行涉及人类受试者和实验动物的科学研究，必须尊重人的尊严和权利，善待实验动物。对于具有潜在风险的研究应当保持警惕，并严格遵守相关的限制性规定。开展有关转基因动植

---

① 麦克里那.何鸿鸣译.科研诚信——负责任的科研行为教程与案例（第 3 版）.高等教育出版社，2011 年，第 205 页.

物试验时，必须遵守国家有关的《农业转基因生物安全管理条例》。

（5）在实验中涉及以检疫性动植物和微生物为试验材料时，必须遵守国家有关的动植物检疫的法律法规。

（6）在实验中，应通过采取适当的措施，防止动物在实验的全过程中遭受不必要的痛苦、不适或不幸。通过使用非动物模型（如微生物、细胞培养技术、计算机仿真）或者处于较低进化阶段中的物种，通过使用减少动物数目的方法（如物种最少化、选择适当数目的动物模型、动物损失数量最小化）以及谨慎的实验设计减少对动物的伤害。

（7）如果在研究中需要收集人类受试者可辨别的私人信息，包括声音、图像数据等，应当事先征得相关人员或其监护人的知情同意。如果是在公共场所通过自然观察收集信息，而且不能预知使用相关记录会暴露个人身份或对其造成伤害，则可以例外。

（8）田间试验应目的明确、结果正确、试验条件具有代表性、试验结论能够重复。因此，应根据具体要求进行试验设计，确保减少试验误差；明确试验设计方法，如随机区组设计等；确定小区大小和重复次数；合理设置对照及保护行；应按照种植计划书准备均匀一致的试验材料，编号核对、发芽试验、浸种催芽等，按照种植计划书的区域播种或移栽；按照试验方案进行田间管理，自始至终贯彻唯一差异原则；按照试验方案观察记载，精细收获脱粒，用适当方法计产；在必要时要详细记录所在环境的气象条件等。气象条件的记录要按照气象观察规范进行。在取得大量实验资料后，应及时整理数据并输入计算机，形成规范的数据库，正确使用软件进行统计与分析。

案例2.4.4

"乳腺癌·直肠癌临床试验研究项目"在数据收集中的不端行为

"乳腺癌·直肠癌临床试验研究项目"是受美国国立癌症研究所资助、在加拿大蒙特利尔的圣鲁克医院开展的一个研究项目,项目负责人是B·费希尔博士。圣鲁克医院从1977年到1991年2月,为该临床实验项目共提供了1504名患者的数据。1993年4月《通讯》报道了圣鲁克医院的乳腺癌临床数据。

然而,这些数据中有115份被发现存在明显的捏造和篡改现象。参加该项目的主任研究员普瓦松博士、其他医师、临床实验数据管理员和护士接受了调查。调查显示,问题数据出在普瓦松博士直接负责的工作中。为此,普瓦松博士受到了"8年不得在公共卫生局任职,并且不得申请政府津贴"的处罚。费希尔也被认为难脱干系,虽然他没有参与捏造数据,但因责任关系而被美国国立癌症研究所解除项目负责人一职。[①]

(二)数据保存

应了解并遵守所在机构关于实验数据和材料所有权的规定,未经许可不得擅自将实验记录表或其他材料带离实验室。

应通过对实验所用的种植材料(育种材料、品系和品种)严格编号,用列出清单目录等方法予以合理保存。所有实验材料未经导师许可,不得转让合作者之外的个人或单位。

---

① 山崎茂明.杨舰,程远远,严凌纳译.科学家的不端行为——捏造·篡改·剽窃.清华大学出版社,2005年,第82—88页。

应通过对实验用或克隆获得的基因、基因载体、基因文库等基因资源进行严格编号,详细说明其有关信息(如基因名称、载体酶切位点等),用列出清单目录等方法予以合理保存。

应将实验方法与操作步骤、使用仪器设备名称、生产厂家与型号、所用关键性试剂或试剂盒名称、生产厂家与批号、观察与测定的研究结果及实验条件等,翔实地记录在成册的记载本上;用电泳图片或分析仪器获得的记录图也应该附在记载本上。

应当保存所有实验或调查数据(包括未发表的数据)的记录。在不违反保密的规定原则下,所有的研究数据应当对合作者和监督机构开放。但学生在校期间所获取的实验数据及相关材料应当归所在就读院校所有,研究生在离校时,为方便今后的研究工作,经导师许可可以复印这些资料,但要签定复印与使用的有关协议,保证不泄露。

应以适当、严谨的方式整理、保存所获得的数据,并进行必要的备份、归档,防止数据的损坏、灭失或被篡改。对于未涉及个人隐私或其他应予保密的数据,应采取特别的保存措施。

应当保证数据的原始性和完整性,严禁有选择地记录数据以获得特定的结果。应当在有连续页码的实验或调查记录本上,注明实验时间,用规范的语言记录研究过程和相关数据,不得涂改数据或撕掉记录本中的任何一页。若记录有误,不能用橡皮擦掉,只能用铅笔划去,再在一旁写上正确数据。此外,田间或野外调查还应记载详细的地点及所在环境的基本特征。

应当遵守数据保存期限的规定,所有的实验记录(无论发表与否)都应当至少保存5~7年,以便他人在分析或必要时做重复实验;一些关键记录应永久保存。例如,德国马克斯·普朗克学会就有关于数据保存的规定:

作为出版的基础,原始数据必须交给产生这些数据的研究所或研究机构中可靠的人保管，只要条件允许的话，保管的期限至少为10年。这些数据必须对有权利力并感兴趣的人开放。

只有当所有步骤都被理解时，学术研究、实验以及数字计算才能被重复或重述。因此，当发表的研究结果受到他人的怀疑时，为了能够查阅资料，全面完整的文字记录和对记录为期10年的保存便是必要的。①

（三）数据使用

使用他人未正式发表的数据，必须事先征得数据所有者的同意，并明确说明数据来源。在收集和使用专有信息和受版权保护的信息时，应当取得必要的授权或许可。

科研人员使用数据库或资料库中的相关数据，特别是特殊数据，应按规定留有书面记录，以备日后核查；使用涉及个人信息或隐私的数据，必须获得受试者或其监护人的知情同意。未经同意不能将数据用于约定用途之外的其他目的，或把数据转交、透露给其他机构或人员。

如果从研究数据中发现存在对公众健康、公共卫生或社会秩序构成严重影响或威胁的情况，应当按照规定程序向有关部门报告。

有关核酸序列、蛋白质序列和蛋白质晶体结构之类的研究结果整理后，应送交相应的公共科学数据库。

在使用数据、图像时，应当使其能够清晰、完整、准确地反映实物资源和研究过程的实际，符合描述规范，并使审稿人或其他科研人员能够检验其真实性。

在处理图像时，如果对整个图像进行亮度、对比度或色彩平衡的校正，且不会模糊、消除或歪曲原始图像所展示的所有信息，通常

---

① 科学技术部科研诚信建设办公室组织编写. 科研诚信知识读本. 科学技术文献出版社,2009年,第53页.

可以接受。但不应为了强调或掩盖图像的某些部分而对其进行欺骗性的或不当的处理,包括添加、移除或移动对象以及去除或模糊背景等。

应当保证数据的真实性。严禁编造、改动原始数据,严禁为了强调或掩盖图像的某些部分而对其进行欺骗性的或不当的处理,包括添加、移除或移动对象以及去除或模糊背景等。

在关于数据使用方面,美国健康研究院有数据共享政策与实施指南(2003 年 3 月 5 日更新),其中写到关于数据共享的目的:

数据的共享,促进美国健康研究院的许多研究达到其目的。对于那些不能简单重复获得的独特数据,共享尤为重要。通过数据共享,科学家加快了使研究成果向提高公众健康水平的知识、产品和规程转化的速度。

从美国健康研究所资助的研究来看,共享数据具有许多理由。它能够增强自由的科学探究、鼓励分析与观点的多样化、开拓新的研究领域,并使新的或可替代假说和分析方法的检验成为可能;它支持对数据收集方法和手段的研究,便于培养新入门的研究人员,得以探索早期探索者们最初根本没有想到的问题,并可以将多方来源的数据合成从而产生新的数据库。

在美国健康研究院看来,所有的数据都应当得到共享。在保障参与者的隐私权、保护机密和专有数据的同时,应当尽可能宽泛、自由地共享数据。为了便于共享数据,在 2003 年 10 月 1 日(含当日)向美国健康研究院提交每年需要 50 万美元或更多直接花费的研究申请的研究人员,要求在申请中加入一份为研究目的的最终研究数据共享计划,若不能共享则要说明原因。①

---

① Nichilas H. Steneck. 曹南燕等译. 科研伦理入门——ORI 介绍负责任研究行为. 清华大学出版社,2005 年,第 89—90 页.

五、形成学术成果

（1）论文或研究报告应在恪守政治性、保密性、科学性的前提下，严格按照写作规范、引文规范、署名规范等进行撰写。论文应论点清晰、内容属实、论据真实、逻辑严密、语言凝炼、术语规范、分析透彻。

（2）所用实验数据或资料应真实与完整，不能为迎合某种观点而有选择地使用、篡改或伪造实验数据与资料。

（3）术语、缩写、符号等应符合国家标准的有关规定。如我国的《文摘编写规则》（GB6447－86）、《数值修约规则》（GB817－87）、《文后参考文献著录规则》（GB/T 7714－2005）等。

（4）对数据整理后的结果、图表要详细说明其计算分析方法。对核酸序列、蛋白质序列和蛋白质晶体结构的分析要正确使用并说明相关的生物信息学分析软件及分析方法。图表格式应按照《科学技术报告、学位论文和学术论文编写格式》（GB7713－87）。

图中文字、符号、数字标清楚，并注明图号、图题等。其中，由数据生成的图（或表）请附带上数据源。照片须提供电子版，并保证所描述特征清晰。且图应具有自明性，即只看图、图题和图例，不阅读正文，就可理解图意。每一图应有简短确切的题名，连同图号置于图下。必要时，应将图上的符号、标记、代码以及实验条件等，用最简练的文字横排于图题下方，作为图例说明。

表应按照内容和测试项目由左至右横读，数据依序竖排。表应有自明性。每一表应有简短确切的题名，连同表号置于表上。必要时应将表中的符号、标记、代码以及需要说明事项，以最简练的文字横排于表题下，作为表注，也可以附注于表下。①

（5）物理量与单位符号应采用《中华人民共和国法定计量单位》的规定，选用规范的单位和书写符号；不得已选用非规范的单位或符号时，应考虑行业的习惯，或使用法定的计量单位和符号加以注解和换算。

成果中所用度量衡单位一律按国家技术监督局 1993 年 12 月 27 日发布的 GB3100－3102－93 号标准《量和单位》中规定的外文字母书写，不再使用以下括号内的汉字写法。例如，长度用 km（千米）、m（米）、cm（厘米）、mm（毫米）、μm（微米），不再用公尺、丈、尺、寸；重量用 t（吨）、kg（千克）、g（克）、mg（毫克）；面积用 km^2（平方公里）、hm^2（公顷）、m^2（平方米）、cm^2（平方厘米）、mm^2（平方毫米），不再用平方丈、平方尺，亩一律换算成公顷；体积用 m^3（立方米）、cm3（立方厘米）、mm^3（立方毫米）；容量用 L（升）、mL（毫升）；时间用年、天、h（时）、min（分）、s（秒）；表示浓度的 ppm 一律改用 μL/L 或 mg/kg。②

（6）应客观公正地评述与使用他人的研究成果，不能为了夸大自己而刻意隐瞒、弱化、模糊或盗用他人成果。若引用他人成果，必须加以详细注明，不能仅以致谢、参考文献的方式简单罗列；同时，不能为夸大成果的工作量，随意添加未曾使用的参考文献。

（7）应避免重复发表、"腊肠"式发表，即仅仅为了增加发表物数量，将一项重要研究划分为若干小实验，或公开不成熟的研究。③

（8）若是合作研究的成果，必须尊重他人的工作，准确表述自

---

① 中华人民共和国国家标准. 科学技术报告、学位论文和学术论文编写格式（GB7713－87）. http://211.155.251.135；81/Jwk_zgnykx/UserFiles/File/geshi.pdf.
② http://www.caass.org.cn/.
③ Nichilas H. Steneck. 曹南燕等译. 科研伦理入门——ORI 介绍负责任研究行为. 清华大学出版社,2005 年,第 131 页.

己的工作;不能把别人的工作当成自己的工作来报告,不能未经合作者的允许擅自运用、发表未公开的研究成果。

在《科研伦理入门——ORI介绍负责任研究行为》一书中,指出了报告研究结果的标准。在关于"实验报告统一标准(CONSORT)说明"中明确指出:

> 为理解随机控制试验(RCT)的结果,读者必须了解它的设计、实施、分析和解释说明。这一目标只有通过作者完全清晰的表述来实现。尽管对于随机控制试验的报告,已经进行了几十年教育的努力,但仍需要改进。研究人员和期刊编辑完善了最初的试验报告统一标准(CONSORT)说明,来帮助作者通过运用一览表和流程图对报告进行改进。本处提出的修订后的试验报告统一标准说明吸收了新证据,并处理了一些对原有说明的批评意见。
>
> 一览表条目从属于题目、摘要、引言、方法、结果和讨论的内容。修订后的一览表之所以包含22个可供选择的条目,是因为经验证据表明,论文中不报告此类信息与对治疗效果持有偏见的估计有关,或是因为这些信息对于评价结果的可靠性或相关性来说至关重要。我们意图用流程图描绘参与者在随机控制实验中的全过程。修改后的流程图,描述了试验的4个阶段(登记注册、干预分配、追踪调查和分析)。对于每个干预群体,图像中明确标明了包括在最初数据分析阶段之内的参与人数。根据这些数字,读者就可以判断作者是否做出了故意处理过的分析。①

---

① Nichilas H. Steneck. 曹南燕等译. 科研伦理入门——ORI介绍负责任研究行为. 清华大学出版社,2005年,第127—128页.

在撰写科研成果的过程中,应严格遵循科研道德,恪守学术行为规范,这是成为一名合格的科研工作人员的必要前提。

案例2.4.5

湖南农业大学教授李宗军涉嫌抄袭事件调查①

李宗军涉嫌抄袭的文章"大肠杆菌生长温度、膜脂肪酸组成和压力抗性之间的关系"(以下简称"李文"),2005年6月发表在《微生物学报》第45卷第3期上。被抄袭的文章来自美国微生物协会旗下的学术期刊《应用与环境微生物学》中的"Role of Membrane Fluidity in Pressure Resistance of Escherichia coli NCTC 8164"(作者为B. M. Mackey等人,以下简称"A文"),发表在此前的2002年12月。

7月11日上午,《微生物学报》编辑在接到本报记者求证邮件后,迅速回复:"此前已经接到举报者的数封邮件,一早上班时又接到举报电话,将上报编委会尽快作出处理。"11日,《微生物学报》发来电子函件,初步认定李文存在抄袭A文的事实。

警示:论文被撤销永不再录用

《微生物学报》编辑在截稿前给本报发来《声明》,确认李宗军抄袭B. M. Mackey等人的文章事实确凿,决定撤销其发表在《微生物学报》2005年45卷3期426—430页的研究论文,同时在《微生物学报》的纸质版和网页上发布撤销该论文的声

---

① 冯丽妃,李浩鸣,成舸,李晓明. 为人师者不修其身,还是评价机制催人浮躁? 一念不慎:李宗军抄袭事件调查.科学时报,2011年7月20日;http://news. sciencenet. cn/dz/dznews_photo. aspx? id=12054.

明,今后将不再受理该作者的任何投稿。《微生物学报》在声明中再次警示:"任何人发给本刊的投稿,严禁抄袭和剽窃他人的研究结果。一旦发现,本刊必将追究作者的责任,并给予严厉处罚。"

本节推荐进一步阅读的文献

[1] http://www.scientificintegrityinstitute.org/.
[2] http://www.scientificintegrity.net/.
[3] http://ethics.iit.edu/ecodes/.

第五节 医学类研究生学术研究规范

医学学术研究从确定研究课题到提出学术观点或建立理论学说大致要经历5个阶段,其中每一阶段均会涉及诸多学术规范。医学类研究生既要熟练地掌握医学学术研究的全过程,又要懂得各研究阶段应遵循的学术行为规范,才能成为医学领域中合格的负责任的研究者。

一、确定研究课题

确定研究课题是阶段性学术研究活动的开端,对于阶段性研究工作能否顺利展开、能否取得相对满意的研究成果具有战略意义。当前,确定医学类研究课题大致可以采取两种方式,即申报指令性课题与自主选择课题。

（一）课题的申报

指令性课题由资深的医学专家提出,经各级职能管理部门和基金委确认后,要求国内医学研究者竞标并择优立项。由于指令性课题已确定了具体研究对象或研究取向,因而此类课题的限制性压缩了选择性,研究者自主变更以符合自身需要的余地并不大。

指令性课题的颁布与招标为研究生通过公平竞争取得研究课题(主要对象为在职博士研究生)或参与研究课题提供了契机。不过,课题申报者之间的主客观条件显然有明显差异,部分研究生学术基础较差、科研能力较弱,在课题申报中必然处于劣势地位,假如他们又有取得研究课题的强烈愿望,为此他们中的少数人可能会采用不正当策略,即采取违反学术道德规范的行为。例如,填报"项目申请书"时,故意虚报个人基本信息,捏造各类获奖证书,伪造推荐人评语或合作者签名,编造前期研究成果或相关的学术研究信息,更有甚者试图与课题评审组成员接触、馈赠钱物等。此类为申报研究课题而弄虚作假、试图骗取科研项目及其经费的违规行为是绝对不能容忍的,一旦被查实,课题申报者将被取消本次申报资格,并在今后 3~5 年内不得再次申报。如课题申报者侥幸取得课题立项,则予以撤销立项、追回课题经费并通报批评。可见研究生在自主申报研究课题或协助导师申报研究课题中,决不能萌生侥幸心理,否则可能声名狼藉。

案例 2.5.1

申报项目中因抄袭与剽窃受通报与处分

2013 年 5 月,国家自然科学基金委员会监督委员会办公室收到举报,反映北京某研究所刘志华在其申请 2011 年度国家自然科学基金项目中,盗用他人论文作为自己的研究基础。经调查,刘志华在 2011 年度基金项目申请书中确实提供了虚假信息,盗用了他人已发表的论文作为自己的研究基础。据此,经 2013 年 5 月 29 日国家自然科学基金委员会监督委员会四届一次全体委员会议审议,依据《国家自然科学基金条例》第三十四条及《国家自然科学基金委员会监督委员会对科学基金资助工作中不端行为的处理办法(试行)》第十六条第二款规定,决定:撤销刘志华 2011 年度青年科学基金项目"基于序列特征的药用植物丹参等叶绿体全基因组比较研究"(批准号 81102746),追回已拨经费;取消刘志华国家自然科学基金项目申请资格 4 年(2013 年 5 月 29 日至 2017 年 5 月 28 日);给予刘志华通报批评。

　　2012 年,山东某医院汤靓以"Hedgehog 通路激活在肝内胆管癌发生发展中的作用"为题,申报 2012 年度国家自然科学基金项目。此后经调查发现,汤靓的项目申请书抄袭、剽窃了他人 2010 年度已获资助项目申请书"Hedgehog 通路激活在肝内胆管癌发生发展中的作用"。据此,经 2013 年 5 月 29 日国家自然科学基金委员会监督委员会四届一次全体委员会议审议,依据《国家自然科学基金条例》第三十四条及《国家自然科学基金委员会监督委员会对科学基金资助工作中不端行为的处理办法(试行)》第十六条第三款规定,决定:取消汤靓国家自然科学基金项目申请资格 3 年(2013 年 5 月 29 日至 2016 年 5 月 28 日);给予汤靓通报批评。[①]

　　即使是自己曾参与某项研究且获得一定科研成果,但要利用该科研成果作为前期研究成果去申报基金项目时,必须清醒地意识到

──────────

① 自 2013 年 7 月 3 日国家自然科学基金委员会网站:http://www.nsfe.gov.cn.

该科研成果的性质,否则可能会使自己陷入困境之中。

动用自己科研成果申报项目却被判处 4 个半月监禁

赵某早年毕业于浙江大学,2006 年于中科院上海药物研究所取得药理学博士学位,之后到浙江大学工作。2011 年起赵某在美国威斯康星医学院癌症中心做博士后,期间参与了该中心代号为"C‐25"抗癌药的部分研究工作。此后,赵某为进一步研究开发出这种可能治疗癌症的药物,希望通过申报中国国家自然科学基金项目获得资金资助,期望在中国继续研究"C‐25"抗癌药。然而,美国 FBI 调查人员在赵某的个人电脑中找到他准备送交中国国家自然科学基金委员会的基金申请书,于是美方起诉赵某"有预谋地、在没有授权下盗取有关"C‐25"抗癌药的研究资料与药物"。据报道,赵某在法庭上承认"窃取罪",故被判处两年缓刑,同时还以相同的指控被判处 4 个半月监禁。①

以上案例中赵某的遭遇可能让很多研究生会感到费解:自己曾参与的科研项目、所获得的科研成果竟然不能为自己所支配、不能作为前期研究成果去申报基金项目,反而被起诉、以"窃取罪"被判 4 个半月监禁。其实,赵某的做法触犯了《知识产权保护法》。"C‐25"癌症药的知识产权属于美国威斯康星医学院癌症中心及其研究经费的提供机构,任何参与该项研究的科研人员一概不拥有其

---

① 信息来源: http://blog. sciencenet. cn/blog‐51597‐715916. html.

知识产权,如离开威斯康星医学院癌症中心到其他大学或公司任职,也不能继续从事"C-25"癌症药的开发研究。赵某对这一点理应是知晓的,这也正是赵某在法庭上承认"窃取罪"的原因所在。

(二)课题的选择

自选性课题是研究生依据自身条件与兴趣,为解决一个相对单一且独立的医学问题而自行确定的研究对象。由于选题在研究工作中的特殊地位与影响,每一位研究者都非常重视研究课题的选择。正如英国科学家J·贝尔纳所说:"课题的形成和选择无论作为外部的经验技术要求,抑或作为科学本身的要求,都是研究工作中最复杂的一个阶段。一般来说,提出课题比解决课题更困难……所以,评价和选择课题便成了研究战略的起点。"①

医学研究课题的选择除了应遵循必需性原则(即选择医学学科自身发展与社会医学事业发展中迫切需要解决的理论问题与现实问题)、可行性原则(即以现实条件为依据,选择切实可行的课题)、科学性原则(即选择与现有的医学事实与医学理论本质上不相违背的课题)与创新性原则(即选择他人尚未提出或尚未解决的具有新意的课题)之外,更应遵循社会伦理准则,即所选择的研究课题应充分考虑其研究过程与研究结果不能与当下社会倡导的伦理、道德观念有明显冲突,或充分考虑课题研究可能引发的潜在的社会伦理问题。因为以人为主要研究对象的医学不可能使此类研究处在道德真空之中,无论是开发一种治疗某种疾病的新药,还是创用一种新的治疗医术,抑或制造一种新的医用器械,对人体的影响作用除了具有维护健康、疾病治疗的有益功效之外,也可能存在直接或间接、现实或潜隐的有害作用。如果这种对人体的有害作用达到一定程度,或影响到大面积的社会群体,则可能引发伦理、道德争议,对传

———————————

① J·贝尔纳.科学的科学.英国《研究》,1955年第12期.

统的伦理、道德理念形成一定冲击,结果此类医学研究很可能会受到社会的抵制。"克隆人研究"在诸多国家受阻就是典型一例。所以,医学研究选题应严守社会伦理准则。

二、查阅文献资料

查阅文献资料是确定研究课题与研究工作具体实施之前最为重要的基础性工作,是研究全过程的一个必要环节。

确定研究课题之后,查阅文献资料应注意 3 点:一是"关联性",即牢牢把握所查阅的文献资料与研究主题的关联度。现代医学文献资料极为丰富,如能掌握良好的查阅技巧与方法,就能从"书山文海"中搜索到与研究主题关联度很强的研究资料,就能节约时间,提高查阅效率。二是"前沿性",即重点查阅那些与研究主题相关的最新、能反映当前学术研究最高水平的文献资料。具有前沿性的文献资料能使课题研究奠基于高水准的学术平台上,经研究容易形成学术生长点,有助于使研究成果具有创新性特征。三是"全面性",即尽可能全面、系统地查阅与研究主题相关的文献资料。客观地说,一个研究生在有限的时间内试图从极其巨量的中外医学文献资料中获得所有与研究主题相关的学术信息几乎是不可能的,但尽可能全面、系统地查阅与研究主题相关的文献资料是必需的。因为即使疏漏一篇与研究主题相关的重要文献,就可能对自身研究工作带来不可估量的损失,可能使研究工作反复折腾,浪费大量时间与精力。

三、设计研究方案

(一)研究方案构思

所谓研究方案构思,即形成研究工作的整体设想,其基本的思维操作是全面而深入地分析研究对象。如分析不足,就可能判断不准,无法对研究工作形成一整套具指导意义的预设方案。诚然,预设方案很难准确地预测尚未展开的医学研究工作的具体细节,即很难对未来医学研究工作中可能出现的心理、生理、病理现象及其现象间的联系做出准确判定,不过,既然要构思,就必须做出预判。为使预判能尽量符合未来,研究生在构思研究方案时,其每一步思考均须以相关的医学事实与医学理论为依据,并借助于合理的逻辑推理,如此形成的研究方案才具有预测未来的功能。

（二）研究过程设计

经逻辑构思形成研究工作的整体设想后,为选择合理途径去实现这种设想,需进行研究过程设计,这是使理性构思方案转化为实际操作过程的中介性环节,对研究工作的展开与成败至关重要。一项合理、巧妙的研究过程设计能以较少的人力、财物与时间,最大限度地获得与研究对象相关的现象材料,提高研究工作效率。

研究过程设计需拟定实现研究目标的具体步骤与方法,因而研究过程设计要警惕一个重要的道德决策问题,即"手段"与"目标"背离。研究总要预设目标（期望达到的目的）,为实现研究目标,研究者会设计某种程序或采用某些措施、方法,此类以实现目标而采取的行为方式即为手段。医学研究目标指向的是治病救人、造福于人类健康,显然医学目标本身体现了应有的道德内涵、合乎道德准则。不过,为了达到某一医学研究目标所采取的具体手段则未必合乎道德,这就形成"手段"与"目标"背离。医学研究所采用的具体手段如不仔细斟酌,就可能违背学术道德准则,引发伦理、道德争议,这是由医学研究对象的特殊性所决定的。因此,研究过程设计应充分考虑该过程的每个环节可能出现的潜在的道德问题,预作合理安排,对道德问题的考虑应贯穿研究设计的全过程。

（三）制订研究计划与物质准备

为使研究工作能顺利展开,必须制订研究计划,对研究全过程作出具体安排。一般认为,研究计划在很大程度上会影响研究的进程与成败。详尽而切实可行的研究计划会造就一种有条不紊的研究秩序,稳妥地解决研究中行将出现的种种情况,从而大大提高研究工作效率,圆满完成研究任务。反之,如不作计划或作粗糙简略的计划,则会因组织不善、考虑不周及突发事件的出现,使研究陷入忙乱之中,甚至造成研究工作的返工,严重影响研究进程与成败。因此,研究者必须仔细制订研究计划,要把研究全过程中采用的方式、方法、措施等通盘确定下来。有人作过这样的比喻:研究课题是一部著作或书名的主题,研究计划就是详细的纲要和目录;研究课题规定了研究目标,研究计划是达到目标的实施方案,这种比喻较为确切。在现代医学研究中,研究课题越复杂,研究计划的制订越重要,研究计划是保障研究工作团队中个人和集体合理地协调和同步研究的必要条件。

研究计划制订后,应考虑研究具体实施所需要的协作者与各种物质条件(如被试、实验动物、实验场所、仪器、设备、医用试剂等)的确定与准备。

四、获取数据与事实

(一) 实验、观测与产品研制

医学研究需要搜集医学文献资料,了解与掌握前人或他人的学术研究成果,更需要通过自己的研究实践去获取有关研究对象所反映的更为丰富、具体的数据和事实。数据和事实是研究者按研究方案与计划,在医学理论指导下,通过医学实验与临床观测等手段,对研究对象所呈现的现象或过程的反映与陈述。数据和事实的存在形式是各类观测资料,其中包括计算资料、计量资料、等级资料与描述性资料。

针对不同的医学研究目标,其研究的实践环节有明显的差别。

以探索心理、生理、病理的发生机制、变化规律及其治疗道路为目标的理论性研究,主要利用人体实验、临床观测与动物实验,获取有关研究对象所反映的各类观测资料;而以实物研制(如药品、医疗器械)为目的的应用性研究,则以多学科理论为指导,或在掌握相关技术、工艺的前提下,利用仪器、设备在可控条件下研制新产品。

进行医学实验与临床观测时,为了有效获取与研究对象相关的经验事实,必须遵循 3 项原则:一是客观性原则,即研究者应从实际出发,采取实事求是的科学态度,客观地搜集研究对象的真实表现,避免受主观因素影响;二是全面性原则,即应尽可能从多方面对研究对象进行观测,把握研究对象的多方面属性,使观测所获取的现象材料和数据全面、系统;三是典型性原则,即应选择具有代表性的观测对象,掌握良好的观测时机,选择便于观测的地点、场所,以便能准确且迅速地把握研究对象的本质特征。

进行医学实验与观测时,研究生应高度重视细节安排,诸多工作细节如考虑不周、处理不妥,则可能牵涉学术道德问题。原因在于医学实验研究对象(无论是生理机制、病理机制还是心理机制)的物质载体主要是人体,其中部分人员是已患有疾病或正处于治疗阶段的患者。疾病已给他们带来诸多伤痛,因而此类社会群体理应受到更多的人文关怀。以此类群体为实验对象的医学研究,更应严守不伤害底线,在此基础上,还应给予实验被试以充分的尊重与人格尊严。为此,研究生在医学实验与临床观测中应注意下列问题。

一是尊重被试的选择权。即使是学术研究需要,受试者身心的哪些方面将成为被研究的对象须经协商确定,由受试者自主选择与认可,研究者不得采取强制性胁迫手段强行干预,剥夺受试者的自主选择权。更不能采用欺骗与诱惑方式,诱使受试者参与。受试者即使同意参与实验,也应允许受试者在自己感觉身心不适或因其他原因而随时退出。

二是尊重被试的知情权。受试者在接受与学术研究相关的医学实验与临床观测前,应被告知研究的基本程序及其对被试可能产生的影响,在未取得受试者在自由意志下的知情同意前,不得对他们进行任何医学实验。例如,在新的药物的临床测试中,被试可能会出现各种状况,此时,知情同意显得尤为重要。对于那些无行为能力、无法自己做出决定的受试者,则须得到其监护人或代理人的书面知情同意。

三是尊重被试的隐私权。在实验与临床观测中,应充分尊重被试的个人隐私,凡受试者不愿他人干涉的个人私事,或不愿他人侵入与不便侵入的个人领域,研究者应主动回避。受试者不愿公开的实验与测试结果,研究者应采用匿名或严守秘密的方式确保受试者的个人隐私不受侵犯。

可见在医学实验与临床观测中,研究者不仅应考虑研究工作的需要与研究目标的实现,更应考虑参与研究的被试在身心方面可能产生的正负效应及其言行反应,应尊重被试的个人意愿,使其满意且有所收获,不能将受试者仅看作被研究的对象,研究者究竟采取何种态度及其所作所为会牵涉一系列严肃的道德问题。部分人体医学研究还须获得医学伦理委员会等组织机构的认可方能进行,否则一经查实将受到相应处罚。

案例 2.5.3

伪造"认可"的代价

安德鲁,1956 年生,英国著名外科医生。1996 年前后,安德鲁为研究"麻风腮(MMR)接种可能导致孤独症"现象,在未获得当地伦理委员会批准的情况下,迫使 11 位儿童接受侵入性测试,如腰椎穿刺、结肠镜检查等,这些孩子其实并不需要做这些检查。此后,安德鲁将自己的研究成果撰写成学术论文"麻风腮三联疫苗与自闭症相关性研究",发表在1998年的英国著名医学期刊《柳叶刀》上。

由于安德鲁论文指出疫苗接种可能会导致孤独症,在社会上引起了强烈反响,致使媒体热炒这一话题。1998年英国国家级刊物上有86篇文章涉及MMR,而在2002年这一数字骤升至1 531篇。2001—2003年英国民意测验显示,相信MMR疫苗安全者所占比例由70%以上骤降至50%。由此带来的结果是,据英国卫生部门数据显示,2007—2008年新发麻疹患儿2 349例,几乎与之前11年的总数相当。

2010年2月9日,医学期刊《柳叶刀》正式撤销了安德鲁于1998年发表于该刊的学术论文。《柳叶刀》在撤稿声明中指出:"根据英国综合医学委员会调查委员会1月28日的裁决,现在已经清楚,安德鲁等人在发表于1998年的这篇论文中,有几个要素是不正确的……特别是在原始论文中声称孩子们'持续的牵涉性痛',论文中所说其研究获得当地伦理委员会批准的说法被证明是伪造的。因此,我们从出版记录中全部撤销这篇论文。"①

医学实验研究除了以人为被试之外,还经常以动物作为实验体。以动物为实验对象是医学研究的特色之一,对医学事业的发展起了重要作用。动物虽远不如人类高贵,但随着社会精神文化的发展、人类道德水准的提高,以动物为实验对象的医学研究,已十分强

---

① 摘自著名期刊《柳叶刀》2010年2月9日撤稿声明.

调对动物的人道主义,形成了动物实验应遵循的 3 次原则。

其一是保护原则。应严格审查动物实验的必要性,制止没有科学意义和社会价值或不必要的动物实验。应对动物实验的目的、预期利益与可能造成的动物伤害、死亡等状况作综合评估。必要时,动物实验方案须经实验动物管理委员会或动物实验道德委员会、实验动物伦理委员会等组织、机构批准后方能实施。在动物实验中,要采取有效措施使实验动物免受不必要的伤害、饥渴、不适、惊恐、折磨、疾病等,更须禁止无意义的滥养、滥用、滥杀实验动物的行为。要优化动物实验方案,以保护实验动物(尤其是濒危动物物种),减少不必要的动物使用数量;在不影响实验结果的科学性、可比性前提下,可采用动物替代原则,即:使用低等动物替代高等动物、用非脊椎动物替代脊椎动物、用组织细胞替代整体动物、用分子生物学或人工合成材料与计算机模拟等非动物实验方法替代动物实验。

其二是福利原则。实验动物生存(包括迁运)时,应享有最基本的权利,即享有免受饥渴、生活舒适自由、享有良好的饲养和标准化生活环境。各类实验动物的管理要符合该类实验动物的操作技术规程。

其三是伦理原则。动物实验方法与目的应符合人类的伦理道德标准和国际惯例,即:充分考虑动物的利益,善待动物,防止或减少动物的应激、痛苦与伤害,尊重动物生命,制止针对动物的野蛮行为,采取痛苦最小的方法处置动物。

(二) 整理与分析研究资料

通过文献资料查阅与实验、临床观测,能获得大量的有关研究对象的信息资料与经验事实,这些信息资料与经验事实可统称为研究资料。医学研究资料大体可分为两类,即非数量资料与数量资料。前类以事例为基础,后类以数据为形式;前类以文字叙述为表达方式,后类则以图表为表达形态。研究者面对大量的研究资料,首先要对其进行整理、统计、加工,使其具系统性、有条理、规范化；然后,对研究资料需进行深入的分析、研究。原始研究资料要做整理与分析,是因为它们在未做整理、分析之前,无法说明现象间的因果联系、现象的成因及其量化数据之间的内在相关性,更无法揭示研究对象的本质特征与变化规律,因此,研究资料的整理与分析是研究工作中最为重要的阶段。不过,研究工作的各个阶段之间经常会交叉重叠。实验、观测阶段以获取经验事实为主,但也需要及时整理与分析所获得的经验事实；反之,整理、分析研究资料则能为后继的实验、观测提供思路、把握方向。

为提高研究资料统计、分析的质量与效率,研究生要学会利用各类大型规模化的集成应用软件,如 SAS 软件、SPSS 软件等都十分适用于医学研究资料的处理与分析。

研究生在整理与分析研究资料时,应以客观、公正、不带任何偏见的态度面对具体事例、数据资料及其分析结果。即使某些分析结果与预期设想相差甚远,或与期望获得的研究结果完全不符,研究者仍应理性思考,探索异常现象的成因,而不能受渴望成功的强烈愿望所驱动,对现有事例与数据资料做随意改动与修正,更不能做人为筛选或编造部分与预期设想相一致的假数据。这种篡改与作假行为不仅违背学术道德规范,而且无法获得具有科学意义的研究成果,只能是浪费时间与精力。当然,对于那些尚存质疑的数据资料及分析结果,必要时可利用后继的实验、观测加以检验,确认其可信度。

五、形成学术成果

(一)提出与检验医学假说

依据实验、观测所获得的事例、数据资料,对研究对象(生理、病理、心理)的发生机制、变化规律与治疗道路等做出待检验的推测性陈述,即为"医学假说"。

由于任何现象和过程的本质与规律并不会一下子和盘托出在研究者面前,而是有一个逐步显现和展开的过程,因此,当学术研究尚未取得足以揭示研究对象的内在本质、内在规律所必备的研究资料时,研究者不得不依靠思维与想象去推测现象的本质,做出具推测性的陈述,而这种推测性陈述的可靠性程度暂时又难以采取精确的研究手段对其进行检验,这种待检验的推测性陈述就是假说。此后,研究者可通过不断积累经验事实,并利用经验事实去改变假说,即增加假说中的科学性内容、减少假定性成分,逐渐建立起能正确反映研究对象内在规律性的理论学说,这就是医学研究的实际进程。可见医学假说是从感性的事实材料到医学理论学说的中间环节和必要桥梁。在现代医学研究中,一切被证明为相对正确、合理的医学理论学说,在其形成前的某一阶段中都曾以医学假说的形态出现过。就这一意义来讲,没有医学假说的提出,也就没有医学理论学说的创立。

医学假说能提出异乎寻常的推论,但此类推论是否正确则有待检验。要确定以判断形式表达的医学假说的客观真理性程度,已超出逻辑关系的界限而进入认识论范围,故医学假说的检验仍须凭借医学研究实践,即医学实验与临床观测。

在医学假说检验中,要注意克服一种较为普遍的倾向——验证偏见,即希望寻找证据去证实自己认为应该肯定的医学假说,而没有认识到反证在检验医学假说中的重要价值。检验医学假说时,部分研究者之所以会产生"验证偏见",其重要原因之一是研究者在检验自己的医学假说时犯了主观主义的"先入之见",单纯采用了"证实策略",即热衷于搜索那些能直接证实自己医学假说的"正例",而不去搜索那些会把自己的医学假说证明为假的"反例"。这种做法明显违背了学术研究的基本准则——客观性原则,其结果难以对医学假说作出真正的检验。

此外,要使一种医学假说真正转化为医学理论学说,必须对观测、实验的检验结果进行全面、辩证地分析。要善于剔除假象和错觉,才能从检验结果中得出可靠的判断。有时用来检验假说的事实与假说并无本质联系,只是由于时常相伴呈现,才容易被研究者错误地联系在一起,具有统计性质的某些现象材料常带有此类特征。所以,仅从某些不完整的统计资料出发所提出的医学假说是不可靠的,如果用同样性质的统计资料去检验医学假说,其结果可能更不可靠。为此,研究者需要对检验结果进行认真、仔细的分析,不能为假象所迷惑,更不能因为自己对医学假说做了一些检验工作或取得了初步成果,就过早地宣称自己的证据已使医学假说转变成医学理论学说。

(二) 提出学术观点与理论学说

如果医学假说提出的推测性论点或预言能被越来越多的事实所验证,而无一反例,就可以提高医学假说的可靠性,使其逐渐发展为一种医学学术观点或医学理论学说。

研究生从事理论性研究,其最终学术成果很难形成理论学说,多半是具有一定新意的学术观点。因为理论学说是一种具有系统性的知识体系,本质上应有明显的客观真理性、逻辑性与全面性特征,而短时间从事的单一性研究课题很难达到这一目标。诚然,即使是具有一定新意的学术观点,也必须获得大量事实材料的确证与支持。

医学类研究生在提炼与形成学术观点时,必须严格遵守以下学术道德规范:

其一,支撑自己学术观点的实证材料应系统、完整、客观,不得按主观意愿随意删减、篡改、捏造实验数据与观测事实。

其二,应尊重他人的学术研究成果,不得采用抄袭、篡改的方式,将他人的学术观点窃为己有;不得将他人尚未公开发表的原始数据、资料融入自己的学术成果中,制造所谓的"创新点"。

其三,对他人或自己的学术观点均应做客观、公正的评价,不得贬低他人,故意夸大自己观点的学术价值或经济、社会效应。

医学类研究生在提炼与形成学术观点时要深知,从事违反学术道德规范的作假行为迟早会付出沉重代价,甚至葬送自己原本美好的学术生涯。

案例 2.4.4

因学术造假而葬送原本美好的学术生涯

卢克·范·帕里耶斯是麻省理工学院道格·拉芬伯格癌症研究所免疫学副教授,其导师是该校校长、诺贝尔奖获得者戴维·巴尔的摩。自 2000 年进入麻省理工学院后,帕里耶斯已在《科学》、《自然遗传学》、《全国科学院学报》等刊物上发表了 10 多篇论文,涉及分子免疫学、核糖核酸干扰技术等前沿领域。同事们称他总是能最快出成果,是免疫学领域的世界级"金童"。

然而在 2004 年 8 月,有人向校方检举帕里耶斯涉嫌不正当研究行为。麻省理工学院随即展开内部调查,帕里耶斯被禁止进入他工作的实验室和办公室。在此期间,《当代分子医学》于 2005 年 5 月发表了一份声明,撤销了帕里耶斯 2004 年在该刊物上发表的一篇论文,原因是"作者无法提供清楚的支持文件"。

2005 年 10 月 26 日,35 岁的麻省理工学院副教授范·帕里耶斯在承认自己的学术造假行为之后,被校方正式开除。①

---

① http://ori.dhhs.gov/misconduct/cases/VanParijs.shtml.2009.

本节推荐进一步阅读的文献

［1］ 汪海波等编. SAS 统计分析与应用——从入门到精通. 人民邮电出版社,2010 年.

［2］ 倪青山,刘小丹主编. SPSS 应用——实验教程. 湖南大学出版社,2007 年.

第三章　研究生学术论文的写作与发表规范

　　研究生研究的最终结果要体现在论文上,因此,论文的写作是所有研究活动中最重要的收官阶段,这也是漫长研究过程的总结与学术意义的体现。论文也是人类知识传承的载体,因此,如何写好论文就是每一个研究生必须重视的环节。

　　科研论文通常分为 3 类:在期刊杂志上发表的论文(journal paper)、在会议上发表的论文(conference paper)和学位论文(thesis)。[①]其实,还有一类比较常见的论文形式,即研究报告(research paper),这类论文注重实用性,在格式要求上比期刊论文低。期刊论文和会议论文结构完全一样。根据研究性质的不同,期刊论文又可以分为 3 类:综述性论文、研究性论文和评论性论文。对于研究生而言,最为常见的论文写作主要有两种:期刊论文(综述性论文与评论性论文一般是专家和权威们的任务,不是研究生的工作)与学位论文。

第一节　研究生学术论文的写作规范

　　下面介绍论文写作中的主要环节。一般来说,研究生的学术论

---

① 张光明,张宝杰,张盼月. 成为合格的科学家——理工科研究生入门手册. 高等教育出版社,2007 年,第 61—62 页.

文的结构主要由 4 部分组成：标题、摘要、正文与参考文献。为了细化论文的写作环节，可以对正文部分再细分，为此可以列出 9 个更为全面的写作框架。下面就研究生学术论文写作的诸环节着手展开论述。

一、标题

标题就是文章的名字。它必须言简意赅，在有限的字符内最大限度地传达文章的主要内容。好的标题通常具有两个作用：其一，直接点明文章的主题与方向；其二，在信息爆炸的年代快速引起读者关注。正如某学者所言：标题是一篇论文的缩影和代表，是提纲的提纲。[①]

标题的选择有 3 个标准：准确、清晰、简明。准确有两层含义：第一层含义是标题能够覆盖主要研究工作；第二层含义是标题必须紧扣主要研究工作，不能太大、太小、太偏、太空。清晰就是容易理解，简明就是不啰嗦。[②] 目前一般学术刊物为了排版要求，标题不能超过 22 个字，论文的标题通常是一个句子，能表达一个完整的意思。更有研究者指出，论文标题越短，引用越高。[③] 虽然这个结论不一定在所有学科都有效，但至少标题简洁清晰，对于文章的传播还是有重要帮助作用的。

在标题酝酿阶段，应该考虑如下几个要求。

（1）阐述具体、用语简洁；

（2）文题相称、确切鲜明；

① 毕润成. 科学研究方法与论文写作. 北京：科学出版社，2008 年，第 180 页.

② 张光明，张宝杰，张盼月. 成为合格的科学家——理工科研究生入门手册. 高等教育出版社，2007 年，第 64 页.

③ Chawla. In brief, papers with shorter titles get more citations, study suggests. *Science*, 2015, DOI: 10.1126/science.aad1669.

（3）重点突出、主题明确；

（4）反映论点、概括全文；

（5）标题表现论点的基本形式：①标题直接表明论点；②标题指明论点范围；③标题说明论点的结局。[①]

这几种形式都是研究者在行文中根据需要，以能更好地表达文章的主旨为依托的。如果论文主题涉及前人未曾做过的同类实验，或由于对这一问题的认识不一致而设计的实验得出的新结论，可用"探讨"、"初步研究"等为题；如果对课题进行了较系统深入的实验研究，初步得到较为正确的结论，但对某些问题的机制不十分清楚，可用"观察"、"研究"命名；如果在重复前人的实验或从问题的另一侧面进行研究，得出的结论与前人同类研究的结论有异，则常用"商榷"、"商讨"为题，等等，具体设计标题时要根据具体情境灵活掌握。

二、作者署名和单位地址

科研论文的署名是一个非常严肃的问题，也是容易发生学术不端的环节。文章作者署名通常具有如下 4 个作用。

（1）明确论文由谁负责。论文作者应该按"文责自负"的原则对论文的真实性、可靠性负责，当有读者对论文中的某些内容提出疑问时可以负责解答。从这个意义上说，署名会促使作者严格要求论文，保证论文质量。如若发生抄袭、剽窃、弄虚作假等学术不端行为时，也便于追究作者的责任。

（2）可使作者获得荣誉感。署名是作者获得荣誉的一种表现，是作者用科研成果向社会做出贡献的一次记录。科学社会学的研究显示，承认是科学界的通货，因此，论文署名也是作者获得科学共同体承认的主要标准。

---

① 毕润成. 科学研究方法与论文写作. 科学出版社，2008 年，第 182 页.

（3）文献检索的需要。一篇论文发表后便成为科技文献,署名便于社会与读者的检索需要。

（4）可以明确著作权。著作权是法律给予作者的一种专有权。[①]

文章作者署名原则如下。

（1）做出较大贡献者才能署名。署名通常按照贡献大小确定顺序,或者按一些实验室约定俗成的字母排序规则。协助完成实验者,只能在致谢中体现。

（2）循名责实原则。不能只图其名,而不符其实。荣誉共享,责任共担。因此,署名中应该严格禁止友情署名行为以及任意挂名行为。目前国内发生的众多由署名引起的学术不端事件就是由署名权不当引起的。例如,某大学校长由于其博士生抄袭他人文章,并在文章后署上校长大名,校长未察,结果事发后,校长因此身败名裂。

（3）文责自负原则。文章一旦署名,就要承担相应的荣誉与责任。关于署名问题,还有一个难以界定的模糊地带,那就是师生署名排序问题。建议根据贡献大小排序、如实署名。另外,文科、理科、工科在师生署名问题上,还有一些约定俗称的规定,如部分学科有导师作为文章的通讯作者等惯例,尤其是选题、观点、实验等环节来自课题组的项目时,这些问题在进入团队之前都应该有明确说明。

文章中的作者单位地址是每篇学术文章都有的条目,主要作用有两个:其一,单位的知识产权归属问题(很多大学或研究机构规定,在研期间的成果的知识产权必须归所属大学或机构拥有);其二,作者署上单位地址便于读者联系与邮寄刊物等后续科研活动。

---

① 毕润成.科学研究方法与论文写作.科学出版社,2008 年,第 183 页.

单位地址一定写全、写完整，并给出邮政编码。

三、摘要

摘要（abstract）又称文摘或内容简介、提要，是论文的重要组成部分。摘要是科技论文的缩影，它要求文字精炼、观点明确、结论具体、内容高度浓缩、篇幅简短。一方面，一篇好的摘要不仅能使读者确切地了解论文的主要内容，而且有助于在最短时间内确定是否需要阅读全文。另一方面，摘要也便于情报的编辑与文献的检索。[①]

摘要的主要内容为研究内容和研究过程，包括研究对象、研究途径、研究方法和步骤，简明扼要地指出论文的主要成果以及关键数据，并点明研究成果的理论意义与应用价值。由于摘要类型的差异，内容选择会有所侧重，但不论怎样变化，摘要内容主要围绕目的、方法、结果以及结果的分析、意义等撰写。

摘要应连续写出，不分段落。文字特点是简短、精悍、完整。摘要不对论文内容加以注释和评论，也不可自作评价。不举例、不采用图表等非文字性材料，使用第三人称。根据内容的不同，摘要可以分为报道性摘要、指示性摘要和报道-指示性摘要 3 类。研究生论文以报道性摘要居多。[②] 摘要通常是在文章完成之后才写的，这时作者对于论文已有整体把握，通过简短文字再对论文主要观点进行准确提炼。提供中英文摘要，便于读者了解、国际学术交流以及文献检索之需。

四、关键词

关键词（key words）是学术论文独有的构成要件。按照国标

---

① 毕润成. 科学研究方法与论文写作. 科学出版社，2008 年，第 186 页.
② 张光明，张宝杰，张盼月. 成为合格的科学家——理工科研究生入门手册. 高等教育出版社，2007 年，第 65 页.

GB7713 - 87 规定,每篇报告、论文应选取 3～8 个词作为关键词,以显著的字符另起一行,排在摘要的下方。这是表达科技文献类别的索引性指标。如有可能,关键词应尽量用《汉语主题词表》等词表中提供的规范词。[①] 关键词与主题词最好是统一的,这样做的好处就是通过关键词,可以粗略判断文献的性质。从这个意义上说,只有准确选择关键词,才能便于读者了解文献的主要内容,并判定是否值得花时间细读全文。在信息爆炸的年代,通过这些措施,可以最大限度地保证读者在最短的时间内获得所需的信息。

一般期刊要求每篇文章要提供 3～8 个关键词,并且提供中英文对等的关键词翻译。关键词必须是文中主要内容的核心用语,与文章核心内容高度相关。在信息化时代,关键词应该真正成为揭示文章主要内容"关键"的词,同时又是符合检索要求"关键"的词。

文章的长度有一定的要求,这些都要求研究生们必须在有限的空间内把创新思想准确、清晰、简明地表达出来,这是学术研究的基本功。

五、引言

引言(introduction)又称前言或导语,是文章的开场白。应以简短的篇幅介绍论文写作的背景和目的,以及相关领域前人的工作状况,并说明与前人工作的关系,目前的研究热点、存在的问题及作者工作的意义,引出文章的主题,给读者以指导。[②]

引言的基本内容包括:简要叙述进行这项研究工作的起因和目的(问题的由来)、与本题有关的论文和著作回顾(相关重要文献

---

① 李德华.学术规范与科技论文写作.电子科技大学出版社,2010 年,第 263 页.
② 张光明,张宝杰,张盼月.成为合格的科学家——理工科研究生入门手册.高等教育出版社,2007 年,第 69 页.

简述)、强调本研究的重要性、必要性以及理论与实践意义等。[①] 在观察大量论文的基础上,可以发现其中的问题缘由、文献综述、存在问题与解决的意义是导言的比较常规的部分。

引言的写作要求如下。

(1) 突出重点。言简意赅,避免客套话。直接切入主题,开门见山地向读者交代本文的目的、已有研究存在的问题以及本文的解决办法。

(2) 客观评价。实事求是地写出自己取得的成就即可,切记不要自我吹嘘,如"达到国内先进水平"、"填补空白"之类。这类短期内既不可证实又不可证伪的语言,往往会造成论文评审人或读者的反感。

(3) 避免与摘要雷同。引言是用来点题的,而摘要是用来高度浓缩性介绍本研究内容的。

(4) 生动鲜明。引言作为论文正文的引导部分,应该坚持语言清晰、简洁,直接引向问题的策略。

六、论证

论证部分是论文的核心组成部分,是展现研究工作的成果和反映学术水平的主体。论文的论点、论据和论证及其具体达到预期目标的整个过程都要在这部分论述,它的篇幅最长,除了要有论点、有材料、有概念、有判断、有推理外,还要求合乎逻辑、顺理成章、通顺易读。[②] 一般的论证结构主要包括材料与方法、结果、讨论。

材料与方法(materials and methods)是论文论据的主要内容,是阐述论点、引出结论的重要步骤。这一部分是论文的基础,是判

---

① 毕润成. 科学研究方法与论文写作. 科学出版社,2008 年,第 191 页.
② 同上,第 192 页.

断论文的科学性、先进性的主要依据。如果这一部分处理不当,结论将成为空中楼阁,论文的质量就会大打折扣。这一部分要阐述的要点是:实验对象和实验材料的性质与特性、选取的方法和处理的方法、实验的目的、使用的仪器设备和器材、试验及测定的方法和过程、出现的问题和采取的处理方法。[①] 这些环节都要在论文中有清晰的交代,保证结论是可信的。通过实际考察可以发现,在研究生中间存在一个共性问题,即在论证中对方法的忽视,而这点对于结论的质量来说是非常重要的。实验方法在论文中的作用有 3 个:一是详细描述自己是如何开展实验、获取数据并进行数据分析的,从而使读者对自己的工作有一个比较清晰的把握;二是让读者了解由于实验方法限制而带来的一些不足,从而对论文所得出的结论的适用范围有比较科学的把握,不会无限制地推广利用;三是可以使读者按照论文的描述而进行重复实验。[②]

实验结果(results)是论文的价值所在,也是作者漫长研究过程的结晶与创新性的体现。关于实验结果有如下几个问题需要特别关注:

(1)数据。应如实、具体、准确地写出经统计学处理过的实验观察数据资料,将处理过的数据根据需要制作图表,对实验结果进行定性与定量分析,并说明其必然性。对数据、图表用文字加以说明。

(2)实验结果的写作要求。①按实验所得到的事实材料的逻辑顺序进行安排,依照逻辑顺序将图表、公式和计算结果列出。②阐述要求实事求是,数据要准确可靠,一切以事实为依据。③在

---

① 毕润成.科学研究方法与论文写作.科学出版社.2008 年,第 192 页.
② 张光明,张宝杰,张盼月.成为合格的科学家——理工科研究生入门手册.高等教育出版社,2007 年,第 70 页.

结果中将自己的贡献与前人的贡献区分开来。

讨论(discussion)在论文写作的链条上处于后续阶段,也是非常重要的部分。在这一部分,作者对所进行的研究、实验、观察中得到的材料进行归纳概括和探讨,做出理论分析,并探讨本实验结果是否与有关假设相符;说明观察中与预期以外的事实现象;分析异同及可能的原因,阐明事物的内在关系,提出自己的见解。① ④通过探讨,可以发现本研究与前人、国内外同类研究之间存在的差异,并对可能在实验中出现的意外给出可能的机制分析,这个部分能够充分展现作者的科研能力,以及对问题的挖掘深度,也是体现科研本身魅力的地方,好的讨论能给读者留下充分的思考空间,并在未来开拓新的研究方向。

结论(conclusion)是文章的总结。这部分既要揭示出自己的独特贡献,又要区别于前人的工作。结论不是简单的重复,而是在经过漫长研究过程后最后告知读者:本研究得出什么结果,发现什么问题,有哪些新的创见,以及研究中存在的不足等。在行文上,结论的措辞必须严谨,符合逻辑,用词准确,使人一看便知,不能模棱两可。

七、参考文献

科学研究充分体现了科学的继承性。任何科学成就的取得都是在前人工作基础上展开的,在这个过程中,可以对前人的工作有充分的了解与借鉴,而前人的工作就体现在参考文献(references)中。在论文的最后,标注出所借鉴的参考文献,既给研究增加了严谨、可靠的印象,同时也是对前人工作的感谢,这个环节是任何论文不能缺少的。

---

① 毕润成.科学研究方法与论文写作.科学出版社,2008 年,第 196 页.

标注参考文献有 4 个原则。

（1）著录最必要、最新的文献，将论文所涉及的历史渊源、技术方法、引用数据以及与作者密切相关（相同与相反的观点）的论著列为参考文献，可以为读者提供研究线索。

（2）著录亲自阅读过的和在文中直接引用的文献，未曾阅读的文献不能列入。切忌列入无关文献。

（3）只著录公开发表的文献（便于读者查找与核对）。

（4）采用规范化的著录格式，关于这一点，各个学校与研究机构有些差异，要根据具体情况而定。

致谢（acknowledgement）是以书面形式对课题研究与论文撰写中给予帮助者的感谢。学术论文与学位论文在致谢环节的区别在于：学位论文的致谢多是感谢人，按照排序来说，一般是感谢导师、教研室其他老师，然后是同学、家人等；而学术论文多是感谢基金或机构，如感谢某基金资助、某大学或研究机构提供的科研条件等。

正如有的学者指出的那样："文字是记录语言的书写符号系统，是建立在语言基础上的最重要的辅助性交际工具。要充分发挥其功能就必须按照一定的历史阶段所确立的规范标准进行书写。学术论文的特性决定了必须遵守书写规范。"[①]对于用汉语书写的学位论文，最主要的工作就是尽量避免错别字，目前通用的标准是 1986 年重新出台的《简化字总表》，这就要求平日多注意学习汉字方面的知识，尤其是计算机普及时代，文字的书写能力快速降低，这一点就更为重要。对于用外文书写的论文，要符合使用语言的文字要求，尽量多读、多练，如有机会请母语人士审校。总之，书写能力是一项长期形成的基本功，非一日可以达成，只有平时注意并有意去学习，才可逐步形成规范漂亮的论文书写风格。

---

① 肖东发，李武编著. 学位论文写作与学术规范. 北京大学出版社，2009 年，第 150 页.

第二节　研究生学位论文的写作规范

研究生学位论文基本上与学术论文要求相同,但是学位论文篇幅更大,结构更完整,具有一些学术论文不具备的构成要素。学位论文主要有两部分内容是学术论文所不具备的:一是封面与目录,二是致谢与后记。

关于封面主要包括如下内容。

(1) 论文的封皮。一般各个研究机构都有统一的规定,如颜色、纸张、规格等。文字部分有论文名称、作者姓名、专业名称、导师姓名与大学(或研究机构)名称。

(2) 扉页。包括如下内容:①分类号。在左上角注明分类号,便于信息交换与处理。一般应注明《中国图书资料分类法》的类号,同时尽可能注明《国际十进分类法 UDC》的类号。②本单位编号。一般标注在右上角。学术论文无此要求。③密级。视报告、论文内容,按国家规定的保密条例,在右上角注明密级。④题名或副题名。用大字号标注于明显地位。⑤责任者姓名。责任者包括论文作者、学位论文导师、评阅人、答辩委员会主席以及学位授予单位。必要时可注明责任者职务、职称、学位等。①

研究生学位论文草稿形成后,需要仔细校对文稿,校对文稿相当于房屋的精装修过程,在这个过程中,可以改动的内容空间已经很少,此时最重要的工作就是检查书写规范。书写规范大体包括段落、字词、标点符号和数字、图标的标注等。

研究生学术论文(学位论文)的写作是研究生从事科研的基本

---

① 李德华.学术规范与科技论文写作.电子科技大学出版社,2010 年,第 241 页.

工作,在上述写作环节中存在许多无人检测到的空间。在当前的考评体制下,要么发表论文,要么赶紧走人,环境总是在无情地驱赶所有从事科研的人员加紧发表,这种压力会潜在地激发学术不端行为发生的可能性,如一稿多投、重复发表、最小出版单元等现象都会出现,这些虽然还不能算严格的学术不端行为,但是已经接近道德底线,必须被禁止。文章乃天下公器,对于论文必须严格遵守学术规范。对于研究生而言,要时刻远离3种最基本的学术不端行为:伪造、弄虚作假、剽窃。有些人为此被迫离开科学界,甚至落得身败名裂,这些惨痛教训应该让所有从事科研事业的人引以为戒。

第三节 研究生学术论文的发表规范

学术论文的发表是整个科学研究过程中最重要的环节之一。发表学术论文有3个意义:首先,把研究成果向社会公布,可以极大地增加人类知识的储量,这是科研工作的职责所在;其次,发表学术论文,便于知识的检索与共享,为知识的传播与扩散提供载体,加快知识流动与更新的速度,避免社会的重复劳动,这也相当于增加社会的福祉;再次,从科学社会学角度来说,发表论文也是争取获得发现优先权的主要手段,因为任何学术论文的发表都是要经过同行评议来实现的,同时,通过发表论文也是个人的学术贡献获得科学共同体承认最有效的机制。按照美国科学社会学家默顿的说法:承认是科学界的硬通货。为获得承认而斗争也是科学发展的内在动力之一。从这个意义上说,发表学术论文的规范对于每个科技工作者都具有重要的规训意义,这种本领也成为在科学界生存的基本功,因此,研究生在开始学术生涯的时候,应该清晰理解学术论文发表的意义和规范。

学术论文发表规范的形成,是科学界在其漫长发展过程中逐渐形成的一套与科学研究、社会需要以及权威设定等要素相匹配的规范集合,它是多方共同作用形成的。当代的科学知识社会学(SSK)的研究对此有很好的论证,但大体来说,任何期刊发表学术论文都包含三大约束条款:首先,学术论文写作要严格遵守学术道德,杜绝任何形式的学术不端行为;其次,期刊对学术论文的原创性与知识产权的要求,如不得一稿多投,合作者必须签署无利益纠纷条款等;再次,学术期刊本身的编辑要求,这里包括很多具有各自特点的信息,如文章字数要求、审稿日期、排版格式、文献标注方式、稿费、版面费等,在这个环节上各种期刊之间存在很多差异。另外,随着网络的普及与流行,稿件正在经历从纸质版投稿向电子版投稿的过渡,由此又引申出对电子版投稿的一些具体要求。根据当代科学知识社会学的研究成果,成果的发表是一项复杂的工作,对于每个科研工作者而言,它都存在一个对研究内容的取舍与建构的过程,这里存在 3 种具有普遍性的情况:其一,要发表论文的内容要与所选择刊物的定位相匹配,否则就造成双方时间与资源的浪费。例如,哲学论文一般不能投稿到工程类刊物,而只能投稿到哲学类刊物,这种分类便于知识的传播与检索,也便于期刊的审稿工作。其二,论文内容要符合所选期刊的核心办刊主旨。例如,快报类刊物适合快速发表学术研究的最新进展,而不适合于发表详细的研究论文。其三,论文的发表格式要严格按照所选刊物的指定要求,这是期刊的特权,如字体的选择、图表的要求、参考文献的标注方式等。每家期刊都有自己多年形成的约定俗成的习惯,这些都是作者不能更改的,只能按照要求去做,否则就被当作无效稿件。最近几年出现一种新型的发表类型,即开放获取(open access,简称为"OA")。OA期刊的基本运行模式是大都采用作者付费、读者免费获取方式。它的优点是充分利用互联网技术,可以比传统期刊更便捷地传播新知识,发表速度也更快。从获取优先权的角度而言,发表速度是一个非常关键的指标。借用清华大学刘立教授的观点,"发表为王,先发为大王"。在发表过程中优先权的考量,应该是所有因素中排在第一位的优先选项。

下面来看几家不同类型的期刊提出的发表要求,自然会领悟到其中的要义。《清华大学学报》(自然科学版)提出的投稿要求如下。①

《清华大学学报》(自然科学版)投稿指南

稿件要求:

(1) 来稿应有创新;立论科学,主题明确,推理严谨;词语准确,句子精炼,使用标准简化字;遵从国家法定计量单位、数字用法、标点符号及其他标准。

(2) 本刊只刊登首发稿。为保证作者的署名权和知识产权,作者和课题负责人应在《稿件登记表》上签名。本刊编辑部对来稿有文字修改权,对所发稿有版权。

(3) 排版要求:A4 页面(左右页边距 1.8 厘米,上边距 3.5 厘米,下边距 1.8 厘米),五号字,单倍行距,双栏排,4～5 页。

稿件流程:

(1) 作者上传的稿件成功后,作者会接到系统自动发送的收稿通知。

(2) 稿件经初审合格后,作者会收到初审编辑发的稿件接受通知。

(3) 作者按照初审编辑的通知到编辑部递交有关材料。

---

① http://qhxb.lib.tsinghua.edu.cn/Corp/30.aspx.

（4）专家外审。

（5）外审通过的稿件编修。

（6）稿件定文发表。

（7）稿件一经刊出，即付稿酬。学报出版后，还将向国内外文献检索机构报送并上网，届时不再向各位作者另付酬。

（8）稿件刊出后半个月左右，期刊及10份单行本会送到第一作者所在单位收发室(假期顺延)。

（9）若作者投稿100天后未收到本刊编辑部的任何通知，可自行处理稿件，并通知编辑部，请勿一稿多投。如不拟刊用，不退原稿，请自留底稿。来稿如涉及保密事项，概由作者本人负责。

再来看一份文科类期刊的投稿指南。下面是《北京大学学报》(哲学社会科学版)投稿须知，从中可以了解到该期刊对于文章的一些要求。①

《北京大学学报》(哲学社会科学版)
（2008年新订编排规范）

《北京大学学报》(哲社版)是北京大学主办的人文社会科学综合性学术期刊。为进一步方便作者写作和读者阅读，从2008年第一期起，本刊将实行新订的编排规范。现将投稿注意事项规定如下：

（1）来稿以10 000字左右为宜。欢迎简明扼要而又论证充分的短文。所论重大理论问题、重要学术问题的论文允许篇幅稍长一些。稿件正文之前请附论文中文摘要（300～400

---

① http://web5.pku.edu.cn/xbss/MainContent.htm.

字)、英文摘要(允许与中文摘要有所不同,不必对应翻译,约200个英文单词)、关键词(3～5个)、作者简介(包括姓名、性别、民族、籍贯、工作单位、学位、职称)。如果所投稿件是作者承担的科研基金项目,请注明项目名称和项目编号。

(2) 对于人文学科的论文不再区分注释(对文章中某一内容的进一步解释或补充说明,或作者对自己观点的阐发)与参考文献,二者均放在当页,以脚注形式出现。对于社会科学的论文,仍然可以将注释和参考文献分开,放于文末的参考文献采用"作者—出版年"制。

(3) 注释与参考文献著录项目要齐全(不需要加文献标识码)。

专著:主要责任者,文献名,出版地,出版单位,出版年,起止页码。

译著:原著者国名,原著者,文献名,译者名,出版地,出版单位,出版年,起止页码。

期刊文章:主要责任者,文献题名,刊名,年,卷(期):起止页码。

报纸文章:主要责任者,文献题名,报纸名,出版日期(版次)。

专著中的析出文献:析出文献主要责任者,析出文献题名,专著主要责任者,专著名.出版地:出版者,出版年,析出文献起止页码。

(4) 引用马克思主义经典作家的著作,采用人民出版社最新版本。例如,《马克思恩格斯选集》、《列宁选集》用1995年版,《列宁全集》用1984年以后版本,《毛泽东选集》用1991年版,《邓小平文选》(一、二卷)用1994年版,等等。

(5) 外文参考文献要用外文原文,作者、书名、期刊名字体一致,采用正体;不得用中文叙述外文,如"牛津大学出版社,某某书,某一年版"等。

(6) 来稿请寄纸质文本,注明详细通讯地址(含街道路名)、邮政编码、联系电话。

(7) 请勿一稿多投。本刊实行双向匿名评审制度。来稿3个月内未收到本刊的用稿通知,作者可自行处理。来稿一般不退,请作者自留底稿;也不奉告评审意见,敬请海涵。

再来看一下工科类期刊的投稿要求,以著名的《金属学报》为例。①

《金属学报》投稿须知

1. 征稿范围

本刊刊登材料科学与工程及冶金科学技术方面具有创新性、高水平、有重要意义的原始性研究学术论文以及反映学科最新发展状况的文献综述和信息性文章。来稿应观点明确、论据充分、数据可靠、层次分明、文理通顺。

2. 投稿要求和注意事项

(1) 文题、作者姓名(一般不超过6人)、作者单位及所在城市和邮编、摘要、关键词均需中英文对照。论文如果获得有关研究基金或课题资助,需提供基金名称及编号(亦需中英文对照)、并提供第一作者的姓名、性别、民族(汉族不写)、出生年、职称、学位,以及联系人姓名、职称、电话、传真及 E-mail 地址。

(2) 论文题目应简洁、准确,不宜使用缩略词;摘要(中文)

---

① http://www.ams.org.cn/CN/column/column106.shtml.

字数一般为 200～300 字,内容应包括论文的研究目的、方法及研究结果等;英文摘要字数为 300～400 个单词(对中文摘要内容进行扩展),简要地介绍研究背景、研究内容、研究成果。关键词的个数为 3～8 个。

(3) 文中量、单位及符号的使用应符合国际标准和国家标准。注意容易混淆的外文字母的文种、大小写、正斜体及上下角标的正确书写。文中外国人名、术语统一为英文,不宜采用中文译法。

(4) 图、表和公式应通篇分别编号,图题、表题应有中英文对照。表格应采用三线表形式,内容以英文表述。

(5) 进行网络投稿时,必须准确、完整地填写所有署名作者的信息。

(6) 稿件在投稿前需按照《金属学报》投稿论文模板中的规定格式对文章进行修改,否则不予接收! 不尽之处的格式、体例可参考近期出版的《金属学报》中文版。

3. 投稿约定

(1) 原稿必须是在中外文正式刊物上未发表的论文。本刊严禁一稿多投、重复内容多次投稿、不同文种重复投稿。一旦发现上述情况,稿件将按退稿处理,并将通知作者单位及材料冶金领域有关期刊。作者本人的稿件今后将不被录用。

(2) 稿件审查结果在 3 个月内通知作者,在此期间,作者不得将稿件投往他处。个别稿件可能送审时间较长。如果作者决定改投他刊或退稿,请通知编辑部后再进行处理。编辑部决定录用稿件后,将及时通知作者。

(3) 在稿件的修改过程中,若超过稿件修改时限 30 日,编辑部将以作者返回修改稿日期作为投稿日期;超过 30 日,编辑部有权对稿件做出退稿处理。

(4) 文责自负,编辑部有权对稿件做技术性、文字性修改,在征得作者同意后可以进行实质内容的修改。

(5) 论文发表后,版权即属于编辑部所有(包括上网的版权)。

(6) 作者需交纳发表费,编辑部将赠寄当期《金属学报》2 册。

4. 相关费用

(1) 发表费:420 元/页(如需使用彩页,另外加收彩页制作费 500 元/页)。

(2) 不向作者收取审稿费用,相应费用由编辑部代付;稿费采用向作者赠送当期期刊以及允许作者免费下载金属学报网站和材料期刊网电子版全文的形式。

5. 稿件流程

(1) 投稿:网络远程投稿,请登录 www.ams.org.cn;投稿成功后可收到 E-mail 回执。

(2) 收稿:编辑收稿,为稿件分配稿号,并由 E-mail 发送稿号信息。

(3) 初审:编辑初审,通过后送外审;否则直接退稿。

(4) 外审:送 2 名专家进行外审。

(5) 终审:主编终审,结合外审意见给出最终结果,即录用、改后再审、退稿。

(6) 编辑:对录用稿件进行编辑、加工、出版。

以上分别介绍了理科、工科以及人文社会科学类期刊投稿的要求,从中不难发现一些共性要素,投稿前仔细阅读所选刊物的投稿要求或指南,也是研究生开始从事学术研究必须做的工作。在学术论文投稿问题上,适当地"投其所好"不是一种学术罪过,恰恰是成功发表的必由之路,这一点无可厚非。现在的问题是如何看待期刊的发表规范与学术研究实践之间的复杂关系,发表规范与科研进展之间的矛盾有 3 个作用:其一,发表规范维系了科学研究的程序化,无形中规训了科技人员的研究行为,这对于科学保持一种稳定的连续性具有形式功能作用;其二,发表规范能够提供标准化的科学研究程序,这对于学科建制化的发展,以及知识的继承性具有重要的维系作用;其三,不能否认,如果发表规范远远落后于科技发展的实践,那么,发表规范将成为制约科技发展的力量,科技发展就是在规范与科研实践之间的矛盾中不断前进的。

发表学术论文对于任何科技工作者都是非常重要的工作,对于研究生同样如此。一个没有发表记录的科研人员是很难获得学术共同体承认的,因此,发表论文对于个人而言是获得荣誉的主要方式。同时,一个国家的科技实力和整体发展水平也是通过众多科研人员的学术论文体现出来的。从这个意义上来说,学术论文的发表,不仅事关个人的毕业、晋升与荣誉,还事关国家科技水平的表征。因此,遵循发表规范、完善发表规范以及改革发表规范是科学家、杂志社与国家之间多方互动的结果,对于刚刚踏入科研领域的研究生而言,更应该积极投身到学术论文的发表行列,参与发表体系的改革与自身科研水平提高的循环中来,这也是当代研究生的一项神圣使命。

第四章　研究生学位论文的评审与答辩规范

第一节　硕士研究生学位论文的评审规范

学位论文是表明作者从事科学研究取得创造性的结果或有了新的见解，并以此为内容撰写而成、作为提出申请授予相应的学位时供评审用的学术论文。硕士论文应能表明作者确已在本门学科上掌握了坚实的基础理论和系统的专门知识，并对所研究课题有新的见解，有从事科学研究工作或独立担负专门技术工作的能力。[①] 为提高与保障学位论文的质量，将依据公平、公正的原则展开学位论文的评审工作。

一、提交、送审硕士学位论文需满足的条件

申请硕士学位人员应当在学位授予单位规定的期限内，向学位授予单位提交申请书和申请硕士学位的学术论文等材料。学位授予单位应当在申请日期截止后两个月内进行审查，决定是否同意申请，并将结果通知申请人及其所在单位。

非学位授予单位的应届毕业研究生申请学位时，应当送交本单

[①] 中华人民共和国国家标准. 科学技术报告、学位论文和学术论文编写格式（GB 7713 – 87）. http://211.155.251.135:81/Jwk_zgnykx/UserFiles/File/geshi.pdf.

位关于申请硕士学位的推荐书。同等学力的人员申请学位时,应当送交两名副教授、教授或相当职称的专家的推荐书。学位授予单位对不具有大学毕业学历的申请人员,可以在接受申请前,采取适当方式考核其某些大学课程。

申请人员不得同时向两个学位授予单位提出申请。[①] 提交硕士学位论文需满足如下条件才可进入学位论文的送审:

(1) 在学制规定的期限内,需完成培养计划所要求的各个培养环节,成绩合格并达到规定学分。

(2) 在学制规定的期限内,需发表已达到校方规定要求数量与质量的学术论文。学术论文需以学生所就读的院校为第一署名单位,且署名为第一或第二作者;若学生为第二作者时,第一作者应是该生导师。

(3) 硕士学位论文对所研究的课题应当有新的见解,表明作者具有从事科学研究工作或独立担负专门技术工作的能力。

(4) 学位论文的格式须符合校方规定的统一格式,包括封面、注释等,不得擅自修改。

(5) 学位论文需经导师审查,同意后送审。

(6) 若学位论文涉密,还应填写《研究生学位论文密级申请表》,经导师、院系密级审定人签字后,由学校科研管理部门和保密办公室审批。

二、硕士学位论文评审的相关事宜

(一) 论文评阅

论文评阅一般在答辩之前进行,并遵循避嫌原则。即由所在学

---

① 中华人民共和国学位条例暂行实施办法. http://www. moe. gov. cn/publicfiles/business/htmlfiles/moe/moe_620/200409/3133. html.

科聘请两名或两名以上副教授级以上(含副教授级)职称的同行专家担任评阅人(其中1名为校外专家),对同等学力申请硕士学位者,需聘请3名评阅人(其中1名为校外或申请者所在单位外的专家)。评阅论文的寄送、评阅意见书的回收、评阅意见的汇总和反馈由硕士研究生所在学科指定的答辩秘书负责,硕士研究生本人不得参与相关事宜,不能打听评阅人信息,更不能以各种方式干扰评阅过程,如不得贿赂、威胁评阅人。

(二) 论文盲审

盲审是指送审学位论文中不得出现学校名称、论文作者和指导教师姓名,以及其他可能辨认出论文来源的字样,由研究生管理机构统一送校内外专家评阅,同时,评阅专家的姓名对学位论文作者及其导师保密,以保证论文评阅的客观公正。在盲审的论文中,不得出现致谢、后记、在读期间发表的论文等内容,论文中的任何地方不得以任何方式透漏作者姓名、导师姓名等相关信息。若违背上述规定,视为作弊。

硕士学位论文盲审一般于答辩前进行,与硕士学位论文评阅同时进行。完成学位论文的硕士学位申请人,方能在指定网站进行学位论文质量抽检。盲审是由完成学位论文的所有研究生在指定网站进行学位论文质量抽检的随机抽签,被抽中者需在规定期限内提交学位论文以进行盲审(提前或延期毕业者、同等学力申请硕士学位者无论抽中与否,其学位论文均需盲审)。

参加盲审的硕士研究生需向学位办公室提交以下盲审所需送审的材料:

(1) 符合盲审格式要求的硕士学位论文1本;

(2) 上海市学位论文"双盲"检查简况表2份(其中1份需由本人签字、导师签字、学院盖章,另1份上述3处不必签字盖章);

(3) 网上抽查确认信息打印件1份(抽查结果的打印页面或用

本人身份证号和姓名查询结果的打印页面)。

(三)评审时效

论文评审一般在1个月内(自论文提交盲审之日起计算)完成。

非提前答辩硕士学位研究生论文的评阅已通过且学位论文已提交盲审者,无论盲审结果是否返回,均可安排论文答辩。

专业学位硕士研究生以及提前答辩的硕士学位研究生,论文评阅已通过且学位论文已提交盲审者,若自提交盲审论文之日起1个月内盲审结果仍未返回,可安排论文答辩。

如答辩后返回的评审意见出现异议情况,单项不合格者仍应按照评审意见修改论文,但不必重新答辩;总体不合格者(总分小于60分)除应按照评审意见修改论文外,还需重新进行硕士学位论文答辩。

对于评审专家的意见,应充分重视、认真研读与吸收。若有学术观点方面的争议,不应以过激的态度与言语对待,而应以谦虚的态度与严谨的语言对待,并可提出申辩;在修改说明或申辩意见时,应秉承科学精神,只从学术角度客观地进行,不得使用任何学术之外的、带感情色彩的、主观判断性的语句。

通过论文评阅和盲审的学生,应根据评审专家意见认真修改论文,并经导师审核同意后方可申请论文答辩;未通过论文评阅和盲审的学生,需按专家意见认真修改,并经导师审核同意后进行复议(复议时需附经导师审核的修改说明)。

以上海某高校硕士学位论文评阅、盲审流程为例。[①] 该校首先是硕士研究生的论文在通过查重后领取盲审号码,即向所在院系教务员领取上海市学位论文"双盲"检查身份确认号,然后凭盲审号登录上海市论文抽检网站(http://lwms. seei. shec. edu. cn/)进行论

---

① http://www.gs.sjtu.edu.cn/inform/3/2009/20091214_141625_471.htm.

文抽检,并打印抽检结果。若未抽中盲审,则直接进入论文评阅阶段,在研究生院网站下载《硕士学位论文评阅意见书》,按要求填写,将硕士学位论文 2 本、《硕士学位论文评阅意见书》2 份一并提交答辩秘书,答辩秘书负责将论文及评阅意见书寄(送)给论文评阅人;答辩秘书负责评阅意见书的回收与评阅意见的汇总、反馈。为了公平、公正,硕士生本人不能参与此过程,不能贿赂、威胁论文评阅人、答辩秘书等。若抽中盲审者(提前或延期毕业、同等学力申请学位者一律按抽中处理),则在抽检网站下载《上海市学位论文"双盲"检查简况表》(一式两份),并按要求填写,其中一份需由本人签字、导师及院系审核并签字盖章;将盲审格式硕士论文 1 本、抽检结果打印件 1 份、《上海市学位论文"双盲"检查简况表》2 份一并提交研究生院学位办,并自行上网查询盲审结果。最后,通过论文评阅和盲审者,应根据评审专家意见修改论文,经导师审核同意后可申请论文答辩;若未通过论文评阅和盲审者,则需按专家意见进行修改,经导师审核同意后进行复议(复议时需附经导师审核的修改说明),复议费用自理。

第二节　博士研究生学位
论文的评审规范

博士论文应能表明作者确已在本门学科掌握了坚实宽广的基础理论和系统深入的专门知识,并具有独立从事科学研究工作的能力,在科学或专门技术上做出了创造性的成果。[1]

---

[1] 中华人民共和国国家标准.科学技术报告、学位论文和学术论文编写格式(GB 7713 - 87). http://211.155.251.135:81/Jwk_zgnykx/UserFiles/File/geshi.pdf.

一、提交、送审博士学位论文需满足的条件

申请博士学位的人员应当在学位授予单位规定的期限内,向学位授予单位提交申请书和申请博士学位的学术论文等材料。学位授予单位应当在申请日期截止后两个月内进行审查,决定是否同意申请,并将结果通知申请人及其所在单位。

同等学力人员申请学位时,应当送交两位教授或相当职称的专家的推荐书。学位授予单位对未获得硕士学位的申请人员,可以在接受申请前采取适当方式,考核其某些硕士学位的基础理论课和专业课。

申请人员不得同时向两个学位授予单位提出申请。

提交博士学位论文需满足如下条件才可进入学位论文的送审:

(1)博士学位的考试课程和要求。在学制规定的期限内,申请博士学位人员必须通过博士学位的课程考试,成绩合格并达到规定学分。

(2)在学制规定的期限内,申请博士学位人员需发表已达到校方规定要求数量与质量的学术论文。学术论文须以学生所就读院校为第一署名单位,且署名为第一或第二作者;若学生为第二作者时,第一作者应是该生导师。

(3)博士学位论文应当表明作者具有独立从事科学研究工作的能力,并在科学或专门技术上做出创造性的成果。博士学位论文或摘要,应当在答辩前3个月印送有关单位,并经同行评议。[1]

(4)学位论文的格式需符合校方规定的统一格式,包括封面、注释等,不得擅自修改。

---

[1] 中华人民共和国学位条例暂行实施办法. http://www.moe.gov.cn/publicfiles/business/htmlfiles/moe/moe_620/200409/3133.html.

（5）学位论文经导师审查,同意送审。

（6）若学位论文涉密,还应填写《研究生学位论文密级申请表》,经导师、院系密级审定人签字后,由学校科研管理部门和保密办公室审批。

二、博士学位论文评审的相关事宜

(一) 论文评阅

依据《中华人民共和国学位条例暂行实施办法》,博士学位论文或摘要应当在答辩前 3 个月印送有关单位,并经同行评议。因此,论文评阅一般于答辩前 3 个月进行,并遵循避嫌原则。由所在学科聘请 3 名副教授级以上(含副教授级)职称的同行专家担任评阅人,副教授级评阅人需具有博士学位。评阅论文的寄送、评阅意见书的回收、评阅意见的汇总和反馈由博士研究生所在学科指定的答辩秘书负责,博士研究生本人不得参与相关事宜,不能打听评阅人信息,更不能以各种方式干扰评阅过程,如不得贿赂、威胁评阅人。

(二) 论文盲审

盲审是指送审学位论文中不得出现学校名称、论文作者和指导教师姓名,以及其他可能辨认出论文来源的字样,由研究生管理机构统一送校内外专家评阅,同时,评阅专家的姓名对学位论文作者及其导师保密,以保证论文评阅的客观公正。盲审论文不得出现致谢、后记、在读期间发表的论文等内容,论文中的任何地方不得以任何方式透漏作者姓名、导师姓名等相关信息。若违背上述规定,视为作弊。

博士学位论文盲审由学校学位办公室组织,以校外"双盲"通讯评议的方式进行,一般安排在答辩前 3 个月,与论文评阅同时进行。

每位博士研究生需向学位办公室提交以下盲审所需的送审材料：

（1）符合盲审格式要求的博士学位论文 2 本；

（2）博士学位论文通讯评议审核表 1 份；

（3）博士学位论文同行专家评议意见书 2 份（填写学号、论文题目、专业及自评表并装订）；

（4）博士学位论文预答辩意见书复印件 1 份。

（三）对论文评审意见的处理

论文盲审须在规定时间（自论文提交评审之日起、寒暑假及国家法定假日除外）内完成。若超过时间仍未返回评审意见者，经导师同意，可申请组织论文答辩，答辩通过后可申请博士学位。如答辩后返回的评审意见出现异议情况，论文作者仍应按照评审意见进一步修改、完善论文。

对于评审专家的意见，应充分重视、认真研读与吸收。若有学术观点方面的争议，不应以过激的态度与言语对待，而应以谦虚的态度与严谨的语言对待，并可提出申辩；在修改说明或申辩意见时，应秉承科学精神，只从学术角度客观地进行，不得使用任何学术之外的、带感情色彩的、主观判断性的语句。

当 2 份盲审意见中任意一份出现单项不合格者，或是总体评价低于 60 分（不含 60 分），或是不同意答辩的情况，即为盲审有异议。关于盲审的异议处理如下：

1. 申诉

对评审意见有争议者，允许学生进行申诉。申诉期限为在收到评审意见之日起 10 个工作日内，可向所属学位评定分委员会提出申诉，申诉应依据尊重知识、坚守科研道德、秉承学术规范的原则。

申诉程序如下：

本人提出书面申诉，经导师签字认可、所在学院认定其书面申诉理由成立者，由学位办公室将其论文及相关材料送另外 2 位校外专家进行评议，评议结果返回后，由所属学位评定分委员会组织不少于 3 人的专家小组,对评审意见和申诉理由进行审核、论证,得出论证意见,提交所属学位评定分委员会仲裁,分委员会仲裁结论报学校学位评定委员会审核。如经认定申诉理由不成立,应按规定进行复议。

2. 复议

有异议的博士学位论文应在修改后进行复议(送原评审专家),复议通过后方可申请论文答辩。如复议后仍有异议结论,不予组织答辩,应继续研究、做出创新性成果,在规定的学习年限内再次修改论文、再次复议,但复议期限最长不得超过 1 年(自论文初次提交评审之日起计算),逾期不再受理其学位申请。复议费用自理。

第三节　硕士研究生学位论文的答辩规范

依据《中华人民共和国学位条例暂行实施办法》,学位论文答辩委员会必须有外单位的有关专家参加,其组成人员由学位授予单位遴选决定。学位评定委员会组成人员名单由学位授予单位确定,报国务院有关部门和国务院学位委员会备案。[①] 因此,在提高与保障学位论文质量的前提下,答辩将遵循坚持标准、尊重知识、发扬学术自由与民主的原则,依据公正、合理、公开的方式(涉密学位论文答辩按涉密会议的方式)进行。

---

① 中华人民共和国学位条例暂行实施办法. http://www. moe. gov. cn/publicfiles/business/htmlfiles/moe/moe_620/200409/3133. html.

一、申请答辩需满足的条件

（1）符合校方关于硕士研究生学位论文查重率标准的规定。

（2）评审专家均"同意组织答辩"，评阅意见无重大异议。

（3）分委员会主席审核、批准答辩申请。

举行答辩会之前，须张贴公示答辩会时间、地点、答辩人姓名及论文题目等信息。

二、答辩申请流程

通过论文评阅及盲审后，在导师指导下按专家意见对论文进行修改、写出修改说明，经导师审核同意后进入答辩阶段。若条件允许，在正式答辩之前可进行一次预答辩。

为保证答辩的公平、公正，所属学科聘请 3～5 名具有副教授以上（含副教授）职称的同行专家（对同等学力申请硕士学位者，必须有 1 名为申请者所在单位外或校外的专家）组成答辩委员会。答辩委员会主席由教授级专家担任。导师可作为答辩委员会委员，但不能担任主席，且答辩委员会必须由 5 名专家组成。

完成学位信息输入、打印、表格填写等，并在填写完成后交答辩秘书。

完整、真实填写《硕士学位申请表》各项内容。

三、答辩会程序

论文答辩按照下述程序进行：

（1）论文作者报告论文的主要内容。

（2）论文作者宣读《学位论文原创性声明》。

（3）宣读论文评阅意见。

（4）答辩委员会成员提问，作者答辩。

（5）休会。答辩委员会举行评议会,对学位论文的学术水平和作者的答辩情况进行评议,并以无记名投票表决得出答辩结论,拟定并通过答辩决议,答辩委员会主席签署答辩决议书。

（6）复会。答辩委员会主席宣布答辩委员会的答辩决议和答辩结论。

（7）论文作者签署《学位论文版权使用授权书》。

四、答辩结论

答辩结论以答辩委员会无记名投票结果决定。

（1）答辩通过。得票数超过答辩委员会成员三分之二者,为答辩通过,建议授予硕士学位并提请所属学科及学院学位评定分委员会审核。

（2）答辩未通过。得票数未超过答辩委员会成员三分之二者,为答辩未通过。一般按硕士结业处理。结业后1年内(自结业之日起计算),经过对原论文修改补充,可再次举行答辩并申请硕士学位,逾期不再受理。

（3）如硕士学位论文答辩委员会的多数成员认为申请人的论文已相当于博士学位的学术水平,除做出授予硕士学位的决议外,可向授予博士学位的单位提出建议,由授予博士学位的单位按本暂行办法中有关博士学位部分的规定办理。

第四节　博士研究生学位
论文的答辩规范

为提高与保障博士学位论文的质量,帮助博士研究生更好地掌握学科知识,提升其学术研究的能力,博士研究生的答辩应包括预答辩与正式答辩。但无论是在预答辩还是在答辩期间,博士研究生都不得通过任何方式对答辩委员会成员进行贿赂、威胁等。

一、预答辩相关事宜

预答辩在博士学位论文完成之后、在正式答辩之前进行。其旨在"通过答辩委员会集体会诊的方式对博士学位论文进行内容和形式上的审查,发现问题,查找缺陷,提出改进意见,并决定可否提交正式审查并答辩"①,从而保证论文写作和论文答辩的较高质量。预答辩将博士学位论文的质量监控重心提前,使得博士生拥有充足的时间修改论文,进而提高与保障保论文质量。

因此,在修完培养计划的全部课程、成绩合格、达到规定的总学分,且完成学位论文初稿并通过导师审阅的条件下,博士研究生可进行预答辩。其流程如下:

学科聘请 5 名副教授级以上同行专家(副教授级专家需有博士学位)组成预答辩委员会,设 1 名预答辩负责人。聘请一名答辩秘书负责博士生预答辩及答辩的相关事务。博士研究生本人的导师应参加预答辩,但不得作为预答辩委员会成员。

公开(涉密论文除外)举行预答辩会。在预答辩会期间,将完成如下工作:

(1) 在博士研究生尊重他人研究成果的基础上,以客观、严谨的态度与语言介绍论文内容、创新性、关键性结论,决不能擅自夸大、捏造创新之处。

(2) 导师从学术角度对博士生的研究情况进行客观、全面的介绍。

---

① 周应恒,耿献辉. 预答辩制度在博士学位论文质量监控中的作用. 学位与研究生教育,
　2004 年第 3 期.

(3) 预答辩委员会成员对学位论文初稿进行质疑,对论文的创新性、学术水平、工作量、论文的理论研究和实验研究的立论依据、研究成果、关键性结论等做出评价并得出结论。

博士研究生应依据客观、公正、谦虚、尊重、实事求是的态度,积极听取预答辩委员会的建议。此外,关于预答辩结论的处理有3种:若预答辩合格,则可在论文定稿并经导师审阅后,进行学位论文评审;若预答辩基本合格,则需进一步修改论文。在论文定稿后,并经导师审阅、同意送审后,进行学位论文评审(须同时提交论文修改说明);若预答辩不合格,则应根据预答辩委员会意见,全面修改论文,经导师审核后,重新进行预答辩。

二、博士学位论文答辩的相关事宜

(一)申请答辩需满足的条件

(1) 达到学校和学院规定的学术论文发表要求,必须实事求是,不得伪造。

(2) 符合校方关于博士研究生学位论文查重率标准的规定。

(3) 公开送审部分,收回送出论文总数70%以上的评阅意见,同时,论文的评审意见为"合格"。

(4) 通过论文评阅及盲审后,在导师指导下按专家意见对论文进行修改、写出修改说明,并经导师审核同意。

(5) 评审专家均"同意组织答辩",评阅意见无重大异议。

(6) 分委员会主席审核、批准申请答辩。

举行答辩会之前,须张贴公示答辩会时间、地点、答辩人姓名及论文题目等信息。

(二)答辩流程

为保证答辩的公平、公正,所属学科聘请5~7名具有副教授以上(含副教授)职称的同行专家(其中至少2名校外专家,副教授级专家不超过 2 名且需具有博士学位)组成答辩委员会。答辩委员会主席由教授级专家担任,且答辩委员会必须由 7 名专家组成。导师可作为答辩委员会委员,但不能担任主席。

完成学位信息输入、打印,填写《通讯评议及评阅意见反馈表》等,并在填写完成后交给答辩秘书。

完整、真实填写《博士学位申请表》各项内容。

(三)答辩会程序

学位论文答辩会应遵循"坚持标准、保证质量、公正合理"的原则,发扬学术民主,以公开方式(涉密学位论文答辩按涉密会议办理),按照下述程序进行:

(1)论文作者报告论文的主要内容。

(2)论文作者宣读《学位论文原创性声明》。

(3)宣读论文评阅意见。

(4)答辩委员会成员提问,作者答辩。

(5)休会。答辩委员会举行评议会,对学位论文的学术水平和作者的答辩情况进行评议,并以无记名投票表决得出答辩结论,拟定并通过答辩决议,答辩委员会主席签署答辩决议书。

(6)复会。答辩委员会主席宣布答辩委员会的答辩决议和答辩结论。

(7)论文作者签署《学位论文版权使用授权书》。

(四)答辩结论

答辩结论以答辩委员会无记名投票结果决定。

(1)答辩通过。得票数超过答辩委员会成员三分之二者,为答辩通过,建议授予博士学位并提请所属学科及学院学位评定分委员会审核。

(2)答辩未通过。得票数未超过答辩委员会成员三分之二者,为答辩未通过。一般按博士结业处理。结业后 1 年内(自结业之日起计算),经过对原论文修改补充,可再次举行答辩并申请博士学位,逾期不再受理。①

---

① 中华人民共和国学位条例暂行实施办法. http://www. moe. gov. cn/publicfiles/business/htmlfiles/moe/moe_620/200409/3133. html.

第五章　强化学术行为规范教育 惩治学术不端行为

在高等院校的研究生培养工作中,规范学术行为,防范学术不端,受到了各方面的高度重视。引导研究生认识科学研究中的学术不端行为及其表现形式,认清学术不端行为的严重危害性,采取切实有效的措施,惩处学术不端行为,是促进高等院校培养具有强烈使命感、理论功底扎实、学术作风严谨、富有创新精神的高层次、高素质人才的一项刻不容缓的重要任务。

第一节　学术不端行为的危害

一、学术不端行为违背科学精神

学术不端行为违背了科学的求真精神。科学是求真之学,追求真理、为真理而献身的精神是科学精神的核心内涵和根本要义。对真理的渴求、执著和热爱,永远是科学探索、科学创新和科学发展中的本源性、内禀性的推动力量,学术不端行为追求的不是真理,而是私利;学术不端行为不求真,而是费尽心机弄虚作假。学术不端行为违背了科学实证精神。实证精神是人们在追求真理时必须坚持一种实事求是的理性态度和求实气质,学术不端行为经不起理性的审视,学术造假、杜撰和篡改捏造出的东西经不起实验的检验。学

191

术不端行为违背了科学的创新精神,科学活动自身的最高价值取向就是提出独创性的思想,科学家努力取得原创性的科学成果,每一个时代的科学家都力图超越前一代,又期望为后一代所超越,创新精神是科学得以不断进步的基础。抄袭和剽窃是把他人的研究成果窃为己有,是对他人研究成果的扭曲性重复,丝毫未有原创性和独创性可言,背离了科学活动求新的最高价值取向。

科学精神是近代以来科学发展所积淀形成的独特的意识、理念、气质、品格、规范和传统。科学从整体上可以分解为科学知识体系、科学研究活动、科学社会建制和科学精神四大层面,科学精神通过前三大层面映射出来,体现了哲学与文化意蕴,是科学的灵魂。科学精神蕴涵在科学思想、科学方法和科学的精神气质之中。科学精神的具体内涵主要体现在下列方面。

(1) 求真精神。科学是求真之学,追求真理、为真理而献身的精神是科学精神的核心内涵和根本要义。对真理的渴求、执著和热爱,永远是科学探索、科学创新和科学发展中的本源性、内禀性的推动力量。

(2) 实证精神。实证原则是科学的一个重要原则,几乎可以作为科学与非科学的划界标准。实证原则所蕴含的实证精神,就是人们在追求真理时必须坚持一种实事求是的理性态度和求实精神。

(3) 怀疑和批判精神。怀疑是科学和信仰的根本区别,有了怀疑意识,人们才能独立地判断和思考,排除轻信和盲从,接近科学的理性。科学批判的理性,在本质上是一种反思和超越,而不是简单或彻底的否定。

(4) 创新精神。科学研究开始于怀疑和批判,但怀疑和批判本身不是目的,而是为了超越和创新。科学活动自身的最高价值取向就是提出独创性的思想,创新精神是科学得以不断进步的基础。

（5）宽容精神。科学是弘扬宽容精神的,它允许"出错",倡导"失败是成功之母",通过"宽容错误"以"激励进取"。宽容精神也是一种民主精神和自由精神。

（6）社会关怀精神。关注现实、关怀社会是科学家应具备的基本品格之一,服务社会是科学的重要职能。科学在本质上是至善的,科学家应自觉地对科学发展及其应用有可能导致的各种后果承担道义上的社会责任,自愿地接受社会对科学活动的评价和选择。[①]

在人们的心目中,科学殿堂是圣洁的,科学研究是一项崇高的职业,从事科学研究的人都是值得敬仰的专家、学者,在他们身上体现的科学精神、遵循的行为规范和持有的价值观念令人折服。学术活动和学术研究是开放的、是与社会活动融合的;专家、学者是社会的成员、是与社会普遍联系的,科学精神、行为规范和价值观念不仅构成了科学工作者所共同遵守的科学道德准则,而且又深刻地影响社会其他成员的精神面貌和道德观念,对社会精神文明建设起着积极的推进作用。

一旦科研工作者违反职业道德,丧失学术诚信,违背科学精神和违反行为规范,将从根本上动摇人们对科学事业持有的美好信念,正如法国著名哲学家费希特在《论学者的使命》中提出的:"你们都是最优秀的知识分子。如果最优秀的分子丧失了自己的力量,那又用什么去感召他人呢?如果出类拔萃的人都腐化了,那还到哪里去寻找道德善良呢?"更值得我们警惕的是,其消极影响并不只限于

---

① 朱贻庭主编.应用伦理学辞典.上海辞书出版社,2013年,第285—286页.

学术范围之内。学术不端行为和学术腐败现象,如向社会生活的其他领域传播和蔓延,将对社会其他成员的精神面貌和道德观念起负面效应,不利于社会精神文明的建设:破坏社会的诚信体系,败坏社会风气,淡化社会的公德意识,助长社会的不道德行为;将侵消社会的发展动力,造成民族精神的虚无、社会理性的涣散、国家利益的丧失。

二、学术不端行为对社会资源和学术生命造成浪费

学术不端行为造成了社会资源配置的失衡和低效。为了争夺国家有限的学术资源,一些人受利益驱动,弄虚作假,骗取国家科研经费。有的学者利用自己的身份和地位,优先为自己安排科研经费和科研项目。有些早有定论并已有成果的科研问题,却还在反复立项研究、发表论文、申报成果;或是改头换面,向不同的部门申请立项。由于低水平重复,缺乏原创性研究,造成我国学术资源浪费,致使原创性学术成果的产出率低下。学术不端行为产生的结果必定是学术垃圾和学术泡沫。中国作为一个发展中国家,在知识进步方面的投入还远远不足,但学术不端行为却白白浪费了宝贵的社会资源。

学术不端行为的泛滥不仅是对社会资源的浪费,也是对学者学术生命的浪费。学者研究能力的养成需要一个较长的时期,学术研究成果的获得需要付出艰巨的劳动、大量的时间和精力。对一个有追求的学者来说,学术生命是极其珍贵的,学术创造的黄金时期是短暂的,千万不可以虚度和浪费。学术不端行为使人把时间和精力浪费在歪门邪道上,投机取巧、剽窃抄袭、弄虚作假,放弃了对学术的追求,丧失了科学探究的动力和热情,消磨了艰苦求索的意志和毅力,枯竭了科学创造力,过早地结束了自己的学术生涯。

案例5.1.1

日本科学家卷入论文造假风波　不堪舆论压力自杀

国际著名细胞学专家、日本国立理化学研究所发生与再生科学综合研究中心副所长笹井芳树,在自己的办公室里自杀,因抢救无效于2014年8月5日上午在神户市的一家医院去世。终年52岁。

笹井芳树是新型万能细胞"STAT细胞"研发的主要责任者。有他一起署名的万能细胞的研究论文遭到质疑,他和主要研究者小保方晴子(女)均遭到调查。2014年1月,小保方晴子在英国《自然》发表论文,他们把体细胞放入弱酸性溶液中并施加刺激,成功培育出能分化为多种细胞的STAP"万能细胞"。因培养过程简单安全,有望给再生医疗带来新思路,论文发表后备受关注,被认为取得了突破性的成果。小保方晴子由此名声大噪,甚至被追捧为有望冲击诺贝尔奖的"日本居里夫人"。

然而,很快便有众多研究人员对论文提出诸多疑点。在舆论压力下,理化学研究所2月中旬成立专门委员会调查论文材料可信性,之后认定小保方晴子在研究过程中存在"捏造"和"篡改"图片行为。论文中的一张实验照片酷似小保方晴子博士论文中的照片,这从根本上破坏了数据的可信度,属于"捏造"行为;另一张实验照片是合成照片,属于"篡改"行为。

小保方晴子申诉称,对论文中的照片做手脚,只是为了让它"更漂亮"。她还拒绝承认她的研究成果站不住脚,"STAP细胞表征经过多次确认,我们曾经200多次成功培育出STAP细胞"。

> 虽然小保方晴子坚持认为这一细胞存在,并在监控下继续从事研究,但是笹井芳树显然难以承受舆论的强大压力和作为科学家的自尊受到损伤,最终选择在自己的工作室里告别了人生。①

三、学术不端行为有损科学研究的诚信和正常的学术秩序

在学术不端方面,伪造和篡改是最恶劣的行径,它们都属于学术造假,在研究的伪成果中提供的材料、方法、数据、推理等方面不符合实际,无法通过重复试验再次取得,有些甚至连原始数据都被删除或丢弃,无法查证。涉及实验中数据伪造和各种实验条件更改的学术欺骗不容易被发现,而且调查起来也需要专门人员介入,并要重现实验过程,因而颇有难度。伪造和篡改的发现多是在文章发表一段时间后,因实验不能重复或者实验数据相互矛盾,致使专家提出质疑,或是由实验室内部人员揭发,才被发现。

科学研究的可信度取决于实验过程和数据记录的真实性。篡改和伪造破坏了实验过程和数据记录的真实性,这使得科学工作者很难进一步开展更深入的研究,也会导致许多人在一条"死路"上浪费大量时间、精力和资源。

案例 5.1.2

哈佛医学院教授在心脏干细胞研究方面学术造假

2018 年 10 月 14 日,据美国著名生命科学网站报道,哈佛

---

① 摘自人民网,http://www.people.com.cn,2014-08-06.

医学院及其附属布莱根妇女医院建议,从多个医学期刊上撤回来自前哈佛医学院教授、再生医学研究中心主任皮耶罗教授的论文。撤回数量达 31 篇,这些论文均涉嫌伪造和篡改实验数据。现年 78 岁的皮耶罗因"发现"心脏含有干细胞而出名,据称这些干细胞,可以再生心肌,从而可以用于治疗心脏病,使得受损心肌细胞的再生修复成为可能,一度被认为开创了心脏干细胞疗法。

然而,国际上很多实验室试图重复他的实验结果却没能成功。2004 年,学术界第一次对皮耶罗的研究产生怀疑。有人在《自然》上指出无法重复皮耶罗的实验。2014 年,美国辛辛那提儿童医院心血管生物学家摩尔肯丁课题组首次用遗传实验证明,小鼠心脏中的干细胞几乎从未产生新的心肌细胞。2015 年,皮耶罗在布莱根妇女医院的实验室被关闭。2017 年,哈佛大学调查后披露,皮耶罗确实存在使用欺诈性数据获得政府研究资金的行为,于是被判赔偿政府 1 000 万美元。2018 年,摩尔肯丁再度发表论文对皮耶罗开炮,声称哺乳动物体内几乎没有心脏干细胞。

自皮耶罗提出心脏干细胞以来,各国科学界和医学界对于这项研究的投入都十分巨大。仅仅安维萨博士本人,在这个项目上申请了超过 5 000 万美元的科研经费。皮耶罗的学术造假,不但造成了巨大的经济损失,而且误导了医学界许多人的研究方向,浪费了他们大量的时间、精力和资源。①

---

① 刘亚东,2018 十大科技丑闻大盘点,科技日报,2018 年 12 月 26 日。

四、学术不端行为贻误人才的培养

　　高等学校肩负着培养高素质人才的重要任务,学生能否受到良好的学术训练将影响他们的成才。"学高为师,身正为范",教师学术道德素质的高低,其学术行为是否规范,是影响学生学术道德素质高低的一个重要因素。尤其是在研究生教育阶段,导师和学生的关系比较密切,导师对学生的影响更大。导师之"导"有双重含义:一是在专业知识上引导研究生向纵深方向发展;二是在人品、素养上引导研究生健康成长。导师只能靠学高、身正,即既能在专业上不断钻研,始终站在学科前沿,又能在遵循学术道德方面以身作则,给学生以正确的指导,才能培养出高质量的高层次人才。如果导师自身学术道德素质不高、学术行为不轨,他给学生不传正道、不授正业、不能解惑,那他决不能培养出值得社会信赖的合格的人才。研究生原本是怀着憧憬进入学术殿堂接受深造的,当他们发现自己的导师挖空心思骗取项目经费、编造科研成就、不择手段地追名逐利;当看到自己身边的一些硕士生、博士生弄虚作假、投机取巧骗取学位,他们将失去对学术研究的虔诚和热情,他们的人生观、价值观会受到巨大的冲击,在今后的人生道路上留下难以抹去的阴影!

五、学术不端行为贬低学术界和知识分子的社会公信力

　　学术是社会文化的精华,是衡量一个社会文明水准的重要尺度。学术研究的职责是探索真知,阐释正义,传承人类文明;学术界的基本职能是传播、生产和创造知识。知识分子作为社会的一个阶层,承担阐释和创造文化价值与文化知识的使命,他们拥有很高的文化智慧和思想境界,在人类社会生活中发挥着先锋作用。他们享有崇高的社会地位,具有广泛的社会公信力。社会不同阶层的民众对于学术界与知识分子怀有信任与好感,寄予很高的期望。

学术不端行为贬低了学术的公信力,损害了知识分子在人们心目中的良好形象,动摇了人们对真善美的追求和对科学研究的信仰,产生了对学术界和知识分子的信任危机。学术不端行为的泛滥,将使中国学术界与教育界丧失信誉,阻碍中国学术传统和学术评价体系的建构,淡化学术以及学术界本身存在所具有的意义,这将给学术界带来无可比拟的巨大损失:如果学术事业失去了民众的理解和支持,将无以为继;而对整个社会的发展带来的负面效应更莫能忽视:我们的民众无法从学术界分享理性工作的成果,无法得到人类文化价值标准的规范和指导,社会将无法进一步提升自身的品味和境界而趋于沉沦。

案例5.1.3

使国家蒙羞的韩国黄禹锡干细胞造假事件

2005年年底,韩国首尔大学黄禹锡教授在胚胎干细胞的研究中造假的消息公布后,韩国国内大为震惊,这是对全民的"毁灭性打击"。黄禹锡带领他的科研小组曾经创造了多项世界第一:1999年在世界上首次培育成体细胞克隆牛;2002年克隆出了猪;2003年又首次在世界上培育出"抗疯牛病牛";2005年他的科研小组成功培育出世界首条克隆狗。这些成果,令他成为国际生命科学领域的权威人物,也成为当时韩国的民族英雄。

从2001年起,黄禹锡的研究重点从动物转向了人类胚胎干细胞方面的研究。2004年2月他在美国《科学》上发表论文,宣布在世界上率先用卵子成功培育出人类胚胎干细胞。2005年5月,他又在《科学》上发表论文,宣布攻克了利用患者体细胞克隆胚胎干细胞的科学难题。

2005年年底，韩国文化广播公司新闻节目《PD手册》揭露黄禹锡在研究过程中"取用研究员的卵子"的丑闻。随后，他的研究小组成员指出其论文中有造假成分。首尔大学随后开展了调查，并于2005年12月15日宣布，确认黄禹锡所谓成功培养出的胚胎干细胞事实上并不存在，黄禹锡发表在《科学》上的干细胞研究成果纯属子虚乌有。

首尔大学解除了黄禹锡的教授职务，韩国政府取消了授予他的"最高科学家"称号。黄禹锡名誉扫地，韩国也为之蒙羞，韩国有人建议把2005年12月15日称为"国耻日"。2006年2月4日，大约2 000名黄禹锡的支持者在首尔市区举行支持黄禹锡的集会活动，一名年逾50岁的韩国卡车司机在首尔自焚身亡，他在自焚前向路人分发了要求黄禹锡恢复干细胞研究的遗书。一名集会参与者对路透社记者表示："自焚事件透露出我们对黄禹锡没落的无比失望，他曾经给了我们如此大的希望。"①

第二节　加强学术道德建设　防范学术不端行为

一、加强研究生学术道德教育

在研究生教育中要大力提倡道德自觉意识，加强道德规范教育

---

① 摘编自新浪网，http://www.sina.com.cn 2006-02-05.

和学术诚信教育,强化对防范科研不端行为的引导。建立学术诚信的原则和预防学术不端的制度,提高研究生的业务能力和道德修养,规范研究生学术行为,是研究生教育的一项重要任务,也是促进高等教育事业健康发展、加快培养高层次人才的重要保障。

毋庸讳言,近年来,研究生的学术不端事件屡有发生,例如,抄袭、剽窃他人成果,捏造或篡改实验数据,发表论文"一稿多投",杜撰参考文献,引文不加注释,不当署名等。研究生学术不端行为的产生有多方面的原因,如当今社会正处在急剧的转型期,社会道德失范,道德水准滑坡,高校在对研究生道德行为规范方面的教育和培养缺失,学术生态遭到破坏,导师对研究生道德规范的引导不给力,学校对研究生的监管方式和监管手段不完善,对不端行为的惩处力度不够,研究生个人道德自律意识淡薄,等等。

重视研究生学术道德教育,不仅关系着我国高层次人才诚信品质的培养,也是推动学术创新的重要保证。教育部近年来先后发布了《关于树立社会主义荣辱观,进一步加强学术道德建设的意见》、《关于加强学术道德建设的若干意见》、《高等学校哲学社会科学研究学术规范(试行)》、《关于进一步加强和改进师德建设的意见》,中国科学院也向社会发布了《科学理念的宣言》、《关于加强科研行为规范建设的意见》等文件,许多高校也进一步修订完善了本校学风建设的规章制度和实施办法。

要加大研究生学术道德教育的力度,采取多种方式积极宣传国家、学校关于学术规范的文件以及著作权法、专利法、合同法等相关法规,借鉴国外一流大学的经验,加强研究生法纪观念、学术道德等意识形态教育,并将这种教育贯穿于研究生在校学习、科研的整个培养环节中,积极营造以人文精神和科学精神为核心的校园文化,增强研究生服务国家、服务人民的社会责任感,培育研究生正直诚信、追求真理、勇于探索、团结合作的品质,弘扬学术正气,最终将这种学术正气潜移默化为研究生内在向上奋进、勇于抵制学术不端行为的动力。

欧美的大学普遍实行荣誉制或荣誉准则,制定了校内学术诚信政策。美国哈佛大学发给每一位新生《学习生活指南》。该指南的扉页上用加大、加粗的字体写道:"独立思想是美国学术界的最高价值,美国高等教育体系以最严肃的态度,反对把他人的著作或观点化为己有,即剽窃。"

美国大学荣誉制或诚信制的建立要追溯到 1817 年的威廉与玛丽学院,但真正将荣誉制推广至全美国大学的是弗吉尼亚大学。1841 年 7 月,新上任的弗吉尼亚大学教授团主席亨·乔治塔克尔提出一项决议,在以后的所有考试中,每一个考生都要附上一份承诺书——"我,作为一名文学学士,以我的荣誉起誓,在本次考试中绝不接受任何人的帮助。"这份承诺书就是学生向校方承诺不舞弊的"荣誉誓词"。荣誉制度由此从弗吉尼亚大学推广到全国。

通过这样的形式,学生们一入学就受到学术诚信的教育,也知道学术造假、论文抄袭的后果会影响一生。因为一旦被发现剽窃和造假,一个人的职业生涯会就此终结。[1]

北京大学研究生院为提高研究生的学术素养和科学精神,从 2010 年秋季起,开设"研究生科学精神与学科素养"公共课程,每学期邀请不同学科领域的知名学者,举行学术报告,专门安排了若干场以学术道德规范为主题的专题报告,例如,"负责任的科学研究:实验与写作"、"网络环境下的版权:保护与分

[1] 张田勘. 国外如何应对学术不端. 民主与法制,2010 年第 14 期.

享"、"科学研究贵在不断探索和创新：以语言研究为例"。自开设以来，受到了各方的高度关注，通过网络、电视等方式扩大受众范围，目前已成为研究生课程的"标杆"和"旗帜"。

北京大学大部分院系开设了研究生学术道德规范和科学研究方法类的基础课程，研究生学术道德规范课程体系已日趋完善。例如，化学与分子工程学院专门开设了"学术道德规范与科技写作"研究生必修课，结合学科特点和研究生学习需要，讲授化学学科的基本规范；生命科学学院把以往课程中涉及学术道德规范和研究方法的内容整合为"生命科学文献导读"，要求学生精读文献，进行课堂讲演述评并深入讨论，训练学生规范撰写学术论文的能力；医学部开设的"科研诚信与学术规范"研究生课程，使研究生了解学术不端行为的类型及危害，充分认识学术道德规范的重要性和必要性，以帮助其在科研过程中更好地遵守规范；历史学系开设的"论文写作与指导"课程，内容包括学术研究应具备的基本素质、什么是学术研究的原创性、如何撰写学术论文、论文撰写过程中的常见问题、如何利用第一手资料研究问题等。一些院系还推出了英文论文写作的指导课程，聘请外籍教师上课，指导研究生学习学术道德规范方面的基本原则和国际惯例，课程广受欢迎，效果良好。①

二、优化研究生培养的创新激励机制

深化研究生教育改革，建立和健全培养创新型人才的机制，充分调动研究生勤奋学习和科研创新的积极性。学术不端行为严重

---

① 何峰，贾爱英，郭蕾.研究生学术道德规范教育体系的探索与实践——以北京大学为例.学位与研究生教育，2012 年第 5 期.

褒渎学术创新精神,由此,对研究生进行创新激励十分迫切。培养研究生追求真理、探索未知、开拓创新的科学使命感,树立踏实的学风,使他们安心治学、刻意求新,努力取得创造性成果,增强对科学不端行为的免疫力,自觉抵制学术不端行为。

完善以提高创新能力为目标的学术学位研究生培养模式,统筹安排硕士和博士培养阶段,促进课程学习和科学研究的有机结合,强化创新能力培养,探索形成各具特色的培养模式。重视对研究生进行系统科研训练,要求并支持研究生更多参与前沿性、高水平的科研工作,以高水平科学研究支撑高水平研究生培养。鼓励多学科交叉培养,支持研究生更多参与学术交流和国际合作,拓宽学术视野,激发创新思维。

加强课程建设,重视发挥课程教学在研究生培养中的作用。建立完善培养单位课程体系改进、优化机制,规范课程设置审查,加强教学质量评价。增强学术学位研究生课程内容的前沿性,通过高质量的课程学习,强化研究生的科学方法训练和学术素养培养。构建符合专业学位特点的课程体系,改革教学内容和方式,加强案例教学,探索不同形式的实践教学。

根据研究生的学术兴趣、知识结构和能力水平的不同,制定个性化的培养计划。发掘研究生创新潜能,鼓励研究生提出具有创新价值的研究课题,在导师和团队指导下开展研究,由培养单位提供必要的条件支持。制定配套政策,支持研究生为完成高水平研究适当延长学习时间。

三、发挥导师在研究生学术行为规范养成过程中的主导作用

2013年4月《教育部、国家发展改革委、财政部关于深化研究生教育改革的意见》指出:"强化导师责任。导师是研究生培养的第一责任人,负有对研究生进行学科前沿引导、科研方法指导和学术

规范教导的责任。完善导师管理评价机制。全面落实教师职业道德规范，提高师德水平，加强师风建设，发挥导师对研究生思想品德、科学伦理的示范和教育作用。研究生发生学术不端行为的，导师应承担相应责任。"

高校应按国家教育发展的要求、按学校长远发展的要求，借助当今社会和学术界整顿学风这一良好契机，努力建设一支能够适应科技创新、责任心强、师德高尚、在学术界享有良好声誉的导师队伍。充分发挥导师在研究生学术道德行为规范养成过程中的主导作用，通过大力弘扬实事求是的科学精神之"正气"，来压制弄虚作假、投机取巧的"邪气"。

对研究生而言，导师不仅是他们学位教育的指导者，更是今后从事科研、学术生涯的引路人，导师本身的人格魅力、道德品质等方面对研究生的影响是最直接的、也是最深远的，师生交往本质就是教师的人格精神与学生的人格精神在教育中的相遇，教师的人格精神必定对学生的成长起表率作用和产生深刻的影响。导师是决定研究生培养质量的重要因素，在培养研究生的过程中，导师不仅要注重学生的学术科研能力的培养，还应加强对研究生学术诚信方面的教育，在规范研究生学术行为方面发挥至关重要的作用。

2018年1月《教育部关于全面落实研究生导师立德树人职责的意见》要求，导师"指导研究生恪守学术道德规范。培养研究生严谨认真的治学态度和求真务实的科学精神，自觉遵守科研诚信与学术道德，自觉维护学术事业的神圣性、纯洁性与严肃性，杜绝学术不端行为；在研究生培养的各个环节，强化学术规范训练，加强职业伦理教育，提升学术道德涵养；培养研究生尊重他人劳动成果，提高知识产权保护意识"。

要重视导师队伍职业道德、学术道德的素质建设，一个合格的研究生导师，首先应该业务扎实，并且对指导方向的最新研究成果和研究动态有比较全面的把握;其次应该在学术问题上自律、严谨、求实,坚决杜绝学术造假行为和学术不端行为。要加强导师评聘前的学术道德考查,加强学术道德相关教育的岗前培训、定期评议;同时,积极建立有效机制激励导师严谨求实、科研创新,奖励符合规范的行为。必须有效地约束导师队伍中的不良学术行为,同时强化导师对研究生学术不端行为的负责制,凡出现严重的学术不端行为,不授予学生学位,其导师被取消指导学生的资格等。

第三节 采取有效措施 大力惩处学术不端行为

研究生要自觉接受在学术诚信、学术道德和学术规范方面的监督。对研究生学术不端行为,必须加以惩处。教育部《关于严肃处理高等学校学术不端行为的通知》指出:"高等学校对本校有关机构或者个人的学术不端行为的查处负有直接责任。""高等学校要建立健全处理学术不端行为的工作机构,充分发挥专家的作用,加强惩处行为的权威性、科学性。学术委员会是学校处理学术不端行为的最高学术调查评判机构。学术委员会要设立执行机构,负责推进学校学风建设,调查评判学术不端行为等工作。"

一、惩处学术不端行为的原则和程序

教育部《关于严肃处理高等学校学术不端行为的通知》明确,处理学术不端行为"要遵循客观、公正、合法的原则,坚持标本兼治、综合治理、惩防并举、注重预防的方针,依照国家法律法规和有关规定,建立健全对学术不端行为的惩处机制,制定切实可行的处理办法,做到有法可依、有章可循"。2011 年教育部在《关于切实加强和改进高等学校学风建设的实施意见》中再次明确:"对于学术不端行

为的处理,要遵循实事求是、严肃认真的原则,同时,注意维护当事人的合法权益。"

《清华大学关于学术不端行为的处理办法(试行)》的第三条阐明了对学术不端行为的处理原则:

(1)尊重事实。相关部门妥善保存举报资料和相关材料,及时进行细致调查,实事求是地予以处理。

(2)依法按章。在调查处理过程中依法保护举报人和被举报人的名誉权和隐私权。接到举报后,在未做出调查结论之前,学校保障被举报人的正常教学、科研活动和相关利益。

(3)公正透明。保护公众利益、举报人利益和被举报人的申诉权利以及相关当事人的知情权。

(4)教育和惩处相结合。对情节严重、影响恶劣的学术不端行为的人坚决给予严肃处理,以教育大多数和当事人。

《北京师范大学处理学术不端行为实施细则》第三条提出,对学术不端行为进行处理应遵循以下原则:

(1)事实清楚、证据充分。

(2)保护举报人、投诉人和被举报人、被投诉人的合法权益。

(3)教育与惩罚相结合。

对学术不端行为的认定必须遵循相应的程序,参照国内外一些高校的做法,这一程序大致包括以下过程:

(1)受理立案。一般是从举报人的申请(包括有关当事人的匿名举报)开始,启动处理程序。

(2)调查。包括初步调查和正式调查。初步调查即访谈涉案对象、收集信息,以初步确认不端行为是否存在;正式调查包括对实验和其他数据进行广泛评议,对研究涉及的所有当事人进行访谈等。在调查过程中,调查机关与人员可以采取包括检查、询问证人和鉴定人、请专业机构出具意见书、要求当事人提供证据、听取当事人意见、现场勘验、科学实验、鉴定等各种措施。

(3)听证。调查组织经过调查取证,认为指控的学术不端行为属实时,通知被认定有学术不端行为的当事人,并告知当事人有要求举行听证的权利。如果当事人要求举行听证,应当为其安排。

(4)决定。调查要最终形成报告,给出不端行为是否属实、不端行为严重程度的结论,并据此结论给出处罚。

(5)申诉与复查。当事人如果对学术不端行为的认定存有异议,可向委员会所属组织提出申诉,要求重新进行调查。

(6)公布结果。学术不端行为不仅侵犯了个人权益,而且危害整个学术的健康发展,应当通过公众媒体对外发布学术不端行为的认定以及相应的责任。

2016 年 9 月起正式施行的《教育部关于高等学校预防与处理学术不端行为办法》,对学术不端行为的惩处分为受理、调查、认定和处理。

1. 受理

高等学校应当明确具体部门,负责受理社会组织、个人对本校教学科研人员、管理人员及学生学术不端行为的举报。对学术不端行为的举报,一般应当以书面方式实名提出,并符合下列条件:①有明确的举报对象;②有实施学术不端行为的事实;③有客观的证据材料或者查证线索。

2. 调查

学术不端行为举报受理后,应当交由学校学术委员会按照相关程序组织开展调查。高等学校学术委员会决定进入正式调查的，应当通知被举报人。高等学校学术委员会应当组成调查组，负责对被举报行为进行调查，调查组应当不少于 3 人。调查可通过查询资料、现场查看、实验检验、询问证人、询问举报人和被举报人等方式进行。调查组在调查过程中，应当认真听取被举报人的陈述、申辩，对有关事实、理由和证据进行核实；认为必要的，可以采取听证方式。

高等学校学术委员会应当对调查组提交的调查报告进行审查。对被调查行为是否构成学术不端行为以及行为的性质、情节等做出认定结论，并依职权做出处理，或建议学校做出相应处理。

3. 认定

经调查，确认被举报人在科学研究及相关活动中有下列行为之一的，应当认定为构成学术不端行为：①剽窃、抄袭、侵占他人学术成果；②篡改他人研究成果；③伪造科研数据、资料、文献、注释，或者捏造事实、编造虚假研究成果；④未参加研究或创作而在研究成果、学术论文上署名，未经他人许可而不当使用他人署名，虚构合作者共同署名，或者多人共同完成研究而在成果中未注明他人工作、贡献；⑤在申报课题、成果、奖励和职务评审评定、申请学位等过程中提供虚假学术信息；⑥买卖论文、由他人代写或者为他人代写论文；⑦其他根据高等学校或者有关学术组织、相关科研管理机构制定的规则，属于学术不端的行为。

4. 处理

高等学校应当根据学术委员会的认定结论和处理建议，结合行为性质和情节轻重，依职权和规定程序对学术不端行为责任人做出处理。

美国对学术不端的处理程序有 6 项：举报、评估、查询、调查、裁决和上诉。

具体的过程如下：研究人员被指控行为不端时启动处理程序，然后由被举报者所在研究机构初步评价被指控的行为是否符合联邦政府关于研究不端行为的界定，如果评估初步认定涉嫌学术不端，则由被举报者的研究机构进行初步调查，以确定是否有足够的证据开展全面的调查。如果证据充分，则由科研诚信办公室授权成立调查委员会进行全面的调查，调查后向科研诚信办公室写出报告，提出处理意见。此后，由卫生和人类服务部负责卫生事务的助理秘书做出接受或拒绝研究机构调查意见的结论。最后是科研诚信办公室负责实施惩罚，或者与当事人协商达成自愿排除（即放弃抗辩）协议。在调查的过程中和最后定案之后，都给被指控者上诉的机会。

学术不端的调查和处理必须遵循法律上的分离和制衡原则，以确保程序和结果的公正。具体而言，诚信官员负责评估，但不直接干预调查，同行的专家参加查询，但一般不参加正式调查，正式调查也由同行专家进行，但调查结果出来后，是由没有参加调查的监察官员和裁决官员来做出是否行为不端的结论。在裁决结果出来后，还有独立的上诉和听证。一个重要的原则是，尽管参与查询和调查的专家都是同行，但都不能存在利益冲突。①

哥伦比亚大学对学术不端行为的认定程序主要包括教师告知阶段、举行听证会阶段、向学校提交正式报告阶段、学校做出正式裁决阶段与学生进行申诉等 5 个阶段。

① 张田勘. 国外如何应对学术不端. 民主与法制，2010 年第 14 期.

（1）告知。在哥伦比亚大学，教师若发现了学生有学术不端的可疑迹象，包括剽窃、作弊、未经批准的合作和其他学术不端行为等，教师可告知（书面或电话告知）学生或与学生相关联的人，并要求其对此做出解释。

（2）听证会。教师可以为学生举行一场公开或不公开的听证会，参与主体可以是个人，也可以是团体，学生可在听证会上为自己的学术不端行为进行辩护。

（3）提交报告。若确定了学生的学术不端行为，听证会应提交一份正式的书面报告递交教务处，要求对学生做出适当的惩罚。

（4）裁决。对学生做出初步的处罚决定，若学生接受，则结案。

（5）学生申诉。若学生对处罚不服，可在 10 个工作日之内将此案例提交给校委员会，交委员会将责成教务处重新调查。校委员会将在 10 个工作日之内，通过征求教师与目击者书面陈述及意见，重新做出决定，并将此决定转发给教师。①

英国大学学术不端处理体系包括学术不端专门认定机构的设立和学术不端行为的处置程序。②

1. 英国大学学术不端专门认定机构的设立

在英国很多大学都针对学术不端行为设立了专门的认定和处理机构，这类学术不端的专门认定机构大多存在短期性和永久性两个层次。短期性的学术不端认定机构通常用于处置

---

① 马焕灵，赵连磊. 美国高校学生学术不端行为校园规制摭探. 比较教育研究，2012 年第 9 期.

② 许娜，蔡丽婧. 英国高校学术不端处理体系分析——以剑桥大学、牛津大学、帝国学院为例. 才智，2018 年第 32 期.

学术不端事件的初期阶段。例如,牛津大学和帝国学院均会在接到学术不端举报后设立临时性的事件调查小组,这类临时性的学术不端事件调查小组通常保持在 3~5 人规模。组成人员既包括本学院的领导负责人,同时又有其他学院的领导负责人以及第三方机构的行政监督人员。表 5.1 给出英国大学学术不端管理体系的组织结构。短期性的学术不端事件调查小组主要负责学术不端事件的证据信息收集整理、案件相关人员的约谈访问,并最终形成完整的学术不端事件调查报告,提交永久性学术不端管理机构进行最终处置。永久性学术不端管理机构通常行使最终裁决权,其设置的目的在于有效地管理和处置学术不端案件,同时也能够在学术研究领域起到一定的威慑意义。

表 5.1　英国大学学术不端管理体系的组织结构

阶段	机构	组成	功能
预审查阶段	临时调查小组	3~5 人本院及外院教授、行政管理者	收集学术不端事件信息、证据,以及约谈被调查者等工作
正式审查阶段	审查委员会	由学术不端专职管理人员组成	召开学术不端审查会议、评估学术不端事件等级、形成审查最终报告
最终决定阶段	校长办公室	校长、股东大会代表	评阅审查会议报告、裁定学术不端事实

注:帝国学院在学术不端的最终决定阶段由学校股东大会行使权力,剑桥大学、牛津大学则以校长办公室行使最终的决定权力。

2. 英国大学学术不端行为的处置程序

剑桥大学的学术不端管理程序一般包括调查会审理、学位委员会裁决和学校校长决定 3 个过程,其中调查会审理是剑桥大学学术不端管理程序的主体部分。

（1）审查会议的前期资料收集。任何一起学术不端剽窃事件都需经过学术不端调查委员会进行审理，在审理过程中既要划定被审理人员的学术研究工作范围，同时，还需识别各类的未归因来源。最后，由识别审查工作人员评估审查对象中需要做出修改的部分，并最终由审查委员会商议是否将案件提交大学校长裁决。学术不端审查委员会对案件审查时的第一阶段在于鉴定案件中的抄袭行为分属哪一类抄袭类别，并以此为基础收集相关的信息和证据提供给审查委员会。审查员应通过抄袭者的导师组织抄袭者参加相关审查会议，在此过程中抄袭者的导师需告知抄袭者在整个会议过程中需要提供的材料，如证据连同证据副本、其他相关的证据。参与审查的记录人员应整理、保留会议的全部正式记录，审查会议形成的记录将作为今后相关抄袭案件中的证明材料。

（2）审查会议的时间划定及人员组织。审查会议在时间选择上应当遵循不干扰被审查人员正常工作学习的原则，在组织审查会议的时间决定上应提前于被审查者的重要考试时间且避开被审查者的最后考试时间。在审查会议人员组成上，首先审查人员必须根据自身的评估工作对被审查事件做出分类，审查委员会的主席需在审查会议举办前征求大学校长的意见并最终确定相关的分类名单。学术不端案件的审查委员会组成人员一般由审查委员会主席、负责标记工作的审查员、被审查者、被审查者的导师以及相关学院负责人组成。此外，被审查人员还可根据自身的情况和需要向学术不端审查委员会提出委托代表的申请，委托代表负责代表或协助被审查人员参与整个学术不端的案件审查过程。

（3）审查会议的整体会议过程。在审查会议进行的起始阶段，审查委员会主席负责人需要向全体参会人员阐述会议的目的及流程，被审查人员应当在会议开始阶段便获取其被审查结果的相关信息。被审查人员有权在会议审查过程中申请法律代理。围绕着学术不端行为的证据做出辩论是审查会议的主要内容，被审查人需对审查委员会提出的证据质疑做出一一回答和解释。审查会议需要存有专门的会议记录，会议记录不仅需要详细，同时还需要实现所有参加审查会议人员的共同参与。

（4）审查会议的结果审议阶段。在审查会议结束后，审查委员会主席需借由被审查者导师通过书面陈述的方式将审查会议的结果传送给被审查者和整体审查会议的参与人员，并告知被审查者的最后审议决定，若事实结果足够严重需判定为剽窃，则审查会议提供的报告需做出较为详细的阐述。最后，审查会议的主席需将整个会议审查案件的相关资料及所有的支持证据资料递交给大学校长进行审查。整个学术不端剽窃事件审查的面谈记录资料、审查会议的会议记录资料以及由审查会议参与人员编制的其他相关会议证据资料，这些资料交由校长进行最后的资料审查，并做出关于整个学术不端事件审查的最终决议。

二、惩处学术不端行为的措施

在对学术不端行为认定之后，必须对学术不端行为严肃处理，当事人要承担责任、受到惩处。通常，对学术不端行为采取惩戒与教育相结合的方针。

案例 5.3.1

美国医学院研究人员的学术不端行为受到严厉惩处

学术不端行为受到最严厉惩处的是美国伯灵顿市佛蒙特大学医学院的研究人员艾里克·波赫尔曼。2006 年 6 月 28 日,他被美国佛蒙特州伯灵顿地方法庭判处在监狱中服刑 1 年零 1 天。对波赫尔曼的行为提出质疑和举报的是佛蒙特大学波赫尔曼实验室一位 24 岁的研究助理。波赫尔曼被举报后,佛蒙特大学随即启动了调查,发现其在 3 篇论文中造假。此后,美国国立卫生研究院组成的调查组又进行了长达两年的调查,发现了其他问题。最后,波赫尔曼在 2005 年的一个认罪协议中承认,在自 1992 年起的 10 年中,在 15 个联邦科研经费申请以及 10 篇论文中造假。①

哈佛大学根据学生学术不端行为的判定标准,学校将做出相应的惩罚:①警告,包括正式和非正式两个方面,正式警告将成为校方记录的一部分,非正式警告则不然。②停课,暂停学生部分课程的学习。③强制劳动,根据学生犯错的情况,给以适当时间的强制劳动,以此来教育学生。④留校察看,即对学生在此期间的表现进行观察,为之后的决定做参考。⑤驱逐出校,即对学生做出最严厉的处分,此决定一旦生效,学生的档案记录上将永久显示,而且学生将不会被学校重新接纳。

哥伦比亚大学对学生的学术不端行为做界定,对不同的学术不端行为有相应的惩罚措施,详见表 5.2。

---

① 张田勘. 国外如何应对学术不端. 民主与法制,2010 年第 14 期.

表 5.2　哥伦比亚大学学生学术不端行为界定与惩罚一览表①

学术不端行为	举　例	惩罚措施
在正式考试与测验中的剽窃和欺骗	剽窃包括：①提交非本人的观点与作业；②仿冒他人的想法与成果；③使用网络资源而未加引用与未标明信息来源等；④自我剽窃，即多次提交同一作业 作弊包括：①要求给予或接到未经批准的帮助；②使用抄袭的笔记以及在考试中得到未经允许的帮助；③在考试中不正当地使用电子设备，例如，打开未经允许的电脑文件，使用手机(或其他通讯装置)，在考试中检查、阅读和发送电子邮件等；④仿冒标有"禁止分享"其他学生的考试资料；⑤窥视其他学生的作业(或允许其他学生窥视)；⑥煽动和教唆他人作弊	惩罚措施包括课程级别降为"F"、停课、驱逐出校；多次违反将逐步增加惩罚的强度
在课堂作业中的剽窃和作弊(如提交家庭作业等)	剽窃包括：①提交非本人的作业或观点；②仿冒他人的想法与作业；③使用网络资源而未加引用与未标明信息来源等；④自我剽窃，即多次提交同一作业；⑤将其他学生作业作为自己的作业来提交的行为 作弊包括：①要求给予或接到未经批准的帮助；②仿冒标明确有"禁止分享"其他学生的考试资料；③以小组形式来做作业，却将作业标明为"个体"作业；④将未做任何贡献的学生名字添加到小组成员名单中的行为	惩罚措施包括课程级别降为"F"、停课、驱逐出校；多次违反将逐步增加惩罚的强度；有效减缓处罚的因素，如非有意或疏忽(无意中)的错误，将会减轻处罚

---

① 马焕灵,赵连磊. 美国高校学生学术不端行为校园规制摭探. 比较教育研究,2012 年第 9 期.

续　表

学术不端行为	举　　例	惩罚措施
破坏学习进程（包括老师和行政管理者所设置的课程与活动）和学校团体的行为	①言语和肢体侵犯教师、学生、行政管理者以及其他团体成员；②在课堂上不正确地使用科技产品（如未经授权而使用掌上电脑或手机）；③课外学习中不正确地使用科技产品（如以电子邮件的形式来转发答案）；在课堂上迟到和缺席的行为	惩罚措施包括将课程级别降为"F"、停课、取消学生应有的权利、驱逐出校；多次违反将逐步增加惩罚强度

教育部在《关于严肃处理高等学校学术不端行为的通知》中指出："高等学校党委和行政部门要根据学术不端行为的性质和情节轻重，依照法律法规及有关规定对学术不端行为人给予警告直至开除等行政处分；触犯国家法律的，移送司法机关处理；对于其所从事的学术工作，可采取暂停、终止科研项目并追缴已拨付的项目经费、取消其获得的学术奖励和学术荣誉，以及在一定期限内取消其申请科研项目和学术奖励资格等处理措施。"

《教育部关于高等学校预防与处理学术不端行为办法》对于学术不端行为责任人的处理，包括：①通报批评；②终止或者撤销相关的科研项目，并在一定期限内取消申请资格；③撤销学术奖励或者荣誉称号；④辞退或解聘；⑤法律、法规及规章规定的其他处理措施。同时，可以依照有关规定，给予警告、记过、降低岗位等级或者撤职、开除等处分。

学生有学术不端行为的，还应当按照学生管理的相关规定，给予相应的学籍处分。学术不端行为与获得学位有直接关联的,由学位授予单位作暂缓授予学位、不授予学位或者依法撤销学位等处理。

《华东师范大学研究生学术道德规范及违规处理实施办法》第六条规定,对违反学术道德规范者,经查实后视情节轻重给予相应处罚:

(1) 对情节轻微者,可给予责令改正、批评教育、取消相关奖项、延缓学位论文答辩。

(2) 对严重违反学术道德者,给予记过、留校察看、勒令退学直至开除学籍处分,取消其学位申请资格。已结束学业并离校的研究生,如在学期间存在严重违反学术规范的行为,一经查实,撤销其当时所获得的相关奖励、毕业证书,经学位评定委员会审议可撤销其获得的学位。

《浙江大学理学类研究生学术规范(试行)》在"第九章 对涉嫌学术失范行为的处理规范"中规定:

第三十条 违反学术道德规范的在校全日制研究生、专业学位研究生、同等学力申请学位的研究生视情节和后果轻重,按照《浙江大学研究生违纪处分暂行规定(2005 年 7 月修订)》的有关条款给以相应的纪律处分。

第三十一条 违反学术道德规范、受到纪律处分的在校全日制研究生,要附加下列处理:

(1) 本学年内不得评定优秀奖学金、不得评定各类荣誉称号、不得申请国家助学贷款。

(2) 已获优秀奖学金者,停止发给未发的奖学金。

(3) 将有关材料提交学位办,按《浙江大学学位授予工作细则》(浙大发研(2004)37 号文件)相关条例进行处理。

　　（4）开除学籍的研究生,其善后问题按照教育部有关规定处理。由学校发给学习证明。研究生须在规定时间内离校,户口退回家庭户籍所在地。

　　第三十二条　违反学术道德规范,受到纪律处分的专业学位研究生、同等学力申请学位研究生、已获得学位人员,要附加下列处理:

　　（1）专业学位研究生、同等学力申请学位研究生违反学术道德规范的,撤销所有通过该项违反学术道德行为而获得的各项资格,情节严重的,取消其申请学位的资格。

　　（2）对已获得学位的人员要递交校学位委员会讨论,情节严重的,由校学位委员会决定撤销其学位。

　　第三十三条　违反浙江大学学术道德规范,同时又违反《中华人民共和国著作权法》、《中华人民共和国专利法》等法律、法规的,移交司法机关处理。

　　值得注意的是,认定和处理学术不端行为是一件专业性很强、非常复杂的工作。学术不端的调查结果有时会出乎人们的预料。美国在1994—2003年,进入调查程序的259件学术不端调查中,仅有约一半最终证实有学术不端行为,其余的指控不能成立。

　　高校在对研究生学术不端案件的处理过程中,要完善研究生利益诉求表达机制,加强研究生权益保护,注意维护学生有为自己辩解和申诉的权利。学生申诉程序的完善与否,标志着一个学校的民主程度与纪律是否健全,以及学生的权利是否能得到很好的保护。对于学生提出的申诉,校有关机构和部门要予以足够的重视,并重新对案件和相关证据与证人进行审查,给予学生答辩的机会;如有需要,可为学生举行一场听证会,根据重新审查的结果做出正确的裁定。

教育部《关于严肃处理高等学校学术不端行为的通知》第五条指出:"高等学校在调查和处理学术不端行为过程中,要查清事实、掌握证据、明辨是非、规范程序,正确把握政策界限。对举报人要提供必要的保护;对被调查人要维护其人格尊严和正当合法权益;对举报不实、受到不当指控的单位和个人要及时澄清并予以保护。"

哥伦比亚大学告知学生在申诉中应注意的事项:在申诉程序中,要做到正确维护自身的权益,学生必须对学校的申诉程序有一定的了解,包括向学术顾问寻求指导应注意的事项、申诉方式的选择、影响裁决的因素以及其他处罚方式的规定等。

(1)学术顾问的指导。学生若对学校做出的处罚不满,可联系其学术顾问,与顾问讨论。顾问应尊重学生关于事件保密性的要求。因此,学生在与顾问讨论学术不满时不应隐瞒任何相关信息。

(2)申诉方式的选择。关于学生申诉的解决措施大部分是非正式的,但在一些案件中正式程序可能是对待学术申诉的唯一裁定方式。学生对非正式申诉中裁决的处罚不满,可要求使用正式的程序解决。

(3)影响裁决的因素。在接到申诉的30天内,学校将举行听证会,除非特殊情况否则不会直接做出裁决。在听证会期间,学校将对事件进行重新调查,学生应与其顾问、教师和委员会办公室成员联系,向有关部门咨询相关的程序与政策。①

① 马焕灵,赵连磊. 美国高校学生学术不端行为校园规制撷探. 比较教育研究,2012年第9期.

学术不端行为的严重性和危害性引起了越来越广泛的注意,对学术不端行为惩处的力度也在不断加大。研究生在力戒学术不端行为的同时,千万不能丧失对科学事业健康发展的信心。尽管各种职业都会出现欺诈和不端行为,但就科学工作者来说,就整个科学界而言,学术不端不是普遍流行的现象。即使发生这种情况,迟早也会由科学界揭露出来,从而使行为不轨者身败名裂。诚如美国科学社会学家加斯顿所言:"除了科学,没有什么建制有这样少的欺骗、不诚实和狡诈。甚至在那些偶然行为发生的时候,科学同行经常最有可能是那位揭露罪行的人。"

美国著名的科学哲学家波普尔讲过一句很有意思的话:"夸大世界的丑陋和卑鄙是一种罪恶:它是丑陋的,但是它也很美丽;它是野蛮的,但是也很有人性。"英国知名学者齐曼就此做了深刻的评论:"一些明显偏离规范的科学行为的范例——欺诈、剽窃、围绕优先权的派性之争,等等,这些是要关注的严肃问题,但是它们并不至于普遍到完全腐化整个事业。其实这样的事件还是被普遍看作不正常的和不名誉的,这反而是对他们所轻视的精神气质的道德威信的颂扬。"

本章推荐进一步阅读的文献

[1] ［日］山崎茂明著. 杨帆,程远远,严凌纳译. 科学家的不端行为——捏造、草稿、剽窃. 清华大学出版社,2005 年.

[2] 美国医学科学院,美国科学三院国家科研委员会. 苗德岁译. 科研道德:倡导负责行为. 北京大学出版社,2007 年.

[3] 学术诚信与学术规范编委会. 学术诚信与学术规范. 天津大学出版社,2011 年.

[4] 全国科学道德和学风建设宣讲教育领导小组. 科学道德和学风建设宣讲参考大纲. 中国科学技术出版社,2012 年.

［5］四川大学《学术道德与学术规范》编写组.学术道德与学术规范(第3版).四川大学出版社,2016年.

［6］复旦大学研究生院编.研究生学术道德案例教育读本.复旦大学出版社,2016年.

［7］江新华.学术道德的本质、失范与教育.华中科技大学出版社,2018年.

［8］复旦大学研究生院编.研究生学术道德案例教育百例.复旦大学出版社,2018年.

主要参考文献

［1］ 施福生，习纯志. 科技道德. 上海交通大学出版社,1988 年.

［2］ 吴学诊. 科研道德问答. 科学出版社,1889 年.

［3］ 中国科学技术协会. 科技工作者职业道德. 新华出版社,
1998 年.

［4］ R·K·默顿著. 鲁旭东,林聚任译. 科学社会学. 商务印书馆,
2003 年.

［5］ 美国科学、工程与公共政策委员会. 怎样当一名科学家:科学
研究中的负责行为. 北京理工大学出版,2004 年.

［6］ N. H. Steneck 著. 曹南燕等译. 科研伦理入门:ORI 介绍负
责研究行为. 清华大学出版社,2005 年.

［7］ 赵迎欢. 高技术伦理学. 东北大学出版社,2005 年.

［8］ ［日］山崎茂明著. 杨帆,程远远,严凌纳译. 科学家的不端行
为. 清华大学出版社,2005 年.

［9］ 王蒲生. 科学活动中的行为规范. 内蒙古人民出版社,
2006 年.

［10］中国科学院. 关于科学理念的宣言. 科学出版社,2007 年.

［11］冯坚等. 科学研究的道德与规范. 上海交通大学出版社,
2007 年.

［12］美国医学科学院,美国科学三院国家科研委员会. 苗德岁译.
科研道德:倡导负责行为. 北京大学出版社,2007 年.

［13］科学技术部科研诚信建设办公室组织编写. 科研活动诚信指

南. 科学技术文献出版社,2009 年.

[14] 科学技术部科研诚信建设办公室组织编写. 科研诚信知识读本. 科学技术文献出版社,2012 年.

[15] 中国科学院诚信建设办公室组织编写. 科研活动道德规范读本. 科学出版社,2009 年.

[16] 教育部社会科学委员会学风建设委员会组编. 高校人文社会科学规范指南. 高等教育出版社,2009 年.

[17] 肖东发,李武. 学术论文与学术规范. 北京大学出版社,2009 年.

[18] 中华人民共和国专利法(2008 年修订),中华人民共和国专利法实施细则(2010 年修订).

[19] M·W·马丁等著. 李世新译. 工程伦理学. 首都师范大学出版社,2010 年.

[20] 王传中,吴爱军. 研究生思想政治教育理论与实践. 武汉大学出版社,2011 年.

[21] 张跃等. 我国研究生思想政治教育相关问题研究. 中国统计出版社,2012 年.

[22] 朱贻庭主编. 应用伦理学辞典. 上海辞书出版社,2013 年.

[23] 中国科学院编. 科学与诚信. 科学出版社,2013 年.

[24] National Research Council(2011). A Framework for K-12 Science Education: Practices, Crosscutting Concepts, and Core Ideas. Committee on Conceptual Framework for the New K-12 Science Education Standards. Washington, DC: National Academy Press.

[25] 四川大学《学术道德与学术规范》编写组. 学术道德与学术规范(第 3 版). 四川大学出版社,2016 年.

[26] 复旦大学研究生院编. 研究生学术道德案例教育读本. 复旦大

学出版社,2016 年.

[27] 江新华.学术道德的本质、失范与教育.华中科技大学出版社,
2018 年.

[28] 复旦大学研究生院编.研究生学术道德案例教育百例.复旦大
学出版社,2018 年.

附　录

附录一　中共中央办公厅,国务院办公厅印发《关于进一步弘扬科学家精神　加强作风和学风建设的意见》

新华社北京 2019 年 6 月 11 日电　近日,中共中央办公厅、国务院办公厅印发《关于进一步弘扬科学家精神　加强作风和学风建设的意见》,并发出通知,要求各地区各部门结合实际认真贯彻落实。

《关于进一步弘扬科学家精神　加强作风和学风建设的意见》全文如下。

为激励和引导广大科技工作者追求真理、勇攀高峰,树立科技界广泛认可、共同遵循的价值理念,加快培育促进科技事业健康发展的强大精神动力,在全社会营造尊重科学、尊重人才的良好氛围,现提出如下意见。

一、总体要求

(一)指导思想。以习近平新时代中国特色社会主义思想为指导,全面贯彻党的十九大和十九届二中、三中全会精神,以塑形铸魂科学家精神为抓手,切实加强作风和学风建设,积极营造良好科研生态和舆论氛围,引导广大科技工作者紧密团结在以习近平同志为核心的党中央周围,增强"四个意识",坚定"四个自信",做到"两个维护",在践行社会主义核心价值观中走在前列,争做重大科研成果的创造者、建设科技强国的奉献者、崇高思想品格的践行者、良好社会风尚的引领者,为实现"两个一百年"奋斗目标、实现中华民族伟大复兴的中国梦做出更大贡献。

(二)基本原则。坚持党的领导,提高政治站位,强化政治引领,把党的领导贯穿到科技工作全过程,筑牢科技界共同思想基础。坚持价值引领,把握主基调,唱响主旋律,弘扬家国情怀、担当作风、奉献精神,发挥示范带动作用。坚持改革创新,大胆突破不符合科技创新规律和人才成长规律的制度藩篱,营造良好学术生态,激发全社会创新创造活力。坚持久久为功,汇聚党政部门、群团组织、高校院所、企业和媒体等各方力量,推动作风和学风建设常态化、制度化,为科技工作者潜心科研、拼搏创新提供良好政策保障和舆论环境。

(三)主要目标。力争1年内转变作风、改进学风的各项治理措施得到全面实施,3年内取得作风、学风实质性改观,科技创新生态不断优化,学术道德建设得到显著加强,新时代科学家精神得到大力弘扬,在全社会形成尊重知识、崇尚创新、尊重人才、热爱科学、献身科学的浓厚氛围,为建设世界科技强国汇聚磅礴力量。

二、自觉践行、大力弘扬新时代科学家精神

(四)大力弘扬胸怀祖国、服务人民的爱国精神。继承和发扬老一代科学家艰苦奋斗、科学报国的优秀品质,弘扬"两弹一星"精神,坚持国家利益和人民利益至上,以支撑服务社会主义现代化强国建设为己任,着力攻克事关国家安全、经济发展、生态保护、民生改善的基础前沿难题和核心关键技术。

(五)大力弘扬勇攀高峰、敢为人先的创新精神。坚定敢为天下先的自信和勇气,面向世界科技前沿,面向国民经济主战场,面向国家重大战略需求,抢占科技竞争和未来发展制高点。敢于提出新理论、开辟新领域、探寻新路径,不畏挫折、敢于试错,在独创独有上下功夫,在解决受制于人的重大瓶颈问题上强化担当作为。

(六)大力弘扬追求真理、严谨治学的求实精神。把热爱科学、探求真理作为毕生追求,始终保持对科学的好奇心。坚持解放思想、独立思辨、理性质疑,大胆假设、认真求证,不迷信学术权威。坚持立德为先、诚信为本,在践行社会主义核心价值观、引领社会良好风尚中率先垂范。

(七)大力弘扬淡泊名利、潜心研究的奉献精神。静心笃志、心无旁骛、力戒浮躁,甘坐"冷板凳",肯下"数十年磨一剑"的苦功夫。反对盲目追逐热点,不随意变换研究方向,坚决摒弃拜金主义。从事基础研究,要瞄准世界一流,敢于在世界舞台上与同行对话;从事应用研究,要突出解决实际问题,力争实现关键核心技术自主可控。

(八)大力弘扬集智攻关、团结协作的协同精神。强化跨界融合思维,倡导团队精神,建立协同攻关、跨界协作机制。坚持全球视野,加强国际合作,秉持互利共赢理念,为推动科技进步、构建人类命运共同体贡献中国智慧。

(九)大力弘扬甘为人梯、奖掖后学的育人精神。坚决破除论资排辈的陈旧观念,打破各种利益纽带和裙带关系,善于发现培养青年科技人才,敢于放手、支持其在重大科研任务中"挑大梁",甘做致力提携后学的"铺路石"和领路人。

三、加强作风和学风建设,营造风清气正的科研环境

(十)崇尚学术民主。鼓励不同学术观点交流碰撞,倡导严肃认真的学术讨论和评论,排除地位影响和利益干扰。开展学术批评要开诚布公,多提建设性意见,反对人身攻击。尊重他人学术话语

权,反对门户偏见和"学阀"作风,不得利用行政职务或学术地位压制不同学术观点。鼓励年轻人大胆提出自己的学术观点,积极与学术权威交流对话。

(十一)坚守诚信底线。科研诚信是科技工作者的生命。高等学校、科研机构和企业等要把教育引导和制度约束结合起来,主动发现、严肃查处违背科研诚信要求的行为,并视情节追回责任人所获利益,按程序记入科研诚信严重失信行为数据库,实行"零容忍",在晋升使用、表彰奖励、参与项目等方面"一票否决"。科研项目承担者要树立"红线"意识,严格履行科研合同义务,严禁违规将科研任务转包、分包他人,严禁随意降低目标任务和约定要求,严禁以项目实施周期外或不相关成果充抵交差。严守科研伦理规范,守住学术道德底线,按照对科研成果的创造性贡献大小据实署名和排序,反对无实质学术贡献者"挂名",导师、科研项目负责人不得在成果署名、知识产权归属等方面侵占学生、团队成员的合法权益。对已发布的研究成果中确实存在错误和失误的,责任方要以适当方式予以公开和承认。不参加自己不熟悉领域的咨询评审活动,不在情况不掌握、内容不了解的意见建议上署名签字。压紧压实监督管理责任,有关主管部门和高等学校、科研机构、企业等单位要建立健全科研诚信审核、科研伦理审查等有关制度和信息公开、举报投诉、通报曝光等工作机制。对违反项目申报实施、经费使用、评审评价等规定,违背科研诚信、科研伦理要求的,要敢于揭短亮丑,不迁就、不包庇,严肃查处、公开曝光。

(十二)反对浮夸浮躁、投机取巧。深入科研一线,掌握一手资料,不人为夸大研究基础和学术价值,未经科学验证的现象和观点,不得向公众传播。论文等科研成果发表后1个月内,要将所涉及的实验记录、实验数据等原始数据资料交所在单位统一管理、留存备查。参与国家科技计划(专项、基金等)项目的科研人员要保证有足够时间投入研究工作,承担国家关键领域核心技术攻关任务的团队负责人要全时全职投入攻关任务。科研人员同期主持和主要参与的国家科技计划(专项、基金等)项目(课题)数原则上不得超过 2 项,高等学校、科研机构领导人员和企业负责人作为项目(课题)负责人同期主持的不得超过 1 项。每名未退休院士受聘的院士工作站不超过 1 个、退休院士不超过 3 个,院士在每个工作站全职工作时间每年不少于 3 个月。国家人才计划人选者、重大科研项目负责人在聘期内或项目执行期内擅自变更工作单位,造成重大损失、恶劣影响的要按规定承担相应责任。兼职要与本人研究专业相关,杜绝无实质性工作内容的各种兼职和挂名。高等学校、科研机构和企业要加强对本单位科研人员的学术管理,对短期内发表多篇论文、取得多项专利等成果的,要开展实证核验,加强核实核查。科研人员公布突破性科技成果和重大科研进展应当经所在单位同意,推广转化科技成果不得故意夸大技术价值和经济社会效益,不得隐瞒技术风险,要经得起同行评、用户用、市场认。

(十三)反对科研领域"圈子"文化。要以"功成不必在我"的胸襟,打破相互封锁、彼此封闭的门户倾向,防止和反对科研领域的"圈子"文化,破除各种利益纽带和人身依附关系。抵制各种人情评审,在科技项目、奖励、人才计划和院士增选等各种评审活动中不得"打招呼"、"走关系",不得投感情票、单位票、利益票,一经发现这类行为,立即取消参评、评审等资格。院士等高层次专家要带头打破壁垒,树立跨界融合思维,在科研实践中多做传帮带,善于发现、培养青年科研人员,在引领社会风气上发挥表率作用。要身体力行、言传身教,积极履行社会责任,主动走近大中小学生,传播爱国奉献的价值理念,开展科普活动,引领更多青少年投身科技事业。

四、加快转变政府职能,构建良好科研生态

(十四)深化科技管理体制机制改革。政府部门要抓战略、抓规划、抓政策、抓服务,树立宏观思维,倡导专业精神,减少对科研活动的微观管理和直接干预,切实把工作重点转到制定政策、创造环境、为科研人员和企业提供优质高效服务上。坚持刀刃向内,深化科研领域政府职能转变和"放管服"改革,建立信任为前提、诚信为底线的科研管理机制,赋予科技领军人才更大的技术路线决策权、经费支配权、资源调动权。优化项目形成和资源配置方式,根据不同科学研究活动的特点,建立稳定支持、竞争申报、定向委托等资源配置方式,合理控制项目数量和规模,避免"打包"、"拼盘"、任务发散等问题。建立健全重大科研项目科学决策、民主决策机制,确定重大创新方向要围绕国家战略和重大需求,广泛征求科技界、产业界等意见。对涉及国家安全、重大公共利益或社会公众切身利益的,应充分开展前期论证评估。建立完善分层分级责任担当机制,政府部门要敢于为科研人员的探索失败担当责任。

(十五)正确发挥评价引导作用。改革科技项目申请制度,优化科研项目评审管理机制,让最合适的单位和人员承担科研任务。实行科研机构中长期绩效评价制度,加大对优秀科技工作者和创新团队稳定支持力度,反对盲目追求机构和学科排名。大幅减少评比、评审、评奖,破除唯论文、唯职称、唯学历、唯奖项倾向,不得简单以头衔高低、项目多少、奖励层次等作为前置条件和评价依据,不得以单位名义包装申报项目、奖励、人才"帽子"等。优化整合人才计划,避免相同层次的人才计划对同一人员的重复支持,防止"帽子"满天飞。支持中西部地区稳定人才队伍,发达地区不得片面通过高薪酬、高待遇竞价抢挖人才,特别是从中西部地区、东北地区挖人才。

(十六)大力减轻科研人员负担。加快国家科技管理信息系统建设,实现在线申报、信息共享。大力解决表格多、报销繁、牌子乱、"帽子"重复、检查频繁等突出问题。原则上1个年度内对1个项目的现场检查不超过 1 次。项目管理专业机构要强化合同管理,按照材料只报 1 次的要求,严格控制报送材料数量、种类、频次,对照合同从实从严开展项目成果考核验收。专业机构和项目专员严禁向评审专家施加倾向性影响,坚决抵制各种形式的"围猎"。高等学校、科研机构和企业等创新主体要切实履行法人主体责任,改进内部科研管理,减少繁文缛节,不层层加码。高等学校、科研机构领导人员和企业负责人在履行勤勉尽责义务、没有牟取非法利益前提下,免除追究其技术创新决策失误责任,对已履行勤勉尽责义务但因技术路线选择失误等导致难以完成预定目标的项目单位和科研人员予以减责或免责。

五、加强宣传,营造尊重人才、尊崇创新的舆论氛围

(十七)大力宣传科学家精神。高度重视"人民科学家"等功勋荣誉表彰奖励获得者的精神宣传,大力表彰科技界的民族英雄和国家脊梁。推动科学家精神进校园、进课堂、进头脑。系统采集、妥善保存科学家学术成长资料,深入挖掘所蕴含的学术思想、人生积累和精神财富。建设科学家博物馆,探索在国家和地方博物馆中增加反映科技进步的相关展项,依托科技馆、国家重点实验室、重大科技工程纪念馆(遗迹)等设施建设一批科学家精神教育基地。

(十八)创新宣传方式。建立科技界与文艺界定期座谈交流、调研采风机制,引导支持文艺工作者运用影视剧、微视频、小说、诗歌、戏剧、漫画等多种艺术形式,讲好科技工作者科学报国故事。以"时代楷模"、"最美科技工作者"、"大国工匠"等宣传项目为抓手,积极选树、广泛宣传基层一线科技工作者和创新团队典型。支持有条件的高等学校和中学编排创作演出反映科学家精神的文艺作品,创新青少年思想政治教育手段。

(十九)加强宣传阵地建设。主流媒体要在黄金时段和版面设立专栏专题,打造科技精品栏目。加强科技宣传队伍建设,开展系统培训,切实提高相关从业人员的科学素养和业务能力。加强网络和新媒体宣传平台建设,创新宣传方式和手段,增强宣传效果,扩大传播范围。

六、保障措施

(二十)强化组织保障。各级党委和政府要切实加强对科技工作的领导,对科技工作者政治上关怀、工作上支持、生活上关心,把弘扬科学家精神、加强作风和学风建设作为践行社会主义核心价值观的重要工作摆上议事日程。各有关部门要转变职能,创新工作模式和方法,加强沟通、密切配合、齐抓共管,细化政策措施,推动落实落地,切实落实好党中央关于为基层减负的部署。科技类社会团体要制定完善本领域科研活动自律公约和职业道德准则,经常性开展职业道德和学风教育,发挥自律自净作用。各类新闻媒体要提高科学素养,宣传报道科研进展和科技成就要向相关机构和人员进行核实,听取专家意见,杜绝盲目夸大或者恶意贬低,反对“标题党”。对宣传报道不实、造成恶劣影响的,相关媒体、涉事单位及责任人员应及时澄清,有关部门应依规依法处理。

中央宣传部、科技部、中国科协、教育部、中国科学院、中国工程院等要会同有关方面分解工作任务,对落实情况加强跟踪督办和总结评估,确保各项举措落到实处。军队可根据本意见,结合实际建立健全相应工作机制。

附录二　教育部办公厅关于严厉查处高等学校论文买卖、代写行为的通知

（教督厅函〔2018〕6 号）

　　近年来，在各级教育行政部门、学位授予单位和指导教师的共同努力下，学位论文作假行为得到有效遏制，人才培养质量得到明显提升。但由于部分学位授予单位在学风建设、学术诚信养成、学位论文审查等方面还存在薄弱环节，学位论文买卖、代写行为仍时有发生，造成了不良社会影响。为进一步规范学位论文管理，加强学术诚信建设，提高人才培养质量，现就有关事项通知如下。

　　一、切实提高认识。学位论文是实现人才培养目标的重要环节，是进行科学研究训练的重要途径，是学生毕业与学位资格认证的重要依据，各省级教育行政部门和学位授予单位要高度重视，充分认识严厉查处学位论文买卖、代写行为的重要性和紧迫性，进一步增强责任意识，健全制度机制，强化学风建设，严格论文审查，严厉查处学位论文买卖、代写等作假行为。

　　二、完善工作机制。各省级教育行政部门要加强与当地网信、市场监管、公安等有关部门在信息沟通、专项整治等方面的协调配合，对发现的涉及学位论文买卖、代写等违法违规信息和行为，要及时向上述部门通报，会同相关部门采取针对性措施予以整治，形成常态化的查处工作机制。学位授予单位要认真落实《学位论文作假行为处理办法》、《高等学校预防与处理学术不端行为办法》要求，加强学风建设，强化学术诚信教育，明确工作职责，健全考评体系，完善查处办法，规范查处程序，加大惩戒力度。

三、**严格责任落实**。各省级教育行政部门是查处学位论文买卖、代写行为的监管主体，要切实加强统筹指导，完善政策制度，细化工作举措，健全监督机制，规范处理流程，强化部门协调，及时开展专项整治。学位授予单位是查处学位论文买卖、代写行为的责任主体，要明确单位有关部门、学位委员会、学术委员会和指导教师职责，加强学位论文全过程管理，及时摸排并报告论文买卖、代写信息和行为。指导教师是查处学位论文买卖、代写行为的第一责任人，要加强对学生学术道德、学术规范的教育，加强对学位论文研究及撰写过程的指导，并对学位论文是否由其独立完成进行审查，确保原创性。

四、**加强教育宣传**。学位授予单位要切实加强学风建设，激发学生内在学习动力，培养专业学习兴趣，强化学术规范训练，提升学生科研能力和学术素养。切实加强学术道德和诚信教育，引导学生养成实事求是的科学精神和严谨认真的治学态度。指导教师要自觉加强师德师风建设，强化学科知识传授、科研方法指导和学术规范教导，教育和引领学生恪守学术诚信，遵守学术准则。要广泛宣传学位论文买卖、代写行为危害和典型案例，曝光查处的违法违规行为，引导教师、学生自觉抵制学位论文作假行为。

五、**强化监督检查**。各省级教育行政部门和学位授予单位要设置学位论文买卖、代写行为处理举报电话，主动接受社会监督举报。要按照相关政策要求，认真做好学位论文抽检工作。学位授予单位要利用信息技术手段，加强对学位论文原创性审查。教育部将依据学位论文作假行为处理备案信息平台和有关动态监测数据，对学位授予单位进行专项督导。

六、**严肃责任追究**。教育行政部门要严格落实学位论文作假处理有关规定，对不履行主体责任，出现学位论文买卖、代写行为的学位授予单位，要视情节轻重分别核减招生计划，国家学位主管部门可暂停或撤销相应学科、专业授予学位的资格,有关主管部门按照国家有关规定对负有直接责任的单位负责人进行问责。对履职不力、所指导学生的学位论文存在买卖、代写情形的指导教师,要追究其失职责任。对参与购买、代写学位论文的学生,给予开除学籍处分。已获得学历证书、学位证书的,依法予以撤销。被撤销的学历证书、学位证书已注册的,应当予以注销并报教育行政部门宣布无效。

附录三　国务院学位委员会关于在学位授予工作中加强学术道德和学术规范建设的意见

（学位〔2010〕9号）

　　自1981年我国实施学位制度以来,各学位授予单位按照《中华人民共和国学位条例》及其暂行实施办法的规定,建立健全规章制度,树立良好学习风气,认真做好学位授予工作,保证了我国学位授予的质量,为我国高层次人才培养做出了重要贡献。近年来,在学位授予工作中出现了一些学术不端行为,损害了我国学位形象。为进一步加强学术道德和学术规范建设,特提出如下意见。

　　一、在学位授予工作中加强学术道德和学术规范建设,对树立良好学风,培养正直诚信、恪守科学道德、献身科学研究的拔尖创新人才具有重要作用,各学位授予单位必须高度重视学位授予工作中的学术道德和学术规范建设,保证学位授予质量,自觉维护我国学位授予的严肃性和权威性。

　　二、学位授予单位要建立健全学术道德标准和学术规范,通过各种有效途径,对学位申请者和指导教师进行学术道德和诚信教育。在整个培养过程中,都要安排必修环节,对学位申请者进行学术道德教育和学术规范训练,培养学位申请者严谨的治学态度和求实的科学精神。要进一步加强指导教师的师德教育,督促指导教师自觉维护学术尊严和学者声誉,加强学术自律,恪守学术诚信和学术道德。

　　三、学位授予单位要不断深化学术评价制度改革,改进学术评价方法,完善与学位授予相关的考核评价制度,建立有利于提高学位授予质量的、科学合理的学术评价体系。

四、学位授予单位应依据《中华人民共和国学位条例》及其暂行实施办法的规定,建立和完善对学位授予工作中舞弊作伪行为的惩处机制,制订切实可行的处理办法,惩治舞弊作伪行为,促进学术自律。

五、在学位授予工作中,学位授予单位对以下舞弊作伪行为,必须严肃处理。

(一)在学位授予工作各环节中,通过不正当手段获取成绩;

(二)在学位论文或在学期间发表学术论文中存在学术不端行为;

(三)购买或由他人代写学位论文;

(四)其他学术舞弊作伪行为。

六、学位评定委员会是各学位授予单位负责处理学位授予工作中舞弊作伪行为的评决机构。学位授予单位在处理舞弊作伪行为时,要遵循客观、公正、合法的原则,根据舞弊作伪行为的性质和情节轻重,依据法律、法规和有关规章制度对相关人员做如下处理。

(一)对于学位申请者或学位获得者,可分别做出暂缓学位授予、不授予学位或撤销学位授予的处理;

(二)对于指导教师,可做出暂停招生、取消导师资格的处理;严重败坏学术道德的,由学位授予单位依据国家有关学术不端行为处理办法进行处理;

(三)对于参与舞弊作伪行为的相关人员,由学位授予单位按照有关规定进行处理。

处理结果应报省级学位委员会(军队系统报军队学位委员会)备案,并在一定范围内公开,接受社会监督。

七、学位授予单位调查和处理舞弊作伪行为,要规范程序、查清事实、掌握证据,正确把握政策界限;要对举报人提供必要的保护;要建立合理规范的复议程序,接受被调查者的复议申请,并在规定时间内做出复议决定;要维护被调查者的人格尊严和正当合法权益;对受到不当指控的单位和个人要及时予以澄清。

八、学位授予单位是国家授权从事学位工作的法人单位,对保证学位授予质量负有直接责任,要认真履行职责,加强领导,依据本《意见》精神,完善相关规章制度,制订实施细则,采取切实有效的措施,在学位授予工作中加强学术道德和学术规范建设,努力营造良好的学术环境。

九、各省级学位委员会和军队学位委员会应对本区域或本系统学位授予单位落实本《意见》情况进行监督,指导、协助学位授予单位在学位授予工作中做好学术道德和学术规范建设。

国务院学位委员会

二〇一〇年二月九日

附录四　教育部关于切实加强和改进高等学校学风建设的实施意见

（教技〔2011〕1 号）[①]

为贯彻党的十七届六中全会"深化政风、行风建设，开展道德领域突出问题专项教育和治理"的精神，落实《国家中长期教育改革和发展规划纲要（2010—2020 年）》的要求，坚决反对不良学风，有效遏制学术不端行为，营造风清气正的育人环境和求真务实的学术氛围，教育部决定在"十二五"期间开展高校学风建设专项教育和治理行动，并提出如下实施意见。

一、充分认识高校学风建设的重要性和紧迫性。学风是大学精神的集中体现，是教书育人的本质要求，是高等学校的立校之本、发展之魂。优良学风是提高教育教学质量的根本保证。能否营造一个优良学风环境，关系到高等教育的科学发展和教育事业的兴衰成败。当前，高校的学风总体上是好的。但近一个时期来，在高校教师及学生的教学与科研活动中，急功近利、浮躁浮夸、抄袭剽窃、伪造篡改、买卖论文、考试舞弊等不良现象和不端行为时有发生，严重破坏了教书育人的学术风气，也造成了极其负面的社会影响。切实加强和改进高校学风建设工作已经刻不容缓。

二、坚持标本兼治综合治理的原则。加强高校学风建设，要坚持教育和治理相结合，坚持教育引导、制度规范、监督约束、查处警示，建立并完善弘扬优良学风的长效机制。通过专项教育治理行

[①] 摘自 2011 年 12 月 2 日　教育部网站，http://www.moe.gov.cn/publicfiles/.

动,迅速建立学风建设工作体系,明确各地、各部门和高校的责任义务,力争"十二五"期间高校学风和科研诚信整体状况得到明显改观,为保证人才培养质量、提升科学研究水平、增强社会服务能力奠定良好的学风基础。

三、构建学风建设工作体系。教育部设立学风建设办公室,负责制定高校学风建设相关政策,指导检查高校学风建设工作,接受对学术不端行为的举报,指导协调和督促调查处理。各地、各部门要健全学风建设机构,负责所属高校学风建设工作。各高校要建立相应的工作机构和工作机制,负责本校学风建设工作和学术不端行为查处。

四、强化高校的主体责任。高校主要领导是本校学风建设和学术不端行为查处的第一责任人,应有专门领导分工负责学风建设。各地教育部门要将学风建设纳入高校领导班子的考核,完善目标责任制,落实问责机制。高校要将学风建设工作常规化,摆在更加突出的位置,建立健全教育宣传、制度建设、不端行为查处等完整的工作体系,实现学风建设机构、学术规范制度和不端行为查处机制三落实、三公开。高校要按年度发布学风建设工作报告。

五、建立学术规范教育制度。坚持把教育作为加强学风和学术道德建设的基础。在师生中加强科学精神教育,注重发挥楷模的教育作用,强调学者的自律意识和自我道德养成。教育部和中国科协共同组织对全国研究生的科学道德和学风建设宣讲教育。教育部科技委组织专家赴各地讲解《科学技术学术规范指南》。各地教育部门要组织实施本地区的宣讲教育。高校要为本专科生开设科学伦理讲座,在研究生中进行学术规范宣讲教育;要把科学道德教育纳入教师岗位培训范畴和职业培训体系,纳入行政管理人员学习范畴。

六、加强教师的科研诚信教育。要把教师队伍学风建设作为高校学风建设专项教育和治理行动实施重点。教师学风建设的重点任务是加强科研诚信。高校要对教师进行每年一轮的科研诚信教育,在教师年度考核中增加科研诚信的内容,建立科研诚信档案。教育引导教师热爱科学、追求真理,抵制投机取巧、粗制滥造、盲目追求数量而不顾质量的浮躁风气和行为,把优良学风内化为自觉行动。教师要加强对学生的教育和监督,认真审阅他们的实验记录和论文手稿,以严谨治学的精神和认真负责的作风感染教化学生,力争成为言传身教的榜样和教书育人的楷模。

七、切实改进评价考核导向。尊重人才成长和学术发展规律,避免急功近利和短期行为。各地教育部门在考核评估中,要防止片面量化的倾向,加大质量和贡献指标的权重。正确引导社会的各类高校排行榜更加重视创新质量和贡献。高校在专业技术职务评聘中要体现重创新质量和贡献的导向,全面考察师德、教风、创新和贡献。要防止片面将学术成果、学术奖励和物质报酬、职务晋升挂钩的倾向。

八、发挥专家咨询委员会和学术委员会的作用。教育部社科委、科技委分别成立学风建设委员会,以更加有效地加强高校学风建设。高校要充分发挥学术委员会在学风建设、学术评价、学术发展中的重要作用。学术委员会应积极承担学术规范教育和科研诚信宣传,负责本校学术不端行为调查取证。

九、加强科学研究的过程管理。高校要建立实验原始记录和检查制度、学术成果公示制度、论文答辩前实验数据审查制度、毕业和离职研究材料上缴制度、论文投稿作者签名留存制度等科学严谨的管理制度。进一步完善科研项目评审、学术成果鉴定程序,强化申报信息公开、异议材料复核、网上公示和接受投诉等制度,增加科研管理的公开性和透明度。

十、强化全方位监督和约束。坚持把监督作为加强学风和科研诚信的最好防腐剂。提倡同行监督,科研人员和科研管理人员发现或有正当理由怀疑他人有学术不端行为的,有责任进行投诉。强化行政监督,各地、各部门要切实履行行政监督职责,指导所属高校开展学风教育,完善学术规范,每年进行学风建设工作检查,对于社会影响较大的学术不端投诉,要加强督察督办和具体指导,促使其得到公正公平有效的处理。正确发挥社会监督作用,已经认定的学术不端行为,应该公开事实和处理结果,接受社会力量和新闻媒体的监督。

十一、规范学术不端行为调查程序。各类学术不端行为的举报统一由当事人所在高校组织调查。高校接到举报材料后,由校学术委员会(或学风委员会)组织不少于5人的专家组,从学术角度开展独立调查取证,客观公正地提出调查意见,并向当事人公开。如有异议,当事人可向上级主管部门提出异议投诉。调查期间,举报人、被举报人有义务配合调查。调查过程应严格保密。

十二、严肃处理学术不端行为。对于学术不端行为的处理,要遵循实事求是、严肃认真的原则,同时,注意维护当事人的合法权益。学校根据专家组调查意见和有关政策规范做出处理决定,并报上级主管部门。处理方式包括取消申报项目资格、延缓职称或职务晋升、停止招研究生、解除职务聘任、撤销学位·触犯法律的追究法律责任。经查实的学生学术不端行为,按有关学位、学籍规定处理。如果有证据表明举报人进行了恶意的或不负责任的举报,应对举报人进行相应的教育、警示、处罚,直至追究法律责任。

十三、建立定期检查制度。各地教育部门和高校要在本单位网站上开辟学风建设专栏,公布学风建设年度报告,公开学术不端行为调查处理结果。其中处理结果必须保留3个月以上。教育部每年选择若干单位和高校进行学风建设工作专项巡视。

本意见自发布之日起施行。各主管部门和部属高校要按照本意见精神,结合本单位实际制订实施细则,并报教育部备案。

中华人民共和国教育部
二〇一一年十二月二日

附录五　学位论文作假行为处理办法

（2012 年 11 月 13 日教育部发布，
2013 年 1 月 1 日起施行）

第一条　为规范学位论文管理，推进建立良好学风，提高人才培养质量，严肃处理学位论文作假行为，根据《中华人民共和国学位条例》、《中华人民共和国高等教育法》，制定本办法。

第二条　向学位授予单位申请博士、硕士、学士学位所提交的博士学位论文、硕士学位论文和本科学生毕业论文（毕业设计或其他毕业实践环节）（统称为学位论文），出现本办法所列作假情形的，依照本办法的规定处理。

第三条　本办法所称学位论文作假行为包括下列情形：

（一）购买、出售学位论文或者组织学位论文买卖的；

（二）由他人代写、为他人代写学位论文或者组织学位论文代写的；

（三）剽窃他人作品和学术成果的；

（四）伪造数据的；

（五）有其他严重学位论文作假行为的。

第四条　学位申请人员应当恪守学术道德和学术规范，在指导教师指导下独立完成学位论文。

第五条　指导教师应当对学位申请人员进行学术道德、学术规范教育，对其学位论文研究和撰写过程予以指导，对学位论文是否由其独立完成进行审查。

第六条　学位授予单位应当加强学术诚信建设，健全学位论文审查制度,明确责任、规范程序,审核学位论文的真实性、原创性。

第七条 学位申请人员的学位论文出现购买、由他人代写、剽窃或者伪造数据等作假情形的,学位授予单位可以取消其学位申请资格;已经获得学位的,学位授予单位可以依法撤销其学位,并注销学位证书。取消学位申请资格或者撤销学位的处理决定应当向社会公布。从做出处理决定之日起至少3年内,各学位授予单位不得再接受其学位申请。

前款规定的学位申请人员为在读学生的,其所在学校或者学位授予单位可以给予开除学籍处分;为在职人员的,学位授予单位除给予纪律处分外,还应当通报其所在单位。

第八条 为他人代写学位论文、出售学位论文或者组织学位论文买卖、代写的人员,属于在读学生的,其所在学校或者学位授予单位可以给予开除学籍处分;属于学校或者学位授予单位的教师和其他工作人员的,其所在学校或者学位授予单位可以给予开除处分或者解除聘任合同。

第九条 指导教师未履行学术道德和学术规范教育、论文指导和审查把关等职责,其指导的学位论文存在作假情形的,学位授予单位可以给予警告、记过处分;情节严重的,可以降低岗位等级直至给予开除处分或者解除聘任合同。

第十条 学位授予单位应当将学位论文审查情况纳入对学院(系)等学生培养部门的年度考核内容。多次出现学位论文作假或者学位论文作假行为影响恶劣的,学位授予单位应当对该学院(系)等学生培养部门予以通报批评,并可以给予该学院(系)负责人相应的处分。

第十一条 学位授予单位制度不健全、管理混乱,多次出现学位论文作假或者学位论文作假行为影响恶劣的,国务院学位委员会或者省、自治区、直辖市人民政府学位委员会可以暂停或者撤销其相应学科、专业授予学位的资格;国务院教育行政部门或者省、自治区、直辖市人民政府教育行政部门可以核减其招生计划;并由有关主管部门按照国家有关规定,对负有直接管理责任的学位授予单位负责人进行问责。

第十二条　发现学位论文有作假嫌疑的,学位授予单位应当确定学术委员会或者其他负有相应职责的机构,必要时可以委托专家组成的专门机构,对其进行调查认定。

第十三条　对学位申请人员、指导教师及其他有关人员做出处理决定前,应当告知并听取当事人的陈述和申辩。

当事人对处理决定不服的,可以依法提出申诉、申请行政复议或者提起行政诉讼。

第十四条　社会中介组织、互联网站和个人,组织或者参与学位论文买卖、代写的,由有关主管机关依法查处。

学位论文作假行为违反有关法律法规规定的,依照有关法律法规的规定追究法律责任。

第十五条　学位授予单位应当依据本办法,制定、完善本单位的相关管理规定。

第十六条　本办法自 2013 年 1 月 1 日起施行。

附录六　高等学校预防与处理
学术不端行为办法

（教育部令第 40 号）

《高等学校预防与处理学术不端行为办法》已于 2016 年 4 月 5 日经教育部 2016 年第 14 次部长办公会议审议通过，现予发布，自 2016 年 9 月 1 日起施行。

第一章　总则

第一条　为有效预防和严肃查处高等学校发生的学术不端行为，维护学术诚信，促进学术创新和发展，根据《中华人民共和国高等教育法》、《中华人民共和国科学技术进步法》、《中华人民共和国学位条例》等法律法规，制定本办法。

第二条　本办法所称学术不端行为是指高等学校及其教学科研人员、管理人员和学生，在科学研究及相关活动中发生的违反公认的学术准则、违背学术诚信的行为。

第三条　高等学校预防与处理学术不端行为应坚持预防为主、教育与惩戒结合的原则。

第四条　教育部、国务院有关部门和省级教育部门负责制定高等学校学风建设的宏观政策，指导和监督高等学校学风建设工作，建立健全对所主管高等学校重大学术不端行为的处理机制，建立高校学术不端行为的通报与相关信息公开制度。

第五条　高等学校是学术不端行为预防与处理的主体。高等学校应当建设集教育、预防、监督、惩治于一体的学术诚信体系，建立由主要负责人领导的学风建设工作机制，明确职责分工；依据本办法完善本校学术不端行为预防与处理的规则与程序。

高等学校应当充分发挥学术委员会在学风建设方面的作用,支持和保障学术委员会依法履行职责,调查、认定学术不端行为。

第二章　教育与预防

第六条　高等学校应当完善学术治理体系,建立科学公正的学术评价和学术发展制度,营造鼓励创新、宽容失败、不骄不躁、风清气正的学术环境。

高等学校教学科研人员、管理人员、学生在科研活动中应当遵循实事求是的科学精神和严谨认真的治学态度,恪守学术诚信,遵循学术准则,尊重和保护他人知识产权等合法权益。

第七条　高等学校应当将学术规范和学术诚信教育,作为教师培训和学生教育的必要内容,以多种形式开展教育、培训。

教师对其指导的学生应当进行学术规范、学术诚信教育和指导,对学生公开发表论文、研究和撰写学位论文是否符合学术规范、学术诚信要求,进行必要的检查与审核。

第八条　高等学校应当利用信息技术等手段,建立对学术成果、学位论文所涉及内容的知识产权查询制度,健全学术规范监督机制。

第九条　高等学校应当建立健全科研管理制度,在合理期限内保存研究的原始数据和资料,保证科研档案和数据的真实性、完整性。

高等学校应当完善科研项目评审、学术成果鉴定程序,结合学科特点,对非涉密的科研项目申报材料、学术成果的基本信息以适当方式进行公开。

第十条　高等学校应当遵循学术研究规律,建立科学的学术水平考核评价标准、办法,引导教学科研人员和学生潜心研究,形成具有创新性、独创性的研究成果。

第十一条　高等学校应当建立教学科研人员学术诚信记录,在年度考核、职称评定、岗位聘用、课题立项、人才计划、评优奖励中强化学术诚信考核。

第三章　受理与调查

第十二条　高等学校应当明确具体部门,负责受理社会组织、个人对本校教学科研人员、管理人员及学生学术不端行为的举报;有条件的,可以设立专门岗位或者指定专人,负责学术诚信和不端行为举报相关事宜的咨询、受理、调查等工作。

第十三条　对学术不端行为的举报,一般应当以书面方式实名提出,并符合下列条件:

(一) 有明确的举报对象;

(二) 有实施学术不端行为的事实;

(三) 有客观的证据材料或者查证线索。

以匿名方式举报,但事实清楚、证据充分或者线索明确的,高等学校应当视情况予以受理。

第十四条　高等学校对媒体公开报道、其他学术机构或者社会组织主动披露的涉及本校人员的学术不端行为,应当依据职权,主动进行调查处理。

第十五条　高等学校受理机构认为举报材料符合条件的,应当及时作出受理决定,并通知举报人。不予受理的,应当书面说明理由。

第十六条　学术不端行为举报受理后,应当交由学校学术委员会按照相关程序组织开展调查。

学术委员会可委托有关专家就举报内容的合理性、调查的可能性等进行初步审查,并作出是否进入正式调查的决定。

决定不进入正式调查的,应当告知举报人。举报人如有新的证据,可以提出异议。异议成立的,应当进入正式调查。

第十七条　高等学校学术委员会决定进入正式调查的,应当通知被举报人。

被调查行为涉及资助项目的,可以同时通知项目资助方。

第十八条　高等学校学术委员会应当组成调查组,负责对被举报行为进行调查;但对事实清楚、证据确凿、情节简单的被举报行为,也可以采用简易调查程序,具体办法由学术委员会确定。

调查组应当不少于 3 人,必要时应当包括学校纪检、监察机构指派的工作人员,可以邀请同行专家参与调查或者以咨询等方式提供学术判断。

被调查行为涉及资助项目的,可以邀请项目资助方委派相关专业人员参与调查组。

第十九条　调查组的组成人员与举报人或者被举报人有合作研究、亲属或者导师学生等直接利害关系的,应当回避。

第二十条　调查可通过查询资料、现场查看、实验检验、询问证人、询问举报人和被举报人等方式进行。调查组认为有必要的,可以委托无利害关系的专家或者第三方专业机构就有关事项进行独立调查或者验证。

第二十一条　调查组在调查过程中,应当认真听取被举报人的陈述、申辩,对有关事实、理由和证据进行核实;认为必要的,可以采取听证方式。

第二十二条　有关单位和个人应当为调查组开展工作提供必要的便利和协助。

举报人、被举报人、证人及其他有关人员应当如实回答询问,配合调查,提供相关证据材料,不得隐瞒或者提供虚假信息。

第二十三条　调查过程中,出现知识产权等争议引发法律纠纷的,且该争议可能影响行为定性的,应当中止调查,待争议解决后重启调查。

第二十四条 调查组应当在查清事实的基础上形成调查报告。调查报告应当包括学术不端行为责任人的确认、调查过程、事实认定及理由、调查结论等。

学术不端行为由多人集体做出的,调查报告中应当区别各责任人在行为中所发挥的作用。

第二十五条 接触举报材料和参与调查处理的人员,不得向无关人员透露举报人、被举报人个人信息及调查情况。

第四章 认定

第二十六条 高等学校学术委员会应当对调查组提交的调查报告进行审查;必要的,应当听取调查组的汇报。

学术委员会可以召开全体会议或者授权专门委员会对被调查行为是否构成学术不端行为以及行为的性质、情节等作出认定结论,并依职权作出处理或建议学校作出相应处理。

第二十七条 经调查,确认被举报人在科学研究及相关活动中有下列行为之一的,应当认定为构成学术不端行为:

(一)剽窃、抄袭、侵占他人学术成果;

(二)篡改他人研究成果;

(三)伪造科研数据、资料、文献、注释,或者捏造事实、编造虚假研究成果;

(四)未参加研究或创作而在研究成果、学术论文上署名,未经他人许可而不当使用他人署名,虚构合作者共同署名,或者多人共同完成研究而在成果中未注明他人工作、贡献;

(五)在申报课题、成果、奖励和职务评审评定、申请学位等过程中提供虚假学术信息;

（六）买卖论文、由他人代写或者为他人代写论文；

（七）其他根据高等学校或者有关学术纪织、相关科研管理机构制定的规则，属于学术不端的行为。

第二十八条　有学术不端行为且有下列情形之一的，应当认定为情节严重：

（一）造成恶劣影响的；

（二）存在利益输送或者利益交换的；

（三）对举报人进行打击报复的；

（四）有组织实施学术不端行为的；

（五）多次实施学术不端行为的；

（六）其他造成严重后果或者恶劣影响的。

第五章　处理

第二十九条　高等学校应当根据学术委员会的认定结论和处理建议，结合行为性质和情节轻重，依职权和规定程序对学术不端行为责任人作出如下处理：

（一）通报批评；

（二）终止或者撤销相关的科研项目，并在一定期限内取消申请资格；

（三）撤销学术奖励或者荣誉称号；

（四）辞退或解聘；

（五）法律、法规及规章规定的其他处理措施。

同时，可以依照有关规定，给予警告、记过、降低岗位等级或者撤职、开除等处分。

学术不端行为责任人获得有关部门、机构设立的科研项目、学术奖励或者荣誉称号等利益的，学校应当同时向有关主管部门提出处理建议。

学生有学术不端行为的,还应当按照学生管理的相关规定,给予相应的学籍处分。

学术不端行为与获得学位有直接关联的,由学位授予单位作暂缓授予学位、不授予学位或者依法撤销学位等处理。

第三十条　高等学校对学术不端行为作出处理决定,应当制作处理决定书,载明以下内容:

(一)责任人的基本情况;

(二)经查证的学术不端行为事实;

(三)处理意见和依据;

(四)救济途径和期限;

(五)其他必要内容。

第三十一条　经调查认定,不构成学术不端行为的,根据被举报人申请,高等学校应当通过一定方式为其消除影响、恢复名誉等。

调查处理过程中,发现举报人存在捏造事实、诬告陷害等行为的,应当认定为举报不实或者虚假举报,举报人应当承担相应责任。属于本单位人员的,高等学校应当按照有关规定给予处理;不属于本单位人员的,应通报其所在单位,并提出处理建议。

第三十二条　参与举报受理、调查和处理的人员违反保密等规定,造成不良影响的,按照有关规定给予处分或其他处理。

第六章　复核

第三十三条　举报人或者学术不端行为责任人对处理决定不服的,可以在收到处理决定之日起 30 日内,以书面形式向高等学校提出异议或者复核申请。

异议和复核不影响处理决定的执行。

第三十四条　高等学校收到异议或者复核申请后,应当交由学术委员会组织讨论,并于 15 日内作出是否受理的决定。

决定受理的,学校或者学术委员会可以另行组织调查组或者委托第三方机构进行调查;决定不予受理的,应当书面通知当事人。

第三十五条 当事人对复核决定不服,仍以同一事实和理由提出异议或者申请复核的,不予受理;向有关主管部门提出申诉的,按照相关规定执行。

第七章 监督

第三十六条 高等学校应当按年度发布学风建设工作报告,并向社会公开,接受社会监督。

第三十七条 高等学校处理学术不端行为推诿塞责、隐瞒包庇、查处不力的,主管部门可以直接组织或者委托相关机构查处。

第三十八条 高等学校对本校发生的学术不端行为,未能及时查处并做出公正结论、造成恶劣影响的,主管部门应当追究相关领导的责任,并进行通报。

高等学校为获得相关利益,有组织实施学术不端行为的,主管部门调查确认后,应当撤销高等学校由此获得的相关权利、项目以及其他利益,并追究学校主要负责人、直接负责人的责任。

第八章 附则

第三十九条 高等学校应当根据本办法,结合学校实际和学科特点,制定本校学术不端行为查处规则及处理办法,明确各类学术不端行为的惩处标准。有关规则应当经学校学术委员会和教职工代表大会讨论通过。

第四十条 高等学校主管部门对直接受理的学术不端案件,可自行组织调查组或者指定、委托高等学校、有关机构组织调查、认定。对学术不端行为责任人的处理,根据本办法及国家有关规定执行。

教育系统所属科研机构及其他单位有关人员学术不端行为的

调查与处理,可参照本办法执行。

第四十一条 本办法自 2016 年 9 月 1 日起施行。

教育部此前发布的有关规章、文件中的相关规定与本办法不一致的,以本办法为准。

附录七　关于进一步加强科研诚信
建设的若干意见

中共中央办公厅、国务院办公厅

新华社北京 2018 年 5 月 30 日电　近日,中共中央办公厅、国务院办公厅印发《关于进一步加强科研诚信建设的若干意见》,并发出通知,要求各地区各部门结合实际认真贯彻落实。

《关于进一步加强科研诚信建设的若干意见》全文如下。

科研诚信是科技创新的基石。近年来,我国科研诚信建设在工作机制、制度规范、教育引导、监督惩戒等方面取得了显著成效,但整体上仍存在短板和薄弱环节,违背科研诚信要求的行为时有发生。为全面贯彻党的十九大精神,培育和践行社会主义核心价值观,弘扬科学精神,倡导创新文化,加快建设创新型国家,现就进一步加强科研诚信建设、营造诚实守信的良好科研环境提出以下意见。

一、总体要求

(一)指导思想。全面贯彻党的十九大和十九届二中、三中全会精神,以习近平新时代中国特色社会主义思想为指导,落实党中央、国务院关于社会信用体系建设的总体要求,以优化科技创新环境为目标,以推进科研诚信建设制度化为重点,以健全完善科研诚信工作机制为保障,坚持预防与惩治并举,坚持自律与监督并重,坚持无禁区、全覆盖、零容忍,严肃查处违背科研诚信要求的行为,着力打造共建、共享、共治的科研诚信建设新格局,营造诚实守信、追求真理、崇尚创新、鼓励探索、勇攀高峰的良好氛围,为建设世界科技强国奠定坚实的社会文化基础。

(二)基本原则。

——**明确责任,协调有序。** 加强顶层设计、统筹协调,明确科研诚信建设各主体职责,加强部门沟通、协同、联动,形成全社会推进科研诚信建设合力。

——**系统推进,重点突破。** 构建符合科研规律、适应建设世界科技强国要求的科研诚信体系。坚持问题导向,重点在实践养成、调查处理等方面实现突破,在提高诚信意识、优化科研环境等方面取得实效。

——**激励创新,宽容失败。** 充分尊重科学研究灵感瞬间性、方式多样性、路径不确定性的特点,重视科研试错探索的价值,建立鼓励创新、宽容失败的容错纠错机制,形成敢为人先、勇于探索的科研氛围。

——**坚守底线,终身追责。** 综合采取教育引导、合同约定、社会监督等多种方式,营造坚守底线、严格自律的制度环境和社会氛围,让守信者一路绿灯、失信者处处受限。坚持零容忍,强化责任追究,对严重违背科研诚信要求的行为依法依规终身追责。

(三)主要目标。在各方共同努力下,科学规范、激励有效、惩处有力的科研诚信制度规则健全完备,职责清晰、协调有序、监管到位的科研诚信工作机制有效运行,覆盖全面、共享联动、动态管理的科研诚信信息系统建立完善,广大科研人员的诚信意识显著增强,弘扬科学精神、恪守诚信规范成为科技界的共同理念和自觉行动,全社会的诚信基础和创新生态持续巩固发展,为建设创新型国家和世界科技强国奠定坚实基础,为把我国建成富强、民主、文明、和谐、美丽的社会主义现代化强国提供重要支撑。

二、完善科研诚信管理工作机制和责任体系

（四）建立健全职责明确、高效协同的科研诚信管理体系。科技部、中国社科院分别负责自然科学领域和哲学社会科学领域科研诚信工作的统筹协调和宏观指导。地方各级政府和相关行业主管部门要积极采取措施加强本地区本系统的科研诚信建设，充实工作力量，强化工作保障。科技计划管理部门要加强科技计划的科研诚信管理，建立健全以诚信为基础的科技计划监管机制，将科研诚信要求融入科技计划管理全过程。教育、卫生健康、新闻出版等部门要明确要求教育、医疗、学术期刊出版等单位完善内控制度，加强科研诚信建设。中国科学院、中国工程院、中国科协要强化对院士的科研诚信要求和监督管理，加强院士推荐（提名）的诚信审核。

（五）从事科研活动及参与科技管理服务的各类机构要切实履行科研诚信建设的主体责任。从事科研活动的各类企业、事业单位、社会组织等是科研诚信建设第一责任主体，要对加强科研诚信建设作出具体安排，将科研诚信工作纳入常态化管理。通过单位章程、员工行为规范、岗位说明书等内部规章制度及聘用合同，对本单位员工遵守科研诚信要求及责任追究作出明确规定或约定。

科研机构、高等学校要通过单位章程或制定学术委员会章程，对学术委员会科研诚信工作任务、职责权限作出明确规定，并在工作经费、办事机构、专职人员等方面提供必要保障。学术委员会要认真履行科研诚信建设职责，切实发挥审议、评定、受理、调查、监督、咨询等作用，对违背科研诚信要求的行为，发现一起，查处一起。学术委员会要组织开展或委托基层学术组织、第三方机构对本单位科研人员的重要学术论文等科研成果进行全覆盖核查，核查工作应以 3～5 年为周期持续开展。

科技计划(专项、基金等)项目管理专业机构要严格按照科研诚信要求,加强立项评审、项目管理、验收评估等科技计划全过程和项目承担单位、评审专家等科技计划各类主体的科研诚信管理,对违背科研诚信要求的行为要严肃查处。

从事科技评估、科技咨询、科技成果转化、科技企业孵化和科研经费审计等的科技中介服务机构要严格遵守行业规范,强化诚信管理,自觉接受监督。

(六)学会、协会、研究会等社会团体要发挥自律自净功能。学会、协会、研究会等社会团体要主动发挥作用,在各自领域积极开展科研活动行为规范制定、诚信教育引导、诚信案件调查认定、科研诚信理论研究等工作,实现自我规范、自我管理、自我净化。

(七)从事科研活动和参与科技管理服务的各类人员要坚守底线、严格自律。科研人员要恪守科学道德准则,遵守科研活动规范,践行科研诚信要求,不得抄袭、剽窃他人科研成果或者伪造、篡改研究数据、研究结论;不得购买、代写、代投论文,虚构同行评议专家及评议意见;不得违反论文署名规范,擅自标注或虚假标注获得科技计划(专项、基金等)等资助;不得弄虚作假,骗取科技计划(专项、基金等)项目、科研经费以及奖励、荣誉等;不得有其他违背科研诚信要求的行为。

项目(课题)负责人、研究生导师等要充分发挥言传身教作用,加强对项目(课题)成员、学生的科研诚信管理,对重要论文等科研成果的署名、研究数据真实性、实验可重复性等进行诚信审核和学术把关。院士等杰出高级专家要在科研诚信建设中发挥示范带动作用,做遵守科研道德的模范和表率。

评审专家、咨询专家、评估人员、经费审计人员等要忠于职守、严格遵守科研诚信要求和职业道德,按照有关规定、程序和办法,实事求是,独立、客观、公正开展工作,为科技管理决策提供负责任、高质量的咨询评审意见。科技管理人员要正确履行管理、指导、监督职责,全面落实科研诚信要求。

三、加强科研活动全流程诚信管理

(八)加强科技计划全过程的科研诚信管理。科技计划管理部门要修改完善各级各类科技计划项目管理制度,将科研诚信建设要求落实到项目指南、立项评审、过程管理、结题验收和监督评估等科技计划管理全过程。要在各类科研合同(任务书、协议等)中约定科研诚信义务和违约责任追究条款,加强科研诚信合同管理。完善科技计划监督检查机制,加强对相关责任主体科研诚信履责情况的经常性检查。

(九)全面实施科研诚信承诺制。相关行业主管部门、项目管理专业机构等要在科技计划项目、创新基地、院士增选、科技奖励、重大人才工程等工作中实施科研诚信承诺制度,要求从事推荐(提名)、申报、评审、评估等工作的相关人员签署科研诚信承诺书,明确承诺事项和违背承诺的处理要求。

(十)强化科研诚信审核。科技计划管理部门、项目管理专业机构要对科技计划项目申请人开展科研诚信审核,将具备良好的科研诚信状况作为参与各类科技计划的必备条件。对严重违背科研诚信要求的责任者,实行"一票否决"。相关行业主管部门要将科研诚信审核作为院士增选、科技奖励、职称评定、学位授予等工作的必经程序。

(十一)建立健全学术论文等科研成果管理制度。科技计划管理部门、项目管理专业机构要加强对科技计划成果质量、效益、影响的评估。从事科学研究活动的企业、事业单位、社会组织等应加强科研成果管理,建立学术论文发表诚信承诺制度、科研过程可追溯制度、科研成果检查和报告制度等成果管理制度。学术论文等科研成果存在违背科研诚信要求情形的,应对相应责任人严肃处理并要求其采取撤回论文等措施,消除不良影响。

(十二)着力深化科研评价制度改革。推进项目评审、人才评价、机构评估改革,建立以科技创新质量、贡献、绩效为导向的分类评价制度,将科研诚信状况作为各类评价的重要指标,提倡严谨治学,反对急功近利。坚持分类评价,突出品德、能力、业绩导向,注重标志性成果质量、贡献、影响,推行代表作评价制度,不把论文、专利、荣誉性头衔、承担项目、获奖等情况作为限制性条件,防止简单量化、重数量轻质量、"一刀切"等倾向。尊重科学研究规律,合理设定评价周期,建立重大科学研究长周期考核机制。开展临床医学研究人员评价改革试点,建立设置合理、评价科学、管理规范、运转协调、服务全面的临床医学研究人员考核评价体系。

四、进一步推进科研诚信制度化建设

(十三)完善科研诚信管理制度。科技部、中国社科院要会同相关单位加强科研诚信制度建设,完善教育宣传、诚信案件调查处理、信息采集、分类评价等管理制度。从事科学研究的企业、事业单位、社会组织等应建立健全本单位教育预防、科研活动记录、科研档案保存等各项制度,明晰责任主体,完善内部监督约束机制。

(十四)完善违背科研诚信要求行为的调查处理规则。科技部、中国社科院要会同教育部、国家卫生健康委、中国科学院、中国科协等部门和单位依法依规研究制定统一的调查处理规则,对举报受理、调查程序、职责分工、处理尺度、申诉、实名举报人及被举报人保护等作出明确规定。从事科学研究的企业、事业单位、社会组织等应制定本单位的调查处理办法,明确调查程序、处理规则、处理措施等具体要求。

(十五)建立健全学术期刊管理和预警制度。新闻出版等部门要完善期刊管理制度,采取有效措施,加强高水平学术期刊建设,强化学术水平和社会效益优先要求,提升我国学术期刊影响力,提高学术期刊国际话语权。学术期刊应充分发挥在科研诚信建设中的作用,切实提高审稿质量,加强对学术论文的审核把关。

科技部要建立学术期刊预警机制,支持相关机构发布国内和国际学术期刊预警名单,并实行动态跟踪、及时调整。将罔顾学术质量、管理混乱、商业利益至上、造成恶劣影响的学术期刊,列入黑名单。论文作者所在单位应加强对本单位科研人员发表论文的管理,对在列入预警名单的学术期刊上发表论文的科研人员,要及时警示提醒;对在列入黑名单的学术期刊上发表的论文,在各类评审评价中不予认可,不得报销论文发表的相关费用。

五、切实加强科研诚信的教育和宣传

(十六)加强科研诚信教育。从事科学研究的企业、事业单位、社会组织应将科研诚信工作纳入日常管理,加强对科研人员、教师、青年学生等的科研诚信教育,在入学入职、职称晋升、参与科技计划项目等重要节点必须开展科研诚信教育。对在科研诚信方面存在倾向性、苗头性问题的人员,所在单位应当及时开展科研诚信诫勉谈话,加强教育。

科技计划管理部门、项目管理专业机构以及项目承担单位,应当结合科技计划组织实施的特点,对承担或参与科技计划项目的科研人员有效开展科研诚信教育。

(十七)充分发挥学会、协会、研究会等社会团体的教育培训作用。学会、协会、研究会等社会团体要主动加强科研诚信教育培训工作,帮助科研人员熟悉和掌握科研诚信具体要求,引导科研人员自觉抵制弄虚作假、欺诈剽窃等行为,开展负责任的科学研究。

(十八)加强科研诚信宣传。创新手段,拓宽渠道,充分利用广播电视、报纸杂志等传统媒体及微博、微信、手机客户端等新媒体,加强科研诚信宣传教育。大力宣传科研诚信典范榜样,发挥典型人物示范作用。及时曝光违背科研诚信要求的典型案例,开展警示教育。

六、严肃查处严重违背科研诚信要求的行为

（十九）切实履行调查处理责任。自然科学论文造假监管由科技部负责，哲学社会科学论文造假监管由中国社科院负责。科技部、中国社科院要明确相关机构负责科研诚信工作，做好受理举报、核查事实、日常监管等工作，建立跨部门联合调查机制，组织开展对科研诚信重大案件联合调查。违背科研诚信要求行为人所在单位是调查处理第一责任主体，应当明确本单位科研诚信机构和监察审计机构等调查处理职责分工，积极主动、公正公平开展调查处理。相关行业主管部门应按照职责权限和隶属关系，加强指导和及时督促，坚持学术、行政两条线，注重发挥学会、协会、研究会等社会团体作用。对从事学术论文买卖、代写代投以及伪造、虚构、篡改研究数据等违法违规活动的中介服务机构，市场监督管理、公安等部门应主动开展调查，严肃惩处。保障相关责任主体申诉权等合法权利，事实认定和处理决定应履行对当事人的告知义务，依法依规及时公布处理结果。科研人员应当积极配合调查，及时提供完整有效的科学研究记录，对拒不配合调查、隐匿销毁研究记录的，要从重处理。对捏造事实、诬告陷害的，要依据有关规定严肃处理；对举报不实、给被举报单位和个人造成严重影响的，要及时澄清、消除影响。

（二十）严厉打击严重违背科研诚信要求的行为。坚持零容忍，保持对严重违背科研诚信要求行为严厉打击的高压态势，严肃责任追究。建立终身追究制度，依法依规对严重违背科研诚信要求行为实行终身追究，一经发现，随时调查处理。积极开展对严重违背科研诚信要求行为的刑事规制理论研究，推动立法、司法部门适时出台相应刑事制裁措施。

相关行业主管部门或严重违背科研诚信要求责任人所在单位要区分不同情况，对责任人给予科研诚信诫勉谈话；取消项目立项

资格,撤销已获资助项目或终止项目合同,追回科研项目经费;撤销获得的奖励、荣誉称号,追回奖金;依法开除学籍,撤销学位、教师资格,收回医师执业证书等;一定期限直至终身取消晋升职务职称、申报科技计划项目、担任评审评估专家、被提名为院士候选人等资格;依法依规解除劳动合同、聘用合同;终身禁止在政府举办的学校、医院、科研机构等从事教学、科研工作等处罚,以及记入科研诚信严重失信行为数据库或列入观察名单等其他处理。严重违背科研诚信要求责任人属于公职人员的,依法依规给予处分;属于党员的,依纪依规给予党纪处分。涉嫌存在诈骗、贪污科研经费等违法犯罪行为的,依法移交监察、司法机关处理。

对包庇、纵容甚至骗取各类财政资助项目或奖励的单位,有关主管部门要给予约谈主要负责人、停拨或核减经费、记入科研诚信严重失信行为数据库、移送司法机关等处理。

(二十一)开展联合惩戒。加强科研诚信信息跨部门跨区域共享共用,依法依规对严重违背科研诚信要求责任人采取联合惩戒措施。推动各级各类科技计划统一处理规则,对相关处理结果互认。将科研诚信状况与学籍管理、学历学位授予、科研项目立项、专业技术职务评聘、岗位聘用、评选表彰、院士增选、人才基地评审等挂钩。推动在行政许可、公共采购、评先创优、金融支持、资质等级评定、纳税信用评价等工作中将科研诚信状况作为重要参考。

七、加快推进科研诚信信息化建设

(二十二)建立完善科研诚信信息系统。科技部会同中国社科院建立完善覆盖全国的自然科学和哲学社会科学科研诚信信息系统,对科研人员、相关机构、组织等的科研诚信状况进行记录。研究拟订科学合理、适用不同类型科研活动和对象特点的科研诚信评价指标、方法模型,明确评价方式、周期、程序等内容。重点对参与科技计划(项目)组织管理或实施、科技统计等科技活动的项目承担人员、咨询评审专家,以及项目管理专业机构、项目承担单位、中介服务机构等相关责任主体开展诚信评价。

(二十三)规范科研诚信信息管理。建立健全科研诚信信息采集、记录、评价、应用等管理制度,明确实施主体、程序、要求。根据不同责任主体的特点,制定面向不同类型科技活动的科研诚信信息目录,明确信息类别和管理流程,规范信息采集的范围、内容、方式和信息应用等。

(二十四)加强科研诚信信息共享应用。逐步推动科研诚信信息系统与全国信用信息共享平台、地方科研诚信信息系统互联互通,分阶段分权限实现信息共享,为实现跨部门跨地区联合惩戒提供支撑。

八、保障措施

(二十五)加强党对科研诚信建设工作的领导。各级党委(党组)要高度重视科研诚信建设,切实加强领导,明确任务,细化分工,扎实推进。有关部门、地方应整合现有科研保障措施,建立科研诚信建设目标责任制,明确任务分工,细化目标责任,明确完成时间。科技部要建立科研诚信建设情况督查和通报制度,对工作取得明显成效的地方、部门和机构进行表彰;对措施不得力、工作不落实的,予以通报批评,督促整改。

(二十六)发挥社会监督和舆论引导作用。充分发挥社会公众、新闻媒体等对科研诚信建设的监督作用。畅通举报渠道,鼓励对违背科研诚信要求的行为进行负责任实名举报。新闻媒体要加强对科研诚信正面引导。对社会舆论广泛关注的科研诚信事件,当事人所在单位和行业主管部门要及时采取措施调查处理,及时公布调查处理结果。

(二十七)加强监测评估。开展科研诚信建设情况动态监测和第三方评估,监测和评估结果作为改进完善相关工作的重要基础以及科研事业单位绩效评价、企业享受政府资助等的重要依据。对重大科研诚信事件及时开展跟踪监测和分析。定期发布中国科研诚信状况报告。

（二十八）积极开展国际交流合作。积极开展与相关国家、国际组织等的交流合作，加强对科技发展带来的科研诚信建设新情况、新问题研究，共同完善国际科研规范，有效应对跨国跨地区科研诚信案件。

后 记

　　复旦大学研究生院组织原"上海在读研究生学术行为规范研究"课题组专家,同时又增聘新的专家共同编写,在原有的《研究生学术行为规范读本》基础上,完成了《研究生学术行为规范读本》第二版的修订工作。本书第一章"研究生学术道德基本准则"和第二章第二节"理科类研究生学术研究规范"由王顺义、陈敬铨、刘学礼撰写;第二章第一节"人文社会科学类研究生学术研究规范"和第二章第五节"医学类研究生学术研究规范"由朱宝荣撰写;第二章第三节"工学类研究生学术研究规范"和第三章"研究生学术论文的写作与发表规范"由李侠撰写;第二章第四节"农科类研究生学术研究规范"和第四章"研究生学位论文的评审与答辩规范"由闫宏秀撰写;第五章"强化学术行为规范教育　惩治学术不端行为"由陈敬铨撰写;附录内容由苏祺摘编。

　　在本书的编撰、修订过程中,复旦大学研究生院张人禾院长、吴宏翔常务副院长和潘星博士为专家组提供了良好的条件,并处处给予关心与指导,对本书按时完稿、保证质量起到关键作用。

　　在本书的出版过程中,得到复旦大学出版社领导的大力支持,理科编辑部范仁梅、梁玲编辑为本书的顺利出版付出了辛勤劳动。在此,编写组一并表示诚挚的谢意。

本书编写组
2019 年 8 月

图书在版编目(CIP)数据

研究生学术行为规范读本/复旦大学研究生院编. —2 版. —上海：复旦大学出版社，
2019.9(2022.7 重印)
（研究生学术道德教育系列丛书）
ISBN 978-7-309-14567-0

Ⅰ.①研… Ⅱ.①复… Ⅲ.①研究生-科研活动-行为规范 Ⅳ.①G644

中国版本图书馆 CIP 数据核字(2019)第 173649 号

研究生学术行为规范读本
复旦大学研究生院 编
责任编辑/梁 玲

复旦大学出版社有限公司出版发行
上海市国权路 579 号 邮编：200433
网址：fupnet@ fudanpress. com http://www.fudanpress.com
门市零售：86-21-65102580 团体订购：86-21-65104505
出版部电话：86-21-65642845
上海崇明裕安印刷厂

开本 890×1240 1/32 印张 8.875 字数 204 千
2022 年 7 月第 2 版第 4 次印刷

ISBN 978-7-309-14567-0/G·2019
定价：30.00 元